新疆垦区公路盐胀和冻胀病害防治技术

郑育新 ◎ 著

西南交通大学出版社
·成都·

图书在版编目（CIP）数据

新疆垦区公路盐胀和冻胀病害防治技术 / 郑育新著. —成都：西南交通大学出版社，2018.9
ISBN 978-7-5643-6376-5

Ⅰ.①新… Ⅱ.①郑… Ⅲ.①农村道路–盐渍土地区–公路养护–新疆②农村道路–公路路基–冻胀–防治–新疆 Ⅳ.①U418

中国版本图书馆 CIP 数据核字（2018）第 195229 号

新疆垦区公路盐胀和冻胀病害防治技术
郑育新　著

责 任 编 辑	牛　君
封 面 设 计	何东琳设计工作室
	西南交通大学出版社
出 版 发 行	（四川省成都市二环路北一段 111 号西南交通大学创新大厦 21 楼）
发行部电话	028-87600564　028-87600533
邮 政 编 码	610031
网　　　址	http://www.xnjdcbs.com
印　　　刷	四川煤田地质制图印刷厂
成 品 尺 寸	170 mm × 230 mm
印　　　张	12
字　　　数	215 千
版　　　次	2018 年 9 月第 1 版
印　　　次	2018 年 9 月第 1 次
书　　　号	ISBN 978-7-5643-6376-5
定　　　价	58.00 元

图书如有印装质量问题　本社负责退换
版权所有　盗版必究　举报电话：028-87600562

前 言

盐渍土在我国分布范围较广，主要集中在西北干旱地区，在华北和东部沿海地区也有分布。在我国内陆，盐渍土主要分布在新疆、青海、内蒙古、甘肃、宁夏等西北干旱与半干旱地区。新疆的气候特点是夏季高温，冬季严寒，干燥少雨，蒸发量大于降水量数十倍。而且土壤中上升水积集于表层，在自然条件下，淋溶与脱盐过程十分微弱，导致土壤普遍积盐，形成大面积盐渍土。新疆是我国盐渍土分布面积最大、类型最全、范围最广的地区，除了绝大多数山地和部分沙漠地区之外，所有其他地区几乎都有盐渍化土分布，因此新疆被一些外国学者称为"世界盐渍土博物馆"。

为解决新疆公路冻胀和盐胀病害问题，我们在交通部科技项目"新疆兵团垦区公路盐胀和冻胀病害防治技术应用研究"课题中，重点分析了垦区公路冻胀和盐胀病害产生的机理，在对国内外、区内外公路冻胀和盐胀防治技术的调查基础上，并通过垦区公路的调查研究，提出适用于垦区内防治冻胀和盐胀病害最经济的措施，进而为兵团垦区的公路建设在利用当地材料防治公路盐胀和冻胀病害提供思路和方向，这对兵团垦区节省公路建设资金、降低筑路成本、减少公路养护维修费用有重要的实践意义。

在调查和收集国内外有关盐胀和冻胀资料的基础上，通过调研—分析研究，并提出解决问题的初步方法—试验（室内外）—实践验证的循环方法，研究出了新疆兵团垦区公路盐胀和冻胀病害的特征和规律，并针对这些规律，提出了解决垦区公路病害的经济适用的工程措施，通过了多项工程实践的验证，为垦区冰冻盐渍土区域的公路设计、施工提供了依据，为相应规范的完善奠定了基础。

本书主要研究工作总结如下：

（1）系统研究了垦区公路盐胀和冻胀病害的评价及其特征和规律，并从地域角度提出垦区公路防治盐胀和冻胀病害的原则。

（2）通过对垦区公路的调查、修筑试验路及分析试验结果，结合垦区筑路环境，系统地分析、研究了垦区公路盐胀、冻胀及盐胀与冻胀综合病害产生的原因、影响因素及其机理和防治方法。

（3）首次提出了硫酸盐盐胀终止温度为 2 ℃，并系统地划分了冰冻盐渍土地区公路盐胀和冻胀变形的阶段，即纯盐胀阶段、冻胀和盐胀共发阶段、纯冻胀阶段，给出各变形阶段的温度区间。

（4）首次系统地研究了冰冻盐渍土地区水泥稳定砂砾基层的受力状况、沥青路面裂缝特征、影响因素及防治措施。

（5）首次提出了按照不同冻深及盐胀量占总盐胀量的不同深度防治不同等级公路冻胀和盐胀及其综合病害的最小深度及其建议值。

（6）从风积沙的颗粒组成、化学特性、力学特性等方面系统地对风积沙防治盐胀和冻胀病害的可行性进行了研究，提出了风积沙隔断层防治盐胀、冻胀病害的应用条件、适用范围、防范原则、最小厚度及施工要求等。

（7）通过试验工程和调查路段分析，系统地研究了土工膜隔断层、降低路基水位法、加强路面结构法及综合措施防治盐胀和冻胀病害的适用条件、适用范围和应用要求等。

在本书编写过程中，得到了新疆生产建设兵团勘测规划设计研究院李世芳教授级高工的支持和帮助，他给本书提供了大量的资料，在此致以诚挚的谢意。

由于作者水平有限，本书不妥之处在所难免，恳请专家和广大读者不吝指正。

著者
2018 年 7 月于乌鲁木齐

目 录

1 绪 论 ·· 1
　1.1 问题的提出 ·· 1
　1.2 国内研究现状 ··· 2
　1.3 研究过程 ··· 3
　1.4 研究内容与技术路线 ·· 4
2 新疆兵团垦区公路盐胀和冻胀病害评估研究 ································ 7
　2.1 相关术语 ··· 7
　2.2 垦区公路调查现状 ··· 8
　2.3 垦区公路冻胀和盐胀病害评价 ··· 15
3 垦区公路盐胀病害试验分析研究 ·· 17
　3.1 概 述 ·· 17
　3.2 垦区公路盐渍土病害特征及成因 ·· 18
　3.3 垦区公路盐胀机理及影响因素 ··· 26
　3.4 公路盐胀有关试验研究 ·· 31
　3.5 垦区公路路基盐胀防治方法与措施 ····································· 66
　3.6 本章小结 ·· 68
4 垦区公路冻胀病害试验分析研究 ·· 70
　4.1 概 述 ·· 70
　4.2 垦区公路冻胀产生的原因及影响因素 ·································· 71
　4.3 垦区公路冻胀机理分析 ·· 80
　4.4 垦区公路冻胀产生的原因 ··· 81
　4.5 公路路基冻胀防治的方法与措施 ·· 83
　4.6 本章小结 ·· 85

5 垦区公路盐胀及冻胀综合病害研究 ·· 87
5.1 冰冻盐渍土地区公路土体变形的阶段划分 ······························ 88
5.2 冰冻盐渍土地区土体变形的影响因素 ····································· 92
5.3 冰冻盐渍土地区土体变形的机理 ·· 105
5.4 冻胀和盐胀对水泥稳定砂砾基层沥青路面破坏的分析研究 ······ 111
5.5 本章小结 ·· 117

6 垦区公路盐胀及冻胀病害防治技术应用研究 ·································· 119
6.1 概述 ·· 119
6.2 风积沙在垦区公路冻胀及盐胀病害防治技术中的应用 ············ 120
6.3 土工布隔断层在垦区公路冻胀及盐胀防治技术的应用研究 ······ 136
6.4 降低路基水位法在防治冻胀、盐胀病害中的应用研究 ············ 145
6.5 加强路面强度在防治冻胀、盐胀病害中的应用研究 ··············· 149
6.6 综合措施防治冻胀和盐胀病害的应用研究 ····························· 152
6.7 本章小结 ·· 154

7 依托工程试验研究 ··· 157
7.1 农八师新西线试验工程研究 ·· 157
7.2 农一师阿塔公路（S207 线）试验工程研究 ···························· 172
7.3 本章小结 ·· 182

参考文献 ··· 183

1 绪 论

1.1 问题的提出

新疆生产建设兵团（以下简称兵团）为开发新疆、建设新疆，使沙漠变绿洲，茫茫戈壁变良田，在一穷二白的基础上建立了农、牧、工、商等为一体的大型国有企业，为新疆的经济发展和边疆稳定繁荣做出了巨大贡献。

但是新疆特殊的"三山夹两盆"（三山：阿勒泰山、天山、昆仑山；两盆：准噶尔盆地、塔里木盆地）地理环境，且两大沙漠（古尔班通古特沙漠、塔克拉玛干沙漠）横亘其中，造成新疆地区气候严寒，冬季时间较长，一般情况下负温长达 5~6 个月，冬季漫长，夏季炎热，春秋两季不明显。新疆地区的土地基本上是围绕河流形成绿洲，居民和主要经济区大部分分布在靠近三山两坡的坡角和冲积平原上。新疆兵团由于历史原因，为了保家卫国、屯垦戍边，在茫茫戈壁滩和沼泽地、沙漠周边开垦出土地，并经过兵团几代人的改良，形成现在的沃野千里，并使兵团垦区成为新疆的主要产粮、棉、油、工、商等经济区。但是垦区大部分都处于戈壁滩、沼泽地带、沙漠周边或边境线上，其中有 58 个边境团场、38 个一线边境农场沿 2100 km 边境线分布，其大部分团场是在盐碱地、戈壁滩以及沙漠中开垦出来的，处于"水到头、路到头"的环境，其地质状况和气候条件等均比新疆其他地方恶劣，一般比同地区冬季冷、夏季热，且公路盐胀和冻胀病害普遍存在，垦区是盐胀和冻胀病害的"高发区"。这些地区交通落后已严重制约兵团垦区生产力的发展和人民生活水平的提高。在改革开放后特别是在西部大开发的影响下，兵团垦区近几年的道路质量，特别是道路里程有了明显的改善，但因道路等级低，随之而来的公路冻胀和盐胀病害使得公路使用品质大大下降。为解决垦区内公路冻胀和盐胀病害问题，我们在交通部科技项目"新疆兵团垦区公路盐胀和冻胀病害防治技术应用研究"课题中，重点分析了垦区公路冻胀和盐胀病害产生的机理，在对国内外、区内外公路冻胀和盐胀防治技术的调查基础上，通过垦区公路的调查研究，提出适用于垦区内防治冻胀和盐胀病害最经济的措施，进而为兵团垦区的公路建设利用当地材料防治公路盐胀和冻胀病害提供思路和方向，这对兵团垦区节省公路建设资金、降低筑路成本、减少公路养护维修费用，加快垦区公路建设和兵团经济的"二次腾飞"具有重要的现实意义。

结合兵团所处地区的特点：垦区盐渍化较为严重、冬季低温极低，并且低温持续时间很长，公路等级较低（大部分为三、四级公路）。因此为降低道路维修费用，增强公路使用品质，延长公路使用年限，在借鉴国内外防治公路冻胀和盐胀技术的经验和成果的基础上，利用当地丰富的材料进行公路病害防治是本研究研究的方向。本研究研究的目的就是将目前国内外对于盐胀和冻胀防治研究的新技术、新成果应用到等级低、造价低的兵团垦区公路建设中，充分利用垦区内现有的筑路材料，因地制宜，提出适合兵团垦区公路建设的方法，寻找行之有效、针对性强的治理方案，对兵团垦区公路盐胀和冻胀病害加以防治，并以较小的投资获得较大的经济效益和社会效益，促进兵团垦区经济可持续发展，为今后兵团垦区公路勘测设计、施工及公路病害防治提供可靠依据。

1.2　国内研究现状

我国幅员辽阔，各地自然条件与经济状况差异较大，造成筑路条件的差异性较大。国内对公路冻胀问题有所研究，但是主要针对冻胀发生的机理分析和影响因素的研究较多，而对防治冻胀病害的治理措施方面基本是笼统叙述，至于各种处理措施的应用范围和应用效果等方面的研究成果较少；另外，针对多年冻土研究较多，如我国对川藏公路和青藏铁路沿线多年冻土正在研究。我国的路基施工技术规范中对冻土地区施工也有所表述，但对于新疆地区干旱少雨、严寒且温差较大，特别是兵团垦区特殊的地理环境及公路级别较低（大多为三级或以下等级公路）、道路的路面面层较薄（一般为 3 cm）等情况研究不足，其预防措施有一定的局限性，针对性不强，并且未形成系统的研究理论，参照性不足，未能形成在垦区内全面推广应用的条件。

对于公路盐胀病害，国内已经进行了研究，特别是青海交通厅及新疆交通厅对盐渍土病害进行了较为系统的研究，新疆交通厅颁布了《新疆盐渍土地区公路路基路面设计与施工规范》，但这些成果主要针对三级或以上等级干线公路。而对于兵团垦区公路等级低，造价低，气候、地理环境更为恶劣的特点，这些成果有待于进一步的补充完善，并在垦区公路上研究应用。新疆兵团勘测规划设计研究院、兵团农一师交通局及相关单位虽然对公路盐胀和冻胀防治做了一些初步的研究，但由于缺少经费、专家少、研究范围窄，缺少必要的实测数据及理论分析，未形成系统全面的研究成果，致使兵团垦区公路盐胀和冻胀病害问题至今仍然为垦区公路建设中的主要技术难题。因此将目前国内外先进的防治盐胀和冻胀技术应用到兵团垦区低等级、低造价公路，从而减少和消除盐胀和冻胀病害，降低公路造价，为今后垦区公路建设提供科学的依据是极为必要的。

1.3 研究过程

本研究 2005 年 5 月立项，2005 年 6 月 24 日在新疆乌鲁木齐市通过了本项目可研报告的专家评审，并于 2005 年 9 月 9 日与交通部科技教育司签订了合同。2005 年 7～10 月，在农八师新西线采用风积沙隔断层作为防治冻胀、盐胀病害试验路进行研究，使得研究小组对采用风积沙防治冻胀及盐胀病害的可行性、应用效果及经济性等有了一定的认识，并初步形成了系统的整治方案；2005 年 7 月至 2006 年 7 月，依托等级较高的二级公路——农一师阿塔公路（S207 线），对利用风积沙垫层、砂砾石料垫层和土工隔栅以及水泥稳定砂砾基层这些综合措施防治久治不愈的盐胀和冻胀病害进行了系统的试验研究，通过该试验路的修建以及观测，课题组通过总结，提出了等级较高、道路水文地质情况较差的路段防治冻胀和盐胀病害的治理措施及思路。并且通过该两条试验路的试验分析以及运行观测，提出了利用垦区内储量较为丰富的风积沙进行公路病害防治的措施及思路。

为了研究公路盐胀和冻胀病害产生的机理，研究小组对本公司在交通部西部交通建设科技项目研究中的盐渍土试槽的资料进行了系统的分析研究，提出了对待公路盐胀盐渍土的处理措施。为了进一步较为系统地研究公路冻胀、盐胀防治技术，研究小组成员赴陕西进行了调研，并取得了大量的研究资料及文献，为研究研究提供了方向。

为了分析垦区公路盐胀和冻胀病害程度，课题组分别在 2006 年 3 月和 12 月、2007 年 3 月和 4 月对垦区南北疆的主要团场 20 余条道路进行调查，通过分析提出了垦区内公路盐胀和冻胀病害评估分析成果。为了进一步对垦区公路盐胀和冻胀病害防治技术进行分析研究，课题组对所调查的道路和试验路段进行了跟踪调查、分析和研究，通过总结和系统分析从而形成本课题防治技术应用的研究报告。

1.4 研究内容与技术路线

1.4.1 研究内容

本课题的主要研究内容分为三个部分。第一部分兵团垦区公路盐胀和冻胀病害分析评估，通过试验路的修筑和大量的路况调查、取样分析，系统地研究了垦区公路冻胀和盐胀病害的分布特征、病害特征，在此基础上提出了垦区公路盐胀和冻胀病害的评价。第二部分是盐胀、冻胀、盐胀及冻胀综合病害的机理分析及研究，在对国内外大量试验研究资料的调查分析以及对盐渍土试槽的数据进一步分析的基础上，结合兵团垦区特点，对垦区内公路冻胀及盐胀病害形成的原因、影响因素、形成机理、产生病害的形式以及国内外目前常用的防治措施等面进行了系统的分析和研究，为垦区公路防治盐胀和冻胀病害的技术应用提供了理论基础，这也是本课题的基础。第三部分是垦区公路盐胀和冻胀病害防治技术的应用研究，通过试验路的修筑及调查资料的分析，对垦区适用的防治冻胀及盐胀病害的技术措施进行了归类和总结，并对各种防治措施的适用条件和技术要求等方面进行了研究。具体研究内容概括如下。

1. 垦区公路盐胀和冻胀病害调查及分析评估

通过对垦区南北疆6个师20余条公路的路况调查以及试验分析，针对不同公路产生病害的特征及其处理措施的对比分析，总结出垦区公路冻胀及盐胀病害的地理分布特征以及病害特征，为垦区公路防治冻胀和盐胀病害技术的应用提供依据。

2. 垦区公路冻胀影响因素及机理研究

影响垦区公路冻胀的主要影响因素为土质、水分、温度、路面结构和土中盐分的含量等，但以土质、水分和温度为主。因此结合垦区公路所处的地理位置环境及气候条件，对各种影响因素进行了分析研究；在此基础上分析研究了公路冻胀的机理，并结合垦区特点，对垦区公路产生冻胀的原因进行了系统分析研究；在调查国内外治理冻胀的方法基础上，对各种防治方法进行了简单的阐述。

3. 垦区公路盐胀影响因素及机理研究

对盐渍土盐胀病害的特征及盐胀的影响因素和机理方面，结合垦区的特点做了系统的分析研究，并结合盐渍土试槽资料的进一步分析，在此基础上对盐胀温度、盐胀变化趋势及特征、隔断层的设置以及盐胀与冻深的关系等进行了研究。

4. 垦区公路冻胀和盐胀综合病害研究

通过对垦区公路冻胀和盐胀的比较分析，研究了冻胀和盐胀的共同点及区别；通过理论分析研究，提出了季节性冰冻盐渍土地区土体变形破坏的阶段划分及其特征；并结合垦区特点，分析了冰冻盐渍土地区土体变形的影响因素；在此基础上通过理论分析研究了冰冻盐渍土地区公路变形破坏的受力状况及其特征；重点研究了盐胀和冻胀破坏对水泥稳定砂砾基层的影响。

5. 垦区公路防治冻胀和盐胀病害技术应用研究

通过对垦区17条调查公路调查分析以及2条试验道路的修筑和应用效果观测，对垦区公路冻胀及盐胀病害的防治措施进行汇总总结，系统分析研究了风积沙隔断层、土工布隔断层、降低水位法、增强路面强度及综合措施的应用，重点研究了风积沙隔断层用于冻胀和盐胀防治的可行性、应用范围、使用要求，提出了垦区公路风积沙隔断层的铺设厚度及适用条件；并对土工布隔断法防治冻胀及盐胀病害的应用进行分析研究，提出了土工布隔断层的适用范围和铺设位置。

6. 垦区公路防治冻胀及盐胀试验工程应用研究

通过农八师新西线进一步充实和验证风积沙隔断层的应用条件和应用要求，分析其经济性；依托农一师阿塔公路（S207线）研究风积沙隔断层、砂砾石料隔断层、土工隔栅及水泥稳定砂砾基层的综合措施防治冻胀和盐胀病害。

1.4.2 技术路线

（1）对兵团垦区南北疆6个师的公路病害状况进行广泛的调查，分析评价垦区公路的病害。

（2）通过对垦区内盐渍土病害路段的试验检测，分析盐胀病害的发生规律及对垦区公路评价提供依据。

（3）结合垦区特点对垦区公路产生冻胀的因素、条件、病害特征进行了系统的研究，并对防治措施做了简单汇总说明。

（4）在调查研究的基础上，根据垦区的地理、地质及气候条件，从理论上对垦区公路盐胀的影响因素、病害特征、盐胀机理等进行研究。通过对盐渍土试槽的试验及观测，分析研究了地面温度和路基降温的关系、降温和盐胀的关系等。

（5）结合垦区冰冻盐渍土地区的地理环境、气候条件，分析研究了冻胀和盐胀病害的共同点及区别；探讨了冰冻盐渍土地区土体变形破坏的阶段划分，定性分析了冰冻盐渍土地区冻胀和盐胀变形破坏的受力特征；在调查的基础上分析研究了冻胀和盐胀对水泥稳定砂砾基层的影响因素及破坏特征，并提出了防治措施。

（6）利用农八师新西线试验路段的修筑，系统研究了风积沙隔断层防治冻胀及盐胀的可行性、应用条件、应用效果及经济性；通过农一师阿塔公路试验路的实践，对重盐碱、高水位地区采取综合措施防治盐胀及冻胀进行研究。

（7）通过对垦区20余条道路的调查及分析，系统地对垦区各种防治病害措施进行了汇总分类研究。

（8）通过对垦区公路和试验工程的路面状况的调查、检测以及运用情况的观测，分析各种防治措施的应用效果。

（9）对课题研究成果进行进一步的完善和提高，并加以总结。整理分析研究资料，撰写研究报告。

2 新疆兵团垦区公路盐胀和冻胀病害评估研究

公路盐胀是我国西北地区特别是新疆盐渍土地区公路病害产生的主要原因之一，而公路的冻胀是我国北方季节性冰冻地区普遍存在的地质现象。由于特殊"三山夹两盆"的地理环境，新疆成为公路盐胀与冻胀的重灾害地区之一。为了能够采取有效的措施对兵团垦区公路冻胀和盐胀病害进行防治，必须先对垦区内冻胀和盐胀病害的类型以及病害状况进行调查、分析、评估研究，针对其病害类型提出针对性处治措施，以防治两种病害对垦区公路的影响。

2.1 相关术语

1. 冻 胀

在严寒地区，冬季土基下部的水分向上聚集并冻结成冰，引起膨胀，造成地表或路面局部隆起的现象。

2. 盐 胀

含有硫酸盐的盐渍土，降温时硫酸盐吸水结晶，体积增大，促使土壤膨胀；温度升高时，硫酸盐脱水，体积变小，致土体疏松。这种随温度变化而发生体积变化，引起地表松胀或公路路基、路面变形破坏，称为盐胀。

3. 翻 浆

春融时期，由于土基上层含水量过大，强度急剧下降，在行车作用下，路面出现不均匀起伏、松软或破裂冒浆等现象。

4. 盐渍土

盐渍土是不同程度盐碱化的总称。在公路工程中，指地表下 1.0 m 内易溶盐含量平均大于或等于 0.3%的土（对粗粒土的盐渍土另外予以界定）。

5. 盐渍化

盐渍化亦称盐碱化，是指土壤中积聚盐分形成盐渍土的过程。

6. 次生盐渍化

土壤中由于不合理的人为措施而引起土壤盐渍化的过程。

7. 盐分表聚性

盐渍土中盐分的转移、积聚，是土体中水温等条件综合作用的结果。在毛细水上升、蒸腾与温度、气压梯度差等作用下，使土体内盐分由下向上、由内向外表层聚集。

8. 溶　蚀

地表或地下水对岩石中可溶性物质进行溶解和搬移的作用。在盐渍土地区，是指水对土中可溶性盐的溶解和搬移。

9. 风积沙

在干旱缺水地区，疏松沙质地面的沙在风力作用下，吹扬、搬迁、堆积形成的沙地、沙堆、沙丘或沙垅。

10. 隔断层

为隔断水分和盐分侵入路基上层或路面基层，在路基内或其顶部用透水性良好的或不透水的材料铺筑的层次。

2.2　垦区公路调查现状

为了摸清兵团垦区公路盐胀和冻胀病害的基本情况，组成十余人的垦区公路病害防治研究课题组，于2005年、2006年和2007年分4次对南北疆6个师的19条、21条、20条、20条公路进行了现场调查，并对其中19条公路进行了跟踪调查和检测，结合冻胀和盐胀病害基础理论的学习、研究以及西部课题《新疆兵团垦区公路灾害分析评估及防治技术》试槽资料的进一步分析，并对其中2条公路进行试验路段的修筑，还在其中的7条公路破土挖坑29个，取盐渍土试样120组进行了8大离子和总盐含量的化验。由于调查的公路分别位于南北疆6个师，其在垦区是有一定代表性和广泛性的，加之选择的公路多是2002年及其以后破土动工的公路，取样有一定的随机性，我们认为调查的结论能反映兵团垦区公路的现状。

2.2.1 新疆的地理气候条件

新疆地理环境、气候条件特殊，北疆地区受天山、阿尔泰山以及古尔班通古特大沙漠的影响，属典型的大陆性干旱气候，冬季寒冷、夏季炎热，日温差大，干燥多风，降雨量少，蒸发量大。多年平均气温 0~7 ℃，极端最高气温 40 ℃ 以上，极端最低气温 -40 ℃ 以下，最大冻土深度 1.60 m 以上，属典型的冰冻性季节气候。封冻期在 10 月中旬至 11 月上旬，解冻期在次年 3 月下旬至 4 月上旬，冬季一般持续时间在 5~6 个月左右，特别在新疆的塔城、阿勒泰地区冬季持续时间更长，也尤为寒冷。南疆地区由于受到天山和昆仑山以及塔克拉玛干大沙漠的影响，更加干旱少雨，但是无法受到北冰洋气候的影响，其冬季气温比北疆地区暖和且冬季的持续时间也较北疆地区少 1~2 个月。

新疆地区降雨量少，北疆地区一般在两大山区的降雨量和降雪量较大，随着向古尔班通古特大沙漠的延伸，降雨量逐步急剧减少，在沙漠边缘降雨量一般在 50~210 mm，多年平均 100~130 mm，但蒸发量随着向沙漠的逐渐推进，其增加量尤为明显。而南疆地区降雨量因受到天山和昆仑山以及塔克拉玛干大沙漠的影响，更为稀少，但是蒸发量相对较大，因此在新疆农业灌溉基本全靠渠道输水灌溉。

新疆兵团因历史的原因，在响应国家开发西部、稳定边疆的号召下，由人民解放军就地转业进行屯垦戍边，在茫茫戈壁滩、沼泽地上开垦出一片片绿洲，再经过几代军垦战士和职工进一步的开垦、治理、改良、耕作而形成了现在地域广大的新垦区。因此兵团垦区一般均地处在沙漠边缘或腹地（如农六师 102、103、105、106、新湖农场的部分分场，农八师莫索湾垦区、下野地垦区的部分团场，农十师的 182、183、184 等团场，农十四师的皮山农场、皮墨垦区、47 团，农一师、农二师、农三师的大部分团场）、沼泽地（如农六师的新湖、芳草湖，农八师的下野地和安集海垦区，农七师车牌子垦区）、山前边防线上（如农九师的西线边境团场以及 165 团、农十师的边境团场），这些地区所处的地理环境一般较地方更为恶劣，盐碱地遍布，冬季低温持续时间较地方长且温度低（山前、边境线及沙漠周边地区），夏季更为炎热（沙漠、戈壁滩地区），在工程建设中合格土质一般较少，并在受到工程投资环境等影响，不少公路基本上均在原土基基础上直接铺筑砂砾石料而形成路面，这就造成了公路冻胀和盐胀病害的普遍存在现象。

2.2.2 调查过程

本研究从 2005 年 6 月立项评审通过后，课题组在当年就组织了工程调查小组，分赴南北疆进行路况调查。依据新疆兵团特殊的地理位置环境和气候条件，公路调查南北疆并重，按照地理位置的环境特点，对于分布在天山北坡和南坡的垦区团场公路作为重点调查对象，而对于处在阿尔泰山南麓的阿勒泰地区，因大部分处于多年冻土地区，必须纳入多年冻土的研究，这是本课题的后续内容。而南疆昆仑山北麓沿线团场较少，且该地区的道路主要以地方修建为主，真正属于兵团的道路较少，大部分为团场内部道路，且因其大部分处于山前平原，砂砾石料较为丰富，而盐渍土产生的盐胀病害基本不存在，且该区冬季的气温较高，年降雨量极少，冬季持续时间较短，大部分道路不存在冻胀和盐胀现象的发生，只有少数公路存在局部的冻胀和盐胀病害威胁，因而将天山北麓和南麓的农六师、农八师、农七师、农九师以及农二师、农一师公路纳入本次调查重点，这些地区均存在不同程度的公路冻胀和盐胀病害的破坏，有些已经影响到了公路的运行品质，因此将其作为调查的主要地区，根据对其分析、研究，其结果将会对于其他相似地区具有一定的借鉴意义。

为了使调研工作更具广泛性及代表性，课题组对农六师的芳马公路、玛芳公路、农八师古新公路、新西线、下干线主干公路、安下公路（S224），农七师的奎车公路、G217、农九师边防公路、建工师红旗农场主干公路、农一师阿塔公路、阿科公路、阿拉尔市政道路、7 团至 16 团通团公路、12 团至 14 团公路、塔南公路、玉阿新公路、农二师尉犁农场公路、S306 线等十九余条公路的地质勘查报告进行了调研、查阅和分析。

在现场调查和资料检索、分析的基础上，为了进一步明确公路病害的产生是由于冻胀还是盐胀，是哪一种盐分产生的盐胀破坏，我们对部分公路进行了探坑取样试验，再结合交通部西部课题研究中的取样检测结果进行统计分析，提出垦区公路冻胀和盐胀病害评估报告。调查结果见表 2-1，详细调查内容见《工程实践及调查报告》。

2.2.3 垦区公路冻胀和盐胀破坏的分类

在本课题研究过程中对于垦区 20 余条公路现状的调查以及部分公路原路和改建路况的对比调查、分析研究，垦区道路均存在不同程度的冻胀和盐胀病害威胁，现总结如下：

表 2-1 垦区公路病害调查结果汇总表

序号	公路名称	病害类型	病害原因	防治措施
1	农六师芳马公路	盐胀和冻胀综合病害盐胀和冻胀并重	硫酸盐超量、渠道渗漏致使路基含水量过大	土工膜隔断，抬高路基
2	农六师玛芳公路	盐胀和冻胀综合病害以盐胀为主	亚硫酸盐过量、渠道渗漏、林带渗水、局部地下水位高	水泥稳定基层，局部填筑风积沙隔断层
3	农八师新西线公路	冻胀及盐胀综合病害以冻胀为主	硫酸盐过量、地下水位高、林带冬灌、春灌	风积沙隔断层
4	农八师古新干线公路	盐胀及冻胀综合病害以盐胀为主	中强盐盐渍土、地下水位高	风积（河）沙隔断＋土工织物；土工布隔断＋换填砂砾
5	农八师下干线公路	盐胀及冻胀病害，以盐胀为主	路基含盐量超标、林带灌水、次生盐渍化	挖减碱渠、土工布隔断
6	农八师安下线（S224）公路	盐胀病害	路基含盐量超标	水泥稳定砂砾基层
7	农七师奎车公路	盐胀病害局部为盐胀及冻胀综合害	路基含盐量超标	水泥稳定砂砾基层
8	G217（克拉依至奎屯段）公路	盐胀、冻胀病害两种病害分段局部集中	路基含盐量超标、路基排水不畅	增强路面结构等综合措施
9	建工师红旗农场主干公路	盐胀病害	路基含盐量超标	深挖排沟
10	农九师边防公路	冻胀病害	路基排水不畅	挖排沟
11	农一师阿科公路	盐胀及冻胀病害	含盐量超标、地表水影响较大、渠道渗漏	风积沙隔断
12	农一师玉阿新公路	盐胀病害	含盐量超标、次生盐渍化	土工膜隔断＋风积沙
13	农一师7团至16团通团公路	盐胀和冻胀病害以冻胀为主	路基含盐量超标、渠道渗漏	风积沙隔断抬高路基
14	农一师12团至14团通团公路	盐胀和冻胀病害以盐胀为主	路基含盐量超标、渠道渗漏	风积沙隔断抬高路基
15	农一师塔南公路	冻胀病害	地下水位高、林带及田间灌水对路基影响	风积沙隔断＋塑膜
16	农一师阿塔公路（S207）	盐胀及冻胀病害分段集中主要以盐胀为主	含盐量过大、库水影响地下水位高	综合措施
17	阿拉尔市道路	冻胀、盐胀病害以冻胀为主	林带灌水渗漏	土工布＋换填风积沙隔断
18	库尔勒地区尉犁农场通团公路	盐胀、冻胀病害以盐胀为主	渠道渗漏、路基含盐量超标	常规施工（未做针对处理）
19	S306 线	盐胀、冻胀、溶蚀病害以盐胀为主	路基含盐量过大、次生盐渍化、田间灌水	抬高路基、加强路面、土工布对比措施

1. 按照病害性质的地域分类

纯冻胀路段：农九师边防公路、G217 沙漠段、新西线 149 团过境段、农一师塔南公路、农一师 12 团至 14 团通团公路、农一师阿拉尔市政道路。

纯盐胀路段：农二师 S306 线、农一师玉阿新公路、农八师安下线（S224）、建工师红旗农场主干公路、农八师下干线。

冻胀和盐胀并重路段：农六师芳马公路、农六师玛芳公路、农八师古新干线、农八师新西线、农一师阿塔公路（S217）、农一师阿科公路、农一师 7 团至 16 团通团公路、库尔勒地区尉犁农场通团公路、农七师奎车公路。

通过该分类结果可以初步判定：纯冻胀路段基本上处于山前、山区或沙漠周边地区或冲积平原的下游地下水位较高、盐分极少的地区；纯盐胀路段基本上处于冲积平原的上中部，该地区以硫酸盐为主；产生冻胀和盐胀并重的路段基本在冲积平原的中下游，这些地区特殊的表现形式是以氯盐和硫酸盐为主，且地下水位较高，地下水矿化度也相对较高。

因垦区内地理环境的差异性较大，盐渍土病害的盐分积聚在大面积上具有共性，但是在局部可能出现了差异，这就使得在一条公路中有可能表现为以冻胀（或盐胀）为主，但在局部出现了以盐胀（或冻胀）为主的现象，这也是调查中发现的从大面积上讲其内陆地区盐渍土带状分布十分明显，这种带状分布基本在平面上垂直于地下及地表水的流向，这种表现从基本平行地下水流向的古新公路、奎车公路、阿塔公路和玉阿新公路看其十分显著；从局部小区域看，只要有洼地其盐渍土就相当严重，该现象十分普遍，可以说从现场看，只要有洼地处，就有较重的盐渍土。在垂直方向，盐渍土的表聚性也十分明显，0~50 cm 与其下部的含盐量相差很大，尤其是没有吸湿性的硫酸盐（Na_2SO_4、$MgSO_4$）。因此从地域角度考虑这种分类较为粗略，只能以现场的实际观察和检测结果为准。

2. 从气候条件和地理位置来看

新疆地处我国的西北边陲，从地理位置上看，属于季节性冰冻地区，但是新疆地域广袤，占我国国土面积的 1/6，并且三山围绕，两大沙漠横亘其中，造成南北疆气候的差异性较大，因此通过调查发现从气候角度讲北疆垦区内冬季气温相对较低，且低温持续时间长，最大冻深一般在 1.4~1.8 m，在农十师大部分团场达 2 m 以上；南疆垦区相对暖和，最大冻深在 0.7~1.0 m，农二师焉耆垦区（焉耆盆地）为 1.0~1.2 m；从盐渍土地区来看，由于盐渍土形成的特殊垂直分布性，南北疆各地均有程度不同的盐渍土病害，两者相差不大，但是以焉耆盆地最为严重。

以上公路路况调查中主要针对垦区公路存在盐胀或冻胀病害的路段进行，调查路段 923 km，主要集中在天山南北坡垦区经济带中的垦区内部主要干线公路，其具有一定的代表意义，从调查整的范围来看，出现纯冻胀的路段有 97 km、出现纯盐胀的路段 121.2 km，盐胀和冻胀并重路段 108.5 km，分别占调查路段的 10.5%、13.1%、11.8%。仅从数据显示来看，盐胀好像居于病害的首位，但是因本次调查的局限性——仅针对天山南北坡经济带进行，对于产生冻胀较为剧烈的农十师、农九师、农五师、农四师未进行调查，而这些地区因地处山前或山区，水源丰富，地下水位高（以农九师边防公路为例）、冻深大而盐碱含量较少，产生冻胀的可能性大。因此综合考虑，垦区公路整体以冻胀病害为主、盐胀次之；对于盐渍土地区冻胀和盐胀的防治，北疆以冻胀和盐胀并重，南疆以盐胀为主，但是根据当地的地理环境具体对待。

2.2.4 垦区公路冻胀和盐胀病害特征

从上述分类中可以看出垦区内公路冻胀和盐胀病害产生的地域性有所差别，但也有其相关性——冰冻盐渍土地区，这就使得垦区公路产生的破坏的表现形成具有一定的特殊性，因此课题组根据 JTG D30—2004《公路路基设计规范》以及课题组调查报告中委托的土样检测报告中的数据分析计算得"盐渍土取样化学分析统计"，其数据统计如下：

盐样统计总数 120 个
按盐渍化程度统计：

过盐渍土样数	2 个	1.7%
强盐渍土样数	30 个	25%
中盐渍土样数	60 个	50%
弱盐渍土样数	12 个	10%
非盐渍土样数	16 个	13.3%

按含盐性质统计

氯盐渍土	20 个	16.7%
亚氯盐渍土	18 个	15%
亚硫酸盐渍土	44 个	36.7%
硫酸盐渍土	8 个	31.6%

从盐渍化程度可以看出，中盐渍土以上的土样占到了 76.7%，而盐渍土随含水量的增加强度均有减小，而且含盐量越高下降越明显（总盐在 5%以

下）。尤其是含有氯化物的盐类，吸湿性大，且吸湿水分蒸发缓慢，导致其强度长期保持在较低水平，在冻融循环和车载的作用下，极易形成翻浆病灶；再者，在垦区公路纯冻胀路段也主要以翻浆为主要病灶，因此可以断定翻浆是垦区第一大公路盐渍病害，这与本次取样路况调研所看到的现象一致。

从含盐性质看，硫酸盐和亚硫酸盐总共占了68.3%，这也是垦区内公路产生盐胀的主要原因。换句话说，盐胀为垦区公路盐渍病害的第二大表征，而溶蚀也有发生，冻胀盐渍病害是此次调查中表现最少的。

2.2.5　垦区公路冻胀和盐胀的产生原因

垦区公路产生盐胀和冻胀的原因较多，通过试验路和路况调查结果，现简要总结如下（详细内容见第3、4、5章和调查报告）：

（1）土质因素：因垦区内缺少合格的筑路材料，而公路大部分是在原路改建或土路上修建而成，这些老路基本上填筑的都是土壤改良后的田间淤泥质土、盐渍土或垃圾质土、渠道清淤的土，这些土质的含盐量及冻胀性较为严重，为垦区公路冻胀和盐胀提供了土质和盐分条件。

（2）水的因素：垦区道路大部分是渠路伴行或渠田伴行，道路等级低、路基填筑高度小、渠道渗漏、田间灌溉及其余水均会对路基产生影响；有些地区地下水位较高，且水的矿化度高，这些水源在毛细水作用和蒸腾作用下对路基土产生次生盐渍化；另外，地下水在地表水的影响下，上下幅度较大，加剧了土质中水分增加以及含盐量的增多，为道路盐胀和冻胀提供了水分和盐分的来源。

（3）温度因素：兵团垦区冬季极端气温可达$-30 \sim -40$ ℃，且一般负温时间长达$4 \sim 5$个月，夏季达$30 \sim 45$ ℃的高温，这种较大温度升降过程，特别是降温过程为盐胀和冻胀提供了温度条件，也为路基土中的水分提供了足够的温度应力而使其向路基顶部移动，进而产生路基冻胀和盐胀。

（4）路面结构因素：一般认为，足够路面结构层的厚度及强度可起到抑制路基盐胀和冻胀的产生，但是垦区公路由于道路等级低（主要以三级及以下等级公路为主）、造价低等因素的影响，垦区道路的路面结构层厚度一般为$30 \sim 48$ cm，且沥青面层只有3 cm，这种较薄的路面结构一般很难依靠自重和其强度抑制盐胀和冻胀的产生及发展。

（5）人为因素：主要是施工不当、设计考虑不周、养护不到位、工程建设周期安排不合理以及人为地造成地表水对路基的影响等因素，为公路冻胀和盐胀留下了隐患。

2.2.6 垦区公路冻胀和盐胀防治措施

特殊的地理环境及气候条件致使垦区公路盐胀和冻胀病害层出不穷，为此垦区公路建设者在借鉴国内研究成果的基础上，采用了多种防治措施，取得一定的成果，在此简单总结如下：

（1）换填：对于盐胀和冻胀较为严重的路段，采用换填合格土质进行防治。

（2）设置隔断层：一般采用土工布隔断和风积沙、砂砾石料隔断，其中以土工布和风积沙应用较多。

（3）深挖排沟或抬高路基：这种方法主要是降低地下水位和相对降低地下水位，以达到排出路基中的水分及盐分，保持路基干燥，以达到防治之目的。

（4）增强路面结构：一般采用增加路面结构层或路基强度（这种方法主要在较高等级公路——二级公路中应用较多）和设置水泥稳定砂砾基层，从提高路面的整体板结强度，达到抑制病害的破坏。

（5）综合措施：针对路况较为复杂、地质状况差的路段，采用单纯的一种方法很难达到防治的目的时，采用多种方法综合使用。

2.3 垦区公路冻胀和盐胀病害评价

根据目前已经修建的垦区公路总里程为 31 725 km，纳入国家统计里程的公路 24 712 km，沥青水泥路面 10 292 km，本次调查 923 km，占沥青水泥路面里程的 8.97%，应该说具有很强的代表意义。仅从上述调查路段的情况来看，垦区公路产生盐胀和冻胀及其综合病害的频率在 35% 以上（10.5%+13.1%+11.8%），但实际情况并不是垦区所有公路均存在盐胀和冻胀病害，而因本课题的研究内容的限制以及课题研究的针对性，不可能也不允许把所有垦区的道路调查完毕，课题研究过程中主要针对垦区公路的盐胀和冻胀路段进行研究的，因此其比率可能有所增大，但是也有一定的代表意义。课题组经过综合考虑地理环境和气候条件等因素影响，垦区公路产生盐胀和冻胀及其综合病害的路段应不少于 10%。按照兵团"十一五"公路建设目标：公路建设总规模 1.6 万千米，其中二级以上公路 764 km，三级公路 2808 km，四级公路 9717 km，等外公路 2949 km。这些公路中新建、改建通营公路 4487 km、通连公路 6899 km。而这些公路主要是跨垦区或垦区内的主要干线，其地质、水文情况均较为复杂，其产生盐胀和冻胀的可能性会更大，因此本课题的研究成果对于这些病害的防治具有很强的指导意义和借鉴作用。

本评价虽然是从垦区多条公路以及其中 7 条公路探坑获取数据，但其分布南北疆 6 个师，并且为主要的垦区干线公路或团场的通乡营主要公路，其代表性和广泛性可以代表兵团垦区公路的状况，其结论是可信的。

（1）冻胀路段基本上处于山前、山区或沙漠周边地区或冲积平原的下游地下水位较高、含盐量较低的地区；盐胀路段基本上处于冲积平原的上中部，该地区以硫酸盐为主；产生冻胀和盐胀并重的路段基本在冲积平原的中下游，这些地区特殊的表现形式是以氯盐和硫酸盐为主，且地下水位较高，地下水矿化度也相对较高。总之北疆以冻胀和盐胀并重，南疆以盐胀为主，但是根据当地的地理环境具体对待。

（2）垦区公路冻胀和盐害是由于水的浸入强度急剧下降，多发于春秋两季外界水浸入时节，表征为翻浆，为垦区公路第一大病害。其多发于地下水位高且以垂直蒸发为主的洼槽区域。

（3）盐胀为垦区内的第二大病害，主要出现在盐渍化严重且以硫酸盐为主的冲积平原的上游或低洼处。

（4）冰冻盐渍土地区的盐渍土在平面上以内陆地区盐渍土带状分布，基本以地表水流域为表现单元，盐渍土竖向盐分的表聚性较明显。该地区垦区公路盐渍土以亚硫酸盐渍土为主，除此依次排序为硫酸盐渍土、亚氯盐渍土和氯盐渍土。其分布范围十分广泛，涉及几乎盐渍土地区的每条公路。

3 垦区公路盐胀病害试验分析研究

3.1 概　　述

　　新疆特殊的"二山夹两盆"封闭式及远离海洋的地理环境，导致受海洋气流的影响小，大陆性强，平原地区降水量少，日照强烈、蒸发旺盛、气候干燥。北疆属于温带干旱、半荒漠、荒漠气候，南疆属于暖温带极端干旱荒漠气候，新疆全境气温年差很大。北疆平原区各地年降水量多在 150～200 mm 之间，南疆平原区都不足 100 mm，东南部大多在 50 mm 以下。蒸发量：北疆各地多在 1 600～2 000 mm；南疆一般为 2 000～3 000 mm。境内河流中除额尔齐斯河、伊犁河外都是内陆河流和季节性河流，并在山区和各地区内根据地形条件形成了排水不畅的小盆地（如焉耆盆地、吐鲁番盆地、伊犁盆地等）与洼地，由于区内的河流径流集中在新疆内，河流中的盐分只能在盆地内重新分配。

　　由于山区含盐地层分化的成土母质，通过水流把盐分带到盆地和山前冲积平原上，使得该地区地面水与地下水的矿物质逐渐增高，成为新疆两大盆地与低洼土壤盐分的主要来源，加之新疆强烈蒸发的气候条件和地下水矿化度较高的水文地质条件促使新疆地区土质盐碱化加重。而兵团垦区因历史的原因一般均在荒无人烟的茫茫戈壁滩上和沼泽地中开垦而成，这些地区一般是"路到头、水到头"，降雨量小、蒸发量大，盐分积聚强，该地区的道路基本处于盐渍土地区，使得公路运行品质下降，直接影响到垦区经济的发展。

　　为了能够较为系统、真实地对垦区公路盐渍土病害进行分析研究，课题组对南北疆公路调查过程中对 7 条公路破土挖坑 29 个，取盐渍土试样 120 组进行了 8 大离子和总盐含量的化验。并结合盐渍土试槽对盐渍土盐胀的机理和相关特征进行了分析研究。

3.2 垦区公路盐渍土病害特征及成因

3.2.1 盐渍土分类及工程性质

1. 盐渍土的分类

依据 JTG D30—2004《公路路基设计规范》对盐渍土按照含盐性质、盐渍化程度进行了划分,划分标准见表 3-1 和表 3-2;另外按新疆维吾尔自治区公路行业技术规范 XJTJ01—2001,对盐渍土按盐胀性分类,见表 3-3。

表 3-1 盐渍土按含盐性质分类表

编号	盐渍土名称	Cl^-/SO_4^{2-}	$CO_3^{2-}+HCO_3^-/Cl^-+SO_4^{2-}$
1	氯盐渍土	>2	—
2	亚氯盐渍土	1~2	—
3	亚硫酸盐渍土	0.3~~1	—
4	硫酸盐渍土	<0.3	—
5	碳酸盐渍土	—	>0.3

注:离子的含量以 1000 g 干土中含离子的物质的量计(mmol/kg)。

表 3-2 盐渍土按盐渍化程度分类表

编号	盐渍土名称	土层的平均含盐量(质量分数)	
		氯盐渍土及亚氯盐渍土	硫酸盐渍土及亚硫酸盐渍土
1	弱盐渍土	0.3~~1.0	0.3~0.5
2	中盐渍土	1.0~5.0	0.5~2.0
3	强盐渍土	5.0~8.0	2.0~5.0
4	过盐渍土	>8.0	>5.0

注:含盐量以 100 g 干土内的含盐总量计。

表 3-3 盐渍土按盐的盐胀性分类

成分	盐胀分类			
	非盐胀性土	弱盐胀性土	盐胀性土	强盐胀性土
硫酸钠含量 Z/%	Z≤0.5	0.5<Z≤1.2	1.2<Z≤3	Z>3

注:硫酸钠含量 Z(%)以土基或地表 0~1 m 深易溶盐分析计算而得。

2. 各种盐渍土的性质

目前国内外对于各种盐渍土的性质研究较多，一般而言按照盐渍土含盐性质对其进行了研究，研究结果归结如表 3-4。

表 3-4 盐渍土中常见易溶盐的基本性质表

盐类名称	基本性质
氯盐类 （$NaCl$、KCl、 $CaCl_2$、$MgCl_2$）	1. 溶解度大 2. 有明显的吸湿性 3. 从溶液中结晶时，一般体积不发生变化；但是 $NaCl$ 在接近 0 °C 时能结合 2 个结晶水，使体积膨胀 130% 4. 能使冰点显著降低
硫酸盐类 （Na_2SO_4、$MgSO_4$）	1. 没有吸湿性，但在结晶时能吸收一定数量的水分子 2. 硫酸钠从溶液中沉淀重结晶时，结合 10 个水分子形成芒硝（$Na_2SO_4 \cdot 10H_2O$），体积增大；在 32.4 °C 时芒硝放出水分，又形成无水芒硝，体积减小 3. 硫酸镁结晶时结合 7 个水分子形成结晶水化合物（$MgSO_4 \cdot 7H_2O$），体积也增大；在脱水时逐渐转变为无水分子的结晶水化合物，体积随之减小 4. 硫酸钠在 32.4 °C 以下时，溶解度随温度的增加而增加，在 32.4 °C 时溶解度最大，在 32.4 °C 以上溶解度下降
碳酸盐类 （Na_2CO_3、$NaHCO_3$）	1. 水溶液有很大的碱性反应 2. 能使黏土颗粒发生最大的分散 3. 对土的崩解速度影响很大

从盐渍土的分类和各种盐渍土的性质可知，盐渍土的盐胀主要发生在硫酸盐盐渍土中，而硫酸盐盐渍土的盐胀以硫酸钠为主，这也是兵团垦区公路产生盐胀的主要破坏原因。

3.2.2 垦区盐渍土成因及分布规律

3.2.2.1 垦区盐渍土的成因

新疆地区盐渍土的形成原因与新疆特殊的气候条件、地形地貌、水文地质环境和人为因素等有关。

1. 地形地貌因素

地形地貌条件决定土体母质的分布和地下水循环模式，进而决定了盐渍土的分布状态。

从地貌上讲，新疆"三山夹两盆"特殊的地理环境，形成了两大内陆盆地以及为数较多的小盆地和洼地，是盐分积聚区。三座山脉的风化物随着地表径流和地下径流在盆地低洼处产生沉积，因此形成的冲积平原上的盐渍土区域发育，并且按各种离子的迁移能力的强弱呈明显的分带性，如在山前一般以碳酸盐、硫酸盐为主，而在平原区和地势低洼处以硫酸盐和氯盐为主。因此新疆地区内不同堆积地貌区土壤都有不同程度的盐渍化现象，特别是在冲积平原的中下游，地下水埋深较浅的部位，土壤的盐渍化程度更加严重，如农八师的下野地垦区、莫索湾垦区、农七师的北部团场、农二师的焉耆盆地团场、农一师的塔里木盆地团场、农六师的新湖和芳草湖两大团场等。

2. 气候条件因素

新疆地区地处内陆腹地，气候极度干旱，夏季炎热，冬季寒冷，年降水稀少，蒸发量大，湿度低，日照时间长，昼夜温差大，属大陆荒漠性气候。其蒸发量是降水量的 10～20 倍，因此土壤淋溶作用十分微弱，蒸腾作用非常强烈，在路基土水分的蒸发作用下，下层土中的水分通过毛细管提升到上层，形成了土壤的一定湿度差，再在蒸腾作用和毛细管力的作用下，地下水垂直交替强烈，溶解于地下水的盐分和土壤中的盐分，沿着土壤毛细管不断地随水分上移，水分由地表蒸发掉，但是盐分保存了下来，这就造成地表和土层上部大量积盐，特别是地下水浅埋区，这种现象就更为显著。

在冬季严寒气候条件下，在土体中容易形成温度梯度。众所周知，在低温环境中易溶盐溶解度将显著降低，便形成与温度梯度相对应的盐分浓度梯度，这样盐分将由较高温度区向低温度区迁移，当低温区盐分达到饱和时，多余盐分便析出结晶、聚集。整个冬季这种作用过程则处于非平衡状态的结晶、聚积中。由于土壤盐分大量积累，这些区域春季返盐严重。另外新疆地区昼夜温差大，这对土壤盐分向地表移动和积累等均起着重要的作用。

3. 地下水和地表水因素

地下水对土壤盐渍化的形成主要表现在两个方面，一是地下水的埋深，二是地下水的矿化度即地下水的盐分含量。一般情况下，地下水位愈高即埋深愈浅的地区，土壤盐渍化程度愈严重。兵团垦区由于地处干旱区，水位愈高，蒸发量愈大，地下水垂直作用就愈强烈，土壤则处于强烈的积盐过程。

特别是当地下水位达到"临界深度"时，土壤表层因积盐较重而形成盐土。另外，土壤的盐渍化亦与地下水矿化度有着较密切的关系，在高矿化度地下水地区，即使水位埋深较大，地表积盐程度也较高。如农一师的阿塔公路、塔南公路、玉阿新公路，农二师的S306线，农八师的古新干线等。

地表水对路基土盐渍化的形成主要是次生盐渍化。地表水主要为渠道渗漏、林带灌水、田间灌溉余水和降雨等。地表水聚积在路基沿线时，使得路基中的含水量过大，造成了在夏季蒸腾作用下路基底层中盐分随着水分向顶层迁移、冬季时在温度梯度作用路基地层土体中的盐分通过毛细管力的作用也向顶层移动，造成路基顶层含盐大量积聚。这种现象在含盐量大的地区或地下水矿化度高的地区更为明显。如农二师S306线和哈黄公路两侧路肩盐碱化每年以 20~30 cm 的爬升速度向路面上升，直至路面修建运行 3 年后，在局部路段路面裂缝处已经出现了明显的返碱现象。

4. 土壤质地

土壤质地对盐渍土形成及影响主要有两个方面：

（1）土壤中的盐分主要是从母岩中来的，岩石风化后盐分分解释放，随着水流由高到低并在一定环境条件下聚积起来，增加了土壤中的含盐量。所以土壤盐渍化与土壤母质的性质密切相关。

（2）土壤的物理性质及其组合亦影响地下水毛细管上升高度和上升速度。一般而言，砂性类土，毛细管水上升快，但上升高度较小；黏性类土，毛细管水上升高度大，而上升速度则较慢。但由于地面蒸发强烈，黏性土中毛细管水运行缓慢，毛细管水在上升过程中因供不应求而中断，所以实际上在内陆干旱区，黏性土毛细管水上升高度并不高。而对于粉土类，其毛细管水上升高度大且速度较快。因此在相同的环境条件下，砂土和黏性土类不易返盐；而粉土类则更易返盐，土壤盐渍化更严重。

5. 人类活动

人类活动亦是造成土壤盐渍化的主要因素之一，主要表现在对流域水资源没有统筹规划和合理利用，不合理的垦荒和灌溉以及农业的粗放经营，生态植被被破坏等造成盐碱化或次生盐碱化。

3.2.2.2 垦区盐渍土的分布规律

从调查南北疆 29 个坑、120 组试样的分析，具有一定的随机性，可以看到垦区盐渍土分布的一个缩影。从地质勘查报告以及我们现场的调研，我们发现其分布规律：从大面积上讲（平面分布）其内陆地区盐渍土带状分布十分明显（图3-1），这种带状分布基本在平面上垂直于地下及地表水的流向，这种表现从基本平行地下水流向的古新公路、奎车公路、阿塔公路和玉阿新公路看其十分显著；从局部小区域看，只要有洼地其盐渍土就相当严重，该现象十分普遍，可以说从现场看，只要有洼地处，就有较重的盐渍土。在垂直方向，盐渍土的表聚性也十分明显，0~50 cm 与其下部的含盐量相差很大，尤其是没有吸湿性的硫酸盐（Na_2SO_4、$MgSO_4$）。

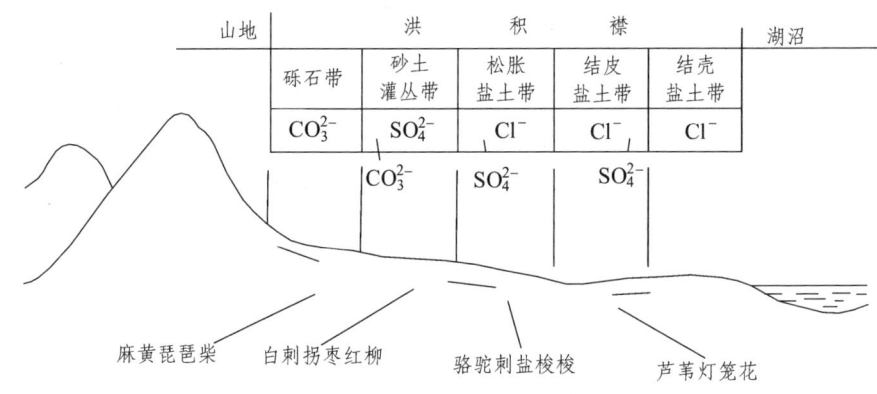

图3-1 内陆地区盐渍土带状分布图

3.2.3 垦区公路盐渍土工程特性及病害特征

3.2.3.1 垦区公路盐渍土工程特性

为了能够充分、系统地对公路盐胀问题进行研究，就必须先对盐渍土的工程特性以及病害特征进行分析，在此基础上对盐渍土盐胀进行系统分析。本部分通过部分试验和调查过程资料分析对盐渍土的工程特性及病害特征进行分析研究。

1. 盐渍土的强度特性

盐渍土干燥状态下力学强度大，遇水后其强度下降极快，课题组曾取总盐含量2.007%的亚氯盐渍土进行重型标准击实和回弹模量试验，回弹模量试验结果如表3-5所示：

表 3-5　盐渍土强度与含水量试验结果

含水量/%	6.02	7.89	9.69	11.23
回弹模量/MPa	130.28	87.32	43.25	15.36

从表可以看出：盐渍土含水量 6%时其回弹模量为 130 MPa，含水量 11%时其回弹模量仅为 15 MPa，可以说明，盐渍土干燥状态下其强度较高而在遇水时其强度急剧下降，这就使得路基在车辆荷载的作用下易使路基和路面产生变形。尤其是吸湿性强的氯化盐类，严重时路面网裂甚至出现翻浆。这种现象在公路调查中出现的频率很高，因为垦区内的特殊地理位置环境和公路布置线路一般是沿渠伴行、路边常有林带和田间灌水等使得路基经常不间断或反复处于饱水状态，路基土中的盐渍土随着水分的增大而产生溶解、运移，使土体失去部分骨架和胶合物质，从而强度降低很快。这就是 XJTJ01—2001 规定除水文地质条件好和经论证特别是干旱地区可有条件地使用外，盐渍土不让上路的缘由。

2. 盐渍土的盐胀特性

通过调查过程发现在含有盐渍土（硫酸盐，特别是硫酸钠）的路段，均出现程度不同的胀起现象，程度轻的出现搓板，严重的胀起现象达到 20～25 cm，使得路面平整度严重降低，公路运行品质急剧下降。这主要是盐渍土路基的盐胀产生的病害特征。这种现象在以硫酸盐为主的盐渍土中较为常见。

路基土盐胀的形成，是土体内硫酸钠的迁移聚积、结晶体胀和土体膨胀三个过程的综合反映结果。其中土体硫酸钠的存在及迁移是造成路基盐胀的前提条件。在同类地表，由于垦区内的蒸发量大，盐分向地层表面处积聚明显，而路基因上部的路面结构层材料的覆盖，蒸发强度与路边地表相比较而大大减弱，这就是在路况调查过程中出现的路旁盐碱呈白色随处可见，而在有些含盐量少的路基边缘或路面很少出现盐碱现象的原因。另外，盐分的迁移还受到地下毛细水上升的作用，如果路基土质毛细水上升高度小，地表的盐碱土很难上升到路基顶面或必须经过较长时间的逐步迁移才能达到路基顶面汇集，当大量的硫酸钠聚集在路基表面在合适的温度下（32.4 °C 以下）时就开始结晶，逐步形成结晶体（$Na_2SO_4 \cdot 10H_2O$）体积膨胀，当结晶体膨胀到一定限度，直至将土体中的空隙膨胀占满后，使得路基土受到结晶体膨胀力的作用，并不能克服其膨胀力时，土体就产生膨胀，随着膨胀量和膨胀力的进一步发展，直至路面结构不能克服时就产生路面的不平整现象。在这种盐分聚积和土体膨胀的多次反复作用下，路基和路面基层的土体松胀，而使路基和路面基层的干密度下降，强度降低，膨胀部分特别是不均匀膨胀使公路的运行品质急剧下降。

3. 盐渍土的溶陷性

盐渍土中盐分随着降雨或流动水体将土体结晶的易溶盐晶体溶解，使土体固相体积减小，孔隙比增大，从而在自重、流水或外覆荷载作用下形成路基局部雨沟、洞穴、沉陷或坍塌等现象，使公路的运行品质也将大大受损，其主要症状为先路肩而后渐向路中发展，路肩先是凹凸不平，后路边发生纵向裂缝，并伴有高低不平的路面现象。这种现象在调查中出现的频率很少，在本次调查的23条路中，只有在南疆23团的S306线的涵洞台背中有两处出现了明显的溶陷坑，塌陷深度达5 cm之多。

3.2.3.2 垦区公路盐渍土病害特征

调查的老路路段原本为无级别的公路或未按等级修建的公路，虽车流量很难达到等级公路的车流量，但公路路面破坏已可见一斑，可见盐渍的危害必须治理与防治。从统计数值可以看出，中盐渍土及以上的土样数达76.7%，可知主要病害来自盐渍土路基强度下降（或不足）；其次硫酸盐和亚硫酸盐总共占了68.3%，也是主要盐害之一。两种病害发生的时间不尽相同，表征也不一样，原因也不相同，但都是盐渍土的内因所致。以下逐项论述。

1. 盐渍土的水稳性差

对于氯化物盐类盐渍土，此盐害发生的内因为盐渍土，诱因（外因）为水的浸入。水的浸入有不良的水文地质条件和春秋两季的雨、雪水集中入渗。由于这两种诱因的发生和发展均需一定的时间，一般发生在工程竣工一年以后或更长时间，而且可以反复，尤其是春季冰雪融化使地下水位抬高或由于沥青表面的水封作用减弱直接下渗诱发为多，秋季的多雨少蒸发也可发生，故垦区公路春秋发生病害较多，且春季重于秋季。由于氯化物盐类盐渍土的喜水性和极差的排水性，入侵的水分较长时间的滞留于其中，故使其强度长期处于较低状态，随着车辆的反复作用，其变形逐渐加剧。而裂缝发生发展，雨、雪水入浸通道更加发育，则恶性循环一发不可收拾，此病害为垦区公路盐渍病害的主要表现。

2. 盐　胀

对于含有一定数量的 Na_2SO_4 或 $MgSO_4$ 的盐渍土，盐渍土在降温过程中，吸水结晶，结晶后体积膨胀 3.1 倍，其反应的化学方程式为：$Na_2SO_4 + 10H_2O \Longleftrightarrow Na_2SO_4 \cdot 10H_2O$，该反应是随温度的升高而成为可逆的，内因是土中含有 Na_2SO_4 和自由水（注意这里只要有自由水便可，并不需要外界水补充），外因是温度变化。Na_2SO_4 在水中的溶解度对温度的变化较为敏感。当溶液的温度为 32.4 ℃ 时，其溶解度最大，小于和大于该值均会导致硫酸钠晶体析出。此反应的敏感温度区间一般是+25～5 ℃，剧烈温度区间为+15～5 ℃，但也随所含盐中其他化合盐的不同而不同。影响盐胀量的原因还有土体的干容重、初始含水量、密实度、温度、土质、上覆荷载等，但其基本原理是一致的。另外，土中盐分、水分、温度随时间是变化的，从而其各处的强度和密实度也是变化的。盐胀破坏一般多发生在公路工程竣工后的第一个冻融循环时间——即竣工后的第一个秋季，当然其单纯的灾害应视其胀量的绝对值和路面可承受能力（各结构层可耗散一定的盐胀量带来的变形）及强度下降的多少而定。但这极可能引起路面水封的破坏，从而加剧外部水的入侵，点燃恶性循环的导火索，从统计数值分析，盐胀为垦区公路盐渍土灾害的第二大表现形式。

3.2.3.3　垦区公路盐渍土病害成因

从老路现场描绘的剖面图不难发现：除前三种灾害外其他因素无法排除，例如，老路面结构厚度不足是其普遍存在的问题；建设时其压实度没有得到较好的控制；施工工艺造成层间的相互嵌入；超载问题；路面失修以及多种综合因素的影响。但这一系列问题应该在每条线路的全长都存在，我们认为这一原因主要为盐害。也正是上述无法排除的原因，加之水文地质条件变化多样性等，使我们从探坑中无法定量的分析各种主要原因的确切影响程度，但这对评价定论的方向不会受到本质的影响。

（1）盐渍土的水稳性差，引起的强度不足是第一种盐渍病害类型，也是第一大病害。这种水稳性差的细粒土填筑于路床内，是垦区盐渍土病害致命的根源，当然也有因路基的水文地质条件恶化而使路基次生盐渍化而发生病害的。主要表现在各垦区所在各流域细土平原中低洼处或河套台地边缘处以及历史上的沼泽、湖泊地区。这部分区域地下水蒸发长期处于较高水平，大部分区域地下水距地表小于 1.5 m（最高水位），因此盐分地表聚集较多，也就是地下水蒸发剧烈的区域，在这部分区域修筑公路，由于当时的认知水平和资金的限制，给公路病害留下的祸根。

（2）盐渍土盐胀性盐分含量较大，引起路面的盐胀性破坏是第二种盐渍病害类型，是第二大病害，这种病害多发地区特征同（1），只是在流域细土平原的中上游，其下游较为少见。

3.3 垦区公路盐胀机理及影响因素

3.3.1 盐胀的发生机理

盐渍土的盐胀是由土中液态或粉末状的硫酸钠在外界条件变化时吸水结晶而产生体积膨胀所造成的。而促使硫酸钠结晶的这个外界条件主要是温度的变化，因为硫酸钠的溶解度对温度的变化非常敏感。发生盐胀的过程实际上极为复杂，初始条件和边界条件、外因和内因、以及数量的变化而发生质量的变化等等。这些因素相互作用相互制约，最终促成了盐胀的发生和发展规模。研究认为只要工程中的基本条件（一定的 Na_2SO_4 含量，一定的含水量和土体降温）满足，迟早要胀，这主要取决于硫酸钠的溶解曲线特性。硫酸钠具有随温度不同而溶解度剧烈变化的特点，温度为 32.4 ℃ 时硫酸钠在纯水中具有最大的溶解度，超过 32.4 ℃ 硫酸钠在过饱和溶液中以无水形式（Na_2SO_4）析出；低于 32.4 ℃ 则以 10 个分子结晶水形式（$Na_2SO_4 \cdot 10H_2O$）析出（图 3-2）。$Na_2SO_4 \cdot 10H_2O$ 体积胀大到原体积的 3.1 倍（需要指出的是：若是复合盐分，则最大溶解度的温度由 32.4 ℃ 下降，最多可降到 17 ℃）。

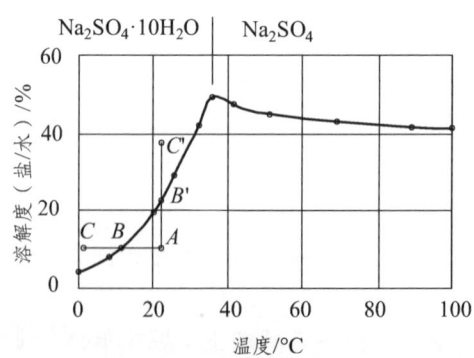

图 3-2　硫酸钠溶解度曲线

要使盐结晶析出，盐溶液状态必须由欠饱和区进入过饱和区。假定温度不变，增加盐的浓度，由欠饱和区 A—饱和区 B'—过饱和区 C'，$Na_2SO_4 \cdot 10H_2O$ 析出。在硫酸盐渍土较长时间处于热季时有可能发生这种情况，地下含硫酸盐的溶液，在日照、风干和气温的作用下，水分大量被蒸发，盐分不断积存在地表，结果盐溶液的浓度不断增大，以至在地表厚度很小的区域达到过饱和区而产生盐胀，这在施工过程中常常可以看到。上述盐胀方式产生的盐胀量是很小的，因为除地表面处，盐浓度的自然增长速率是缓慢的，加上在风干和日照作用下，地面水分蒸发很严重，也十分迅速，在大量水化物形成之前，水分就大量被蒸发掉，$Na_2SO_4 \cdot 10H_2O$ 形成很少，自然盐胀不大。还有一种方式可产生盐胀——即降温，设定地面下某一区域 Na_2SO_4 溶液的浓度不变，由于降温，溶液便由 $A—B—C$ 使得盐溶液进入过饱和区，从而盐结晶水化物析出引起体积膨胀，这可以认为是冷却松胀。冷结晶水化物比热结晶水化物稳定，与盐结晶体有一定的结合力，由结晶化学原理，无水硫酸钠等化合盐对以后生成的 $Na_2SO_4 \cdot 10H_2O$ 还起晶种的作用，可以逐步培育出较大的结晶体，其他晶体可以围绕该晶体继续发育成长，这正是春季挖开盐胀路基，可见白色晶体的原因。

3.3.2 垦区公路盐胀影响因素

盐胀量大小的影响因素有：硫酸钠的含量、含水量、初始干容重、温度、氯化钠的含量、土的成分、上覆荷载等。

这些影响因素有单因素的，但多数是组合影响的。曾有研究将盐胀率与含水量、氯化钠含量、硫酸钠含量、初始干容重、上覆荷载建立了相关关系式。由于含水量及地下水分的运动带动盐分的运动等，初始条件发生变化，这项研究成果还不能简单用于直接指导生产，但对于定性分析却十分有用。我们研究盐胀是为了防治病害，因此我们将影响因素加以分析，而后试图找到经济适用的减轻盐胀的工程方法和措施。

1. 硫酸钠含量

工程未实施时为人为可变因素，可选择含盐量合适的料或采用洗盐加以消除。工程实施后可选择防止次生盐渍化的措施。一般认为：硫酸钠含量达到 0.5%时，土体开始膨胀，则此值为起胀含盐量临界值。硫酸钠含量在 1%~4%的盐土盐胀递增速度较快，硫酸钠含量越高最终的盐胀量越大。盐胀率 η（%）与硫酸钠含量 Z（%）有指数关系：$\eta = a + b\ln Z$。

当然盐胀率除了与 Na_2SO_4 的含量还与别的影响因素有关。例如，起胀含盐量与土质和土的压实度有很大的关系。采用重型击实标准，压实度为 93%的细粒土，起胀含盐量为 0.2%；采用轻型击实标准、压实度为 95%的细粒土，起胀含盐量为 0.5%。粗粒土除与压实度有关外，还与其粒径分布有关。

再如，容许含盐量还与路面形式和盐胀深度有很大的关系。对水泥混凝土路面，如胀深较大，容许含盐量为 0.6%；对沥青柔性路面，如胀深较小，容许含盐量可达 1.2%。

总之，当 Na_2SO_4 含量 < 1% 时，盐胀率小于 1%；当 Na_2SO_4 含量 > 2% 时，盐胀率随 Na_2SO_4 含量的增大而迅速增大；当 Na_2SO_4 含量超过了土中水所能溶解的数量时，含盐量再继续增加，盐胀率亦不再增加，除非有新的水源补给。由于垦区公路大多是在原先垦区田间道路上改建而成，对于田地基本上经过了改良处理，而对于道路未进行此项工作，导致路基含盐量普遍较大，在以后的公路改建中由于受到投资造价的限制，基本上也未对原路基进行很好的处理，致使路基含盐量普遍超标，因此在垦区公路中如前面所述硫酸盐盐渍占到了 77%，为垦区公路盐胀病害提供了条件依据。

2. 含水量

起胀含水量与土质有关。起胀含水量应略大于土中不溶解盐的含水量，后者为土中强结合水的 0.9～0.95 倍。一般而言，当含水量 < 6% 时，无论 Na_2SO_4 含量多少，盐胀率均小于 1%（此可为工程所用）；当含水量 > 6% 时，盐胀率随含水量的增加而迅速增大，但有一峰值，超过此值后，含水量继续增加盐胀率反而减小；盐胀率峰值出现在最佳含水量（重型击实标准）与塑限之间，含盐量少时接近前者，多时接近后者（图 3-3 中 p 为硫酸钠含量）。

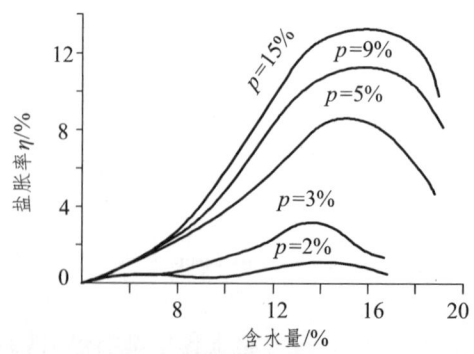

图 3-3 含水量对盐胀的影响

由于垦区部分道路与渠道伴行或林带灌水为路基提供了较充分的水源补给，而垦区道路受到投资的限制等级较低、路基高度一般较小，因此毛细水上升过程中将部分底部的盐分带到了路基顶部，从而增大了路基的盐分含量，为路基盐胀创造了条件。

3. 初始干容重（压实度）

一般而言，随着初始干密度增大，盐胀率逐渐减小，但当超过了一定界限后，盐胀率又随初始干密度的增加而增大。但盐胀有累加性，目前施工均是按照交通部有关规范执行，压实度均要满足验评标准要求，故初始干容重对防治盐胀病害意义不大。

4. NaCl 量与 Cl^-/SO_4^{2-}

NaCl 对盐胀的影响是复杂的、多方面的。该因素只能抑制部分盐胀，而不能防止和消除盐胀，且 NaCl 容易随水迁移流失，故工程意义不太大。

由于 NaCl 对 Na_2SO_4 的盐析作用，能降低溶液中 Na_2SO_4 的浓度，从而可使盐胀率降低，且 Na_2SO_4 含量越高降低效果越显著。随着 NaCl 含量的增加，各种 Na_2SO_4 含量的盐土的盐胀率均趋于减小，但 NaCl 含量 > 5%以后效果不显著。

NaCl 还使含 Na_2SO_4 盐土的起胀温度降低，NaCl 含量越高降低越多，但 NaCl 含量 > 5%以后效果不显著。

NaCl 可缩小盐胀剧烈增长的温度区间。

Cl^-/SO_4^{2-} 对盐胀的影响也是比较复杂的（图 3-4）。

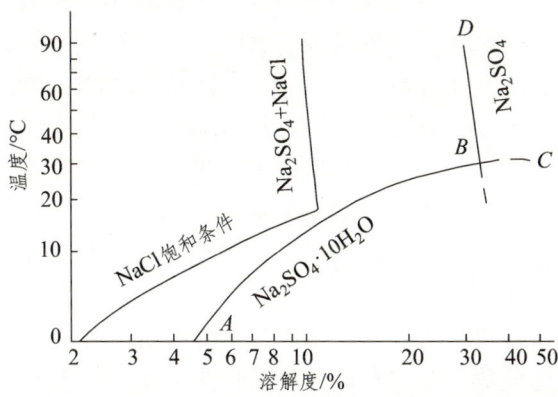

图 3-4 NaCl 对 Na_2SO_4 结晶转变点的影响

在 Cl^-/SO_4^{2-} 值 ≤ 2 的情况，随着比值的增大，盐胀率明显降低；比值在 2 ~ 6，盐胀率无明显变化；比值 > 6 以后的盐胀率，随着比值的增大可能降低（Na_2SO_4 含量为 2%），也可能缓慢升高（Na_2SO_4 含量为 3%）（图 3-5）。

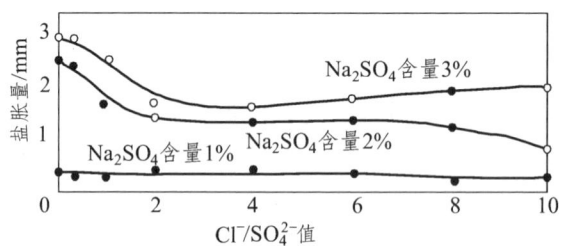

图 3-5　不同 Na_2SO_4 含量水平下不同 Cl^-/SO_4^{2-} 与盐胀量关系曲线

根据 Cl^-/SO_4^{2-} 划分的亚氯盐渍土、氯盐渍土，在 Na_2SO_4 含量较大时，也会产生较高的盐胀率。

Cl^-/SO_4^{2-} 值一定时，盐胀率随 Na_2SO_4 含量的增加而不断增大。

5. 温　度

起胀温度与 Na_2SO_4 含量有关，也与含水量和 NaCl 含量有关。室内试验多数在 25 ℃ 左右起胀，Na_2SO_4 含量大时起胀温度可提高，Na_2SO_4 含量小可降低，Na_2SO_4 含量小而含水量又大时则可降低更多。

盐胀剧烈增长的温度区间主要与孔隙溶液中 Na_2SO_4 浓度有关。浓度增大时，剧胀的温度区间扩大、起胀温度升高；浓度减小时，则正好相反。

降温速率对盐胀有显著影响，类似于冻结速率对冻胀的影响。盐胀率与降温速率成幂函数关系，即盐胀率随降温速率的减小以幂函数增大。降温速率对盐胀率的影响还与土的密度和 Na_2SO_4 含量有关。在含盐量≤1%时，降温速率变化对盐胀率几乎没有影响，只当含盐量≥2%时，降温速率变化对盐胀率才有显著影响，而且随着含盐量的增大影响越来越大；采用轻型标准击实的土比采用重型标准击实的土对降温速度变化要更敏感。

在多次冻融循环作用下盐胀具有累加性。循环次数与累加盐胀率的关系近似二次抛物线。临近土体结构彻底破坏前累加的盐胀总量达到最大值，以后反倒有所减小。土体盐胀累加至最大所需冻融循环次数与外荷载有很大关系，外荷载越大所需次数越多，在无荷载或荷载很轻的情况下通常只需 6~7 次。显然，一般建筑物在确定容许含盐量时都应该考虑盐胀的累加性。

垦区温度差较大，春秋两季时间虽然持续较短，但温差相对于夏季更大，这样盐胀产生的频率增大，盐胀的累加程度大大提高，盐分向表面移动，虽这些移动幅度较小，累加性却不容忽视；夏季地面蒸发强烈，毛细作用强烈，盐分向地表迁移，此时土中的含盐量显著增加，这些普遍现象可以通过各盐渍土路段附近地表呈一片白色的盐渍化表观可知。漫长冬季温差一般在 15~20 ℃，但是持续的低温使得路基中水分在温度梯度的作用下逐渐向路基顶部移动，并在合适的温度以及含水量条件下产生盐胀和冻胀的结合病害；春融季节温度升高，土中含水量增加，盐分溶解下渗，表层含盐量相对减少，路基逐渐恢复原状。

6. 上覆荷载

上覆荷载对盐胀如同冻胀一样具有较强的抑制作用，随着荷载的增加盐胀率急剧降低，二者的关系曲线可用指数函数表示（图 3-6）。当上覆荷载超过 88 kPa 时，盐胀率渐趋于零。

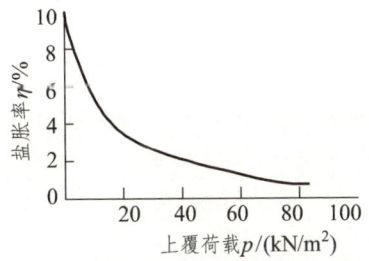

图 3-6　上覆荷载与盐胀率的关系曲线

就实际工程一般而言，含盐量尤其是硫酸钠的含量对盐胀量影响量最大，其次是含水量，再次是密实度等因素。当然也不绝对，笔者曾就弱盐胀性土进行工程实践，路床成型降温前，留有相当的时间，使之含水量降至 6% 以下，结果未发生盐胀，这一结果可用于工程施工方案的选定。但是垦区公路的路面结构层厚度较薄，一般在 38~48 cm，其对盐胀的抑制作用是有限的，但随着盐胀的累加，其上部荷载对盐胀的抑制作用就相对较小。

综上所述：就垦区公路而言外界温度是无法控制的，因此含盐量尤其是硫酸钠的含量对盐胀量影响量最大，其次是含水量，再次是密实度等因素，而氯盐含量对盐胀有一定的抑制作用，但是当其含量较大时，会引起路基翻浆、地基承载力下降等病害。路面结构和上覆荷载对于盐胀也有一定的抑制作用，但是要受到投资的限制，因此在进行垦区道路盐胀病害防治中应综合考虑，采取行之有效的防治措施。

3.4　公路盐胀有关试验研究

通过五年多持续的路况调查、取样分析以及总结近几年我们工程实践，我们获知，兵团垦区内盐渍土的盐胀是垦区内盐渍土地区的主要病害，因此盐胀问题就是我们下一步研究的主攻方向了。一些机理问题前人已做了大量工作,所以我们决定用野外试槽的方法进行该方面的实用研究。

3.4.1 试槽的试验目的

找一种具有垦区代表性的硫酸盐或亚硫酸盐渍土,进行野外填筑,通过一个秋、冬、春季的测试,观察3种类型,7种形式下温度与盐胀量的关系,以期找到:

(1)地表温度和冻胀深度的关系;
(2)盐胀温度区间的确定及盐胀规律;
(3)各层盐胀量与深度之间的关系;
(4)隔断水分对盐胀量的影响。

3.4.2 试槽盐渍土的选定

自然界各种盐渍土都是以各种化合盐混合而存在于土中,几乎不可能有单一的化合盐存在于土中。因此我们在自然界选择一种总盐含量较高的强盐渍土,其中 Na_2SO_4 的含量尽可能高一些。所选的料场位于呼图壁到克拉玛依的省道 S201,与玛纳斯到新湖农场的省道 S202 交汇处的东北向 150~200 m 处,料场位于一小高地上,高地上地势平坦,仅生长有稀疏耐盐矮毛草,料场取料前将地表面 20 cm 揭弃(含水量不合适),取地表下 20~50 cm 这一层,经铲车堆料、装运、卸车和再装填试槽,其盐分在试槽中应该是均匀的。经在试槽的不同部位和不同深度取盐土样 26 组化学试验分析,知其均为亚硫酸盐渍土,总盐含量 2.000%~3.428%,平均 2.781%,其 Na_2SO_4 含量为 0.847%~1.497%,多数靠近 1.0%,平均为 1.071%,详细取样试验结果见表 3-6。

课题组认为:此盐在盐胀试验中具有代表性,①自然界的盐渍土不是单一成分,而我们选取的盐渍土恰是组合盐即氯盐和硫酸盐的复合盐。②影响盐胀量的主要因素是 Na_2SO_4、含水量和降温,而该盐渍土 Na_2SO_4 含量为 1.071%,接近新疆行业技术规范 XJTJ01—2001《新疆盐渍土地区公路路基路面设计与施工规范》中界定的中盐胀性土的下限—— Na_2SO_4 含量为 1.2%,含水量施工中控制成型后的含水量,降温是外界(当地——芳草湖农场场部以西 3 km 多)秋、冬、春三季的自然温度变化过程。试验时我们还可采用槽旁注水的方法用于加大其含水量。③依试槽的试验目的,课题组认为前两个目的与盐渍土的盐分组成及含盐量关系不大；试槽的第三个目的，应尽量消除各化合盐组合对各化合盐数量的不同以及各种影响因素的影响，尽量使其中的普遍规律得到反映，否则也尽可能从中发现盐胀的内在规律，从而为工程处理措施的方向指明道路。

3.4.3 试槽方案

选一供水及交通相对方便的空地，该空地土质要求盐碱含量极少，开挖一宽 6 m、深 2 m（2 m 以下，由于上覆荷的作用，其胀量已较小），有效长度为 30 m 的土槽，在该槽近处（不超过 20 m 的距离）开一宽 6 m、深 0.8 m、有效长度 10 m 的土槽，按图示回填试槽选定的试验土料（课题组土料运距 50 km）并在各层铺设检测设备。试槽之所以规模较大，一是为了模拟真实公路，二是为了减少边界条件的影响，另外膜布是满槽铺设的。施工中每测板（500 mm×500 mm×5 mm 钢板）都要进行平面和高程控制，同时测该层的压实度和含水量。另外每块板的高程控制误差±1.0 cm，否则其盐胀量所依据的填土厚度误差较大，每块板的平面位置误差±2.0 cm，否则平面距离相距太大，有可能使高程引出导杆偏离测板中心太远，测得的数据有偏差，各层点的干密度和施工时含水量如表 3-7 所示。

表 3-6 试槽盐渍土取样分析表

试坑号	层位	总盐含量/%	按总盐含量分类	Cl^-/SO_4^{2-}（mmol/100 g 土）	按含盐性质分类	Na_2SO_4 含量/%
A 区	A1	2.93	强盐渍土	0.542	亚硫酸盐渍	1.037
	A3	2.71	强盐渍土	0.342	亚硫酸盐渍	1.167
	A5	2.53	强盐渍土	0.446	亚硫酸盐渍	1.182
	A7	2.07	强盐渍土	0.397	亚硫酸盐渍	0.991
	A9	2.59	强盐渍土	0.588	亚硫酸盐渍	1.078
B 区	B1	2.83	强盐渍土	0.560	亚硫酸盐渍	0.847
	B3	2.05	强盐渍土	0.509	亚硫酸盐渍	0.964
C 区	C1	3.17	强盐渍土	0.707	亚硫酸盐渍	0.980
	C3	3.34	强盐渍土	0.533	亚硫酸盐渍	1.222
	C5	2.73	强盐渍土	0.565	亚硫酸盐渍	0.970
D 区	D1	3.20	强盐渍土	0.530	亚硫酸盐渍	1.172
	D3	2.38	强盐渍土	0.508	亚硫酸盐渍	0.905
	D5	2.37	强盐渍土	0.413	亚硫酸盐渍	1.420

续表

试坑号	层位	总盐含量/%	按总盐含量分类	Cl^-/SO_4^{2-}（mmol/100 g 土）	按含盐性质分类	Na_2SO_4 含量/%
E 区	E1	3.30	强盐渍土	0.370	亚硫酸盐渍	1.497
	E3	2.80	强盐渍土	0.550	亚硫酸盐渍	1.088
	E5	2.77	强盐渍土	0.553	亚硫酸盐渍	1.140
	E7	2.57	强盐渍土	0.409	亚硫酸盐渍	1.368
F 区	F1	3.22	强盐渍土	0.578	亚硫酸盐渍	1.026
	F3	3.22	强盐渍土	0.515	亚硫酸盐渍	1.199
	F5	2.99	强盐渍土	0.687	亚硫酸盐渍	0.943
	F7	2.01	强盐渍土	0.458	亚硫酸盐渍	1.085
N 区	N1	2.00	强盐渍土	0.229	硫酸盐渍土	0.894
	N3	3.16	强盐渍土	0.599	亚硫酸盐渍	0.887
	N5	3.30	强盐渍土	0.773	亚硫酸盐渍	0.848
	N7	3.43	强盐渍土	0.785	亚硫酸盐渍	0.989
	N9	2.68	强盐渍土	0.596	亚硫酸盐渍	0.948

表 3-7　各测点的干密度及含水量表

（干密度单位：g/cm³，含水量单位：%）

测点	干密度含水量	测点	干密度含水量	测点	干密度含水量	测点	干密度含水量	测点	干密度含水量	测点	干密度含水量	测点	干密度含水量
A_1	1.801 15.41	B_1	1.792 16.41	C_1	1.780 17.35	D_1	1.745 14.51	E_1	1.768 15.98	F_1	1.766 15.37	N_1	1.783 16.30
A_2	1.720 14.59	B_2	1.820 14.35	C_2	1.777 17.126	D_2	1.793 11.06	E_2	1.622 21.87	F_2	1.812 16.40	N_2	1.823 11.11
A_3	1.640 12.74	B_3	1.784 13.75	C_3	1.792 16.67	D_3	1.845 14.31	E_3	1.813 12.79	F_3	1.801 15.89	N_3	1.821 14.72
A_4	1.839 13.65	B_4	1.828 15.39	C_4	1.768 14.16	D_4	1.816 15.87	E_4	1.772 12.81	F_4	1.756 11.85	N_4	1.774 16.66
A_5	1.673 14.29			C_5	1.803 12.53	D_5	1.714 12.15	E_5	1.917 13.88	F_5	1.837 15.64	N_5	1.797 16.43
A_6	1.904 12.56					D_6	1.845 11.74	E_6	1.781 13.89	F_6	1.776 11.72	N_6	1.814 16.49
A_7	1.658 11.90							E_7	1.858 12.15	F_7	1.811 12.02	N_7	1.709 19.08
A_8	1.919 12.18									F_8	1.842 13.57	N_8	1.712 19.28

续表

测点	干密度含水量	测点	干密度含水量	测点	干密度含水量	测点	干密度含水量	测点	干密度含水量	测点	干密度含水量
A_9	1.704 12.93									N_8	1.803 16.37
A_{10}	1.838 13.46									N_{10}	1.839 13.46

注：重型击实 γ_{max}=2.05 g/cm³，$\omega_{优}$=10%；液限=28.7%，塑限=18.4%，塑性指数=10.3。

从干密度表中可见，槽内土的压实度都在 80%～94%。

2002 年 10 月 7 日试槽填筑完毕（试槽填筑从 9 月 28 日至 10 月 7 日），10 月 8 日根据平面控制定孔位，用土工钻钻孔，孔中下 PVC 管，PVC 管与孔壁间用细的水积砂封实（防止盐胀土上拔力使 PVC 管及管中的钢导杆上升，从而影响观测数据）。进而将一头是楔形 ϕ12 的长度不等的 50 根钢导杆，插入 PVC 管中，楔形头向下，另备有 10 根备用的导杆，以防导杆被盗后的恢复，两套导杆都有初始观测数据。从 2002 年 10 月 9 日开始测温、测高程。

自 2002 年 10 月 9 日始，坚持每天试槽观测，时间是每天 11:00—13:00，观测的内容有当时的气温，每个温度探头的地温以及每块板的高程，至 2003 年 1 月 5 日后，隔天一测，内容和时间不变。另外，从 10 月 15 日至 11 月 5 日坚持每日在排水沟中注水，控制水位，注水水面距槽顶 30 cm，具体注水状况见图 3-7 至图 3-9。由于原基土质松软，每天两槽水在第二天全部下渗，细致研究发现槽北排水沟下有一沙层，南排水沟南临一大沟，多数水流失，对槽内土的影响不大（槽内土压实相对不透水）。值得注意的是在 2003 年 3 月 28 日，试槽遭盗。当天课题组组织抢时间恢复，继续测量。还有两次小的破坏，共造成 3 只温度探头不可恢复，恢复后又于 4 月 22 日遭到一次大的破坏，考虑到天气已暖，观测工作停止，至此我们共取得了 1.1 万余个温度及高程资料。

3.4.4　试验分析

3.4.4.1　地表温度和冻深的关系

在试验中对整个冬季降温和升温过程中的有关温度变化进行了现场测量，地表温度是在每日的 11:30—13:00 测试的地表面的温度（非当时的空气温度）；不同层厚的各点温度也是在每日上述时间通过测温探头测试。A 区、N 区地温和各层温度的变化过程如图 3-10、图 3-11 所示。

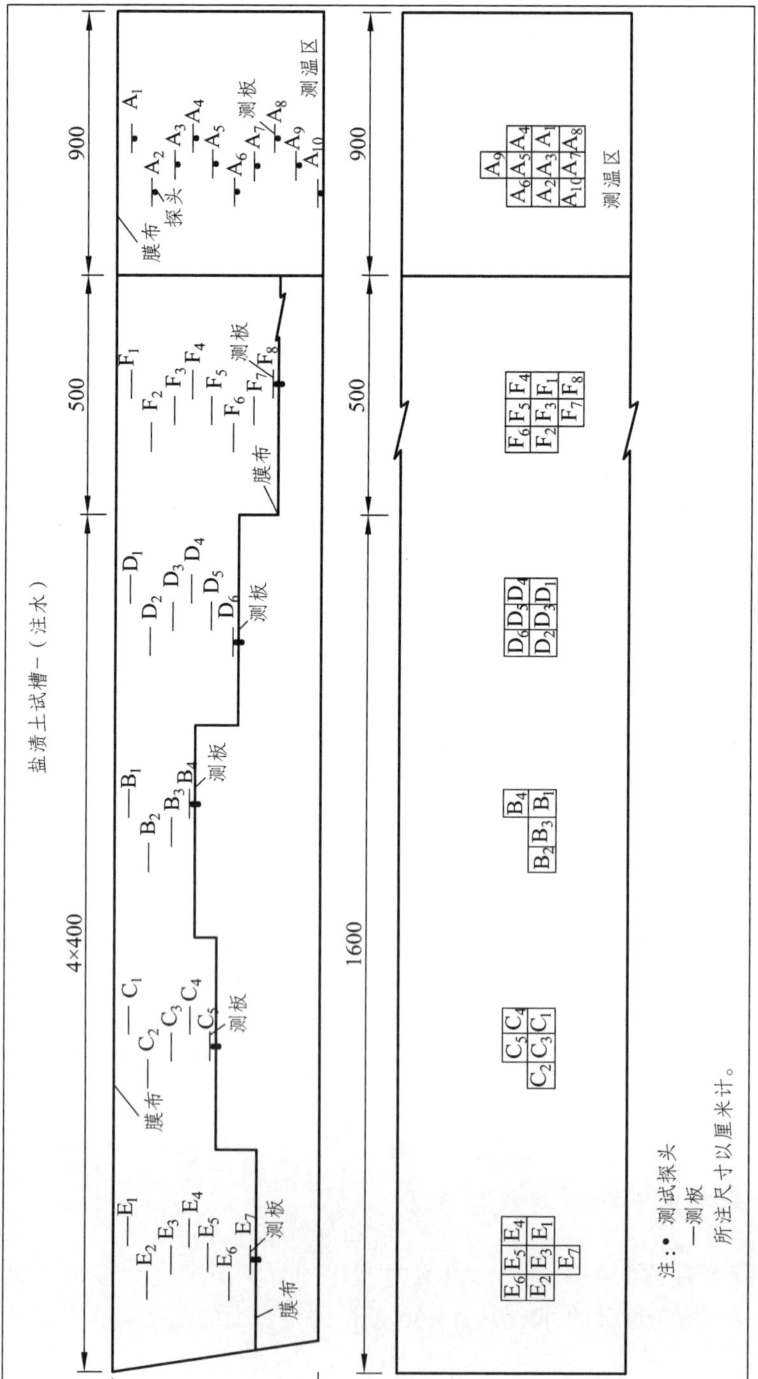

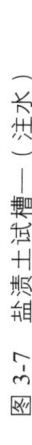

图 3-7　盐渍土试槽一（注水）

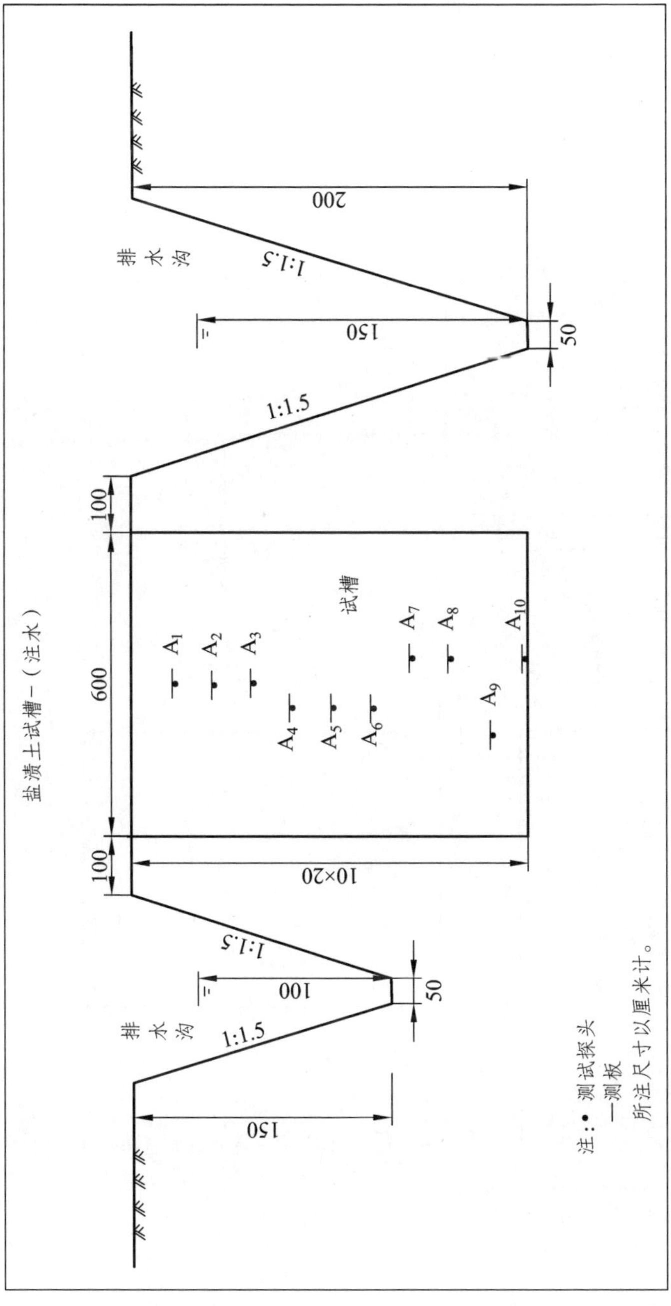

图 3-8 盐渍土试槽—(注水)

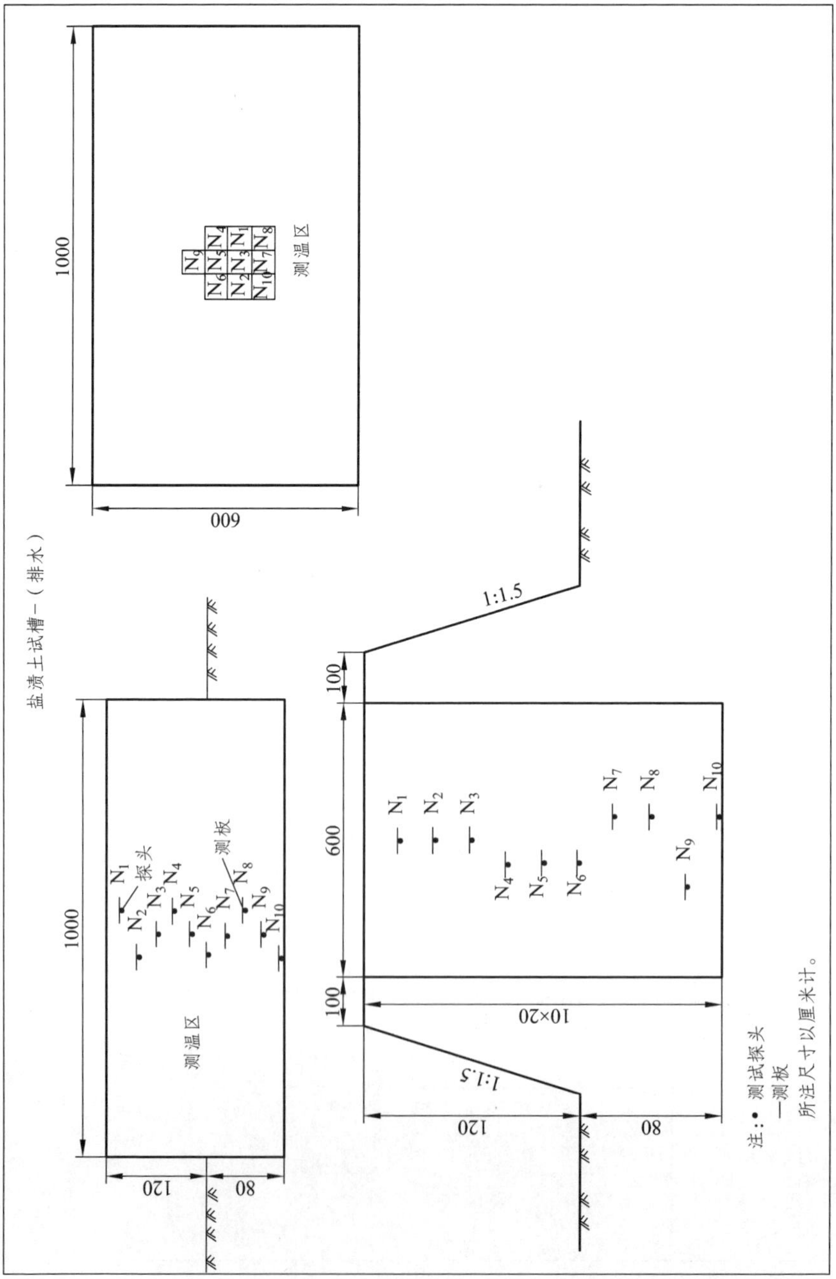

图 3-9　盐渍土试槽一（注水）

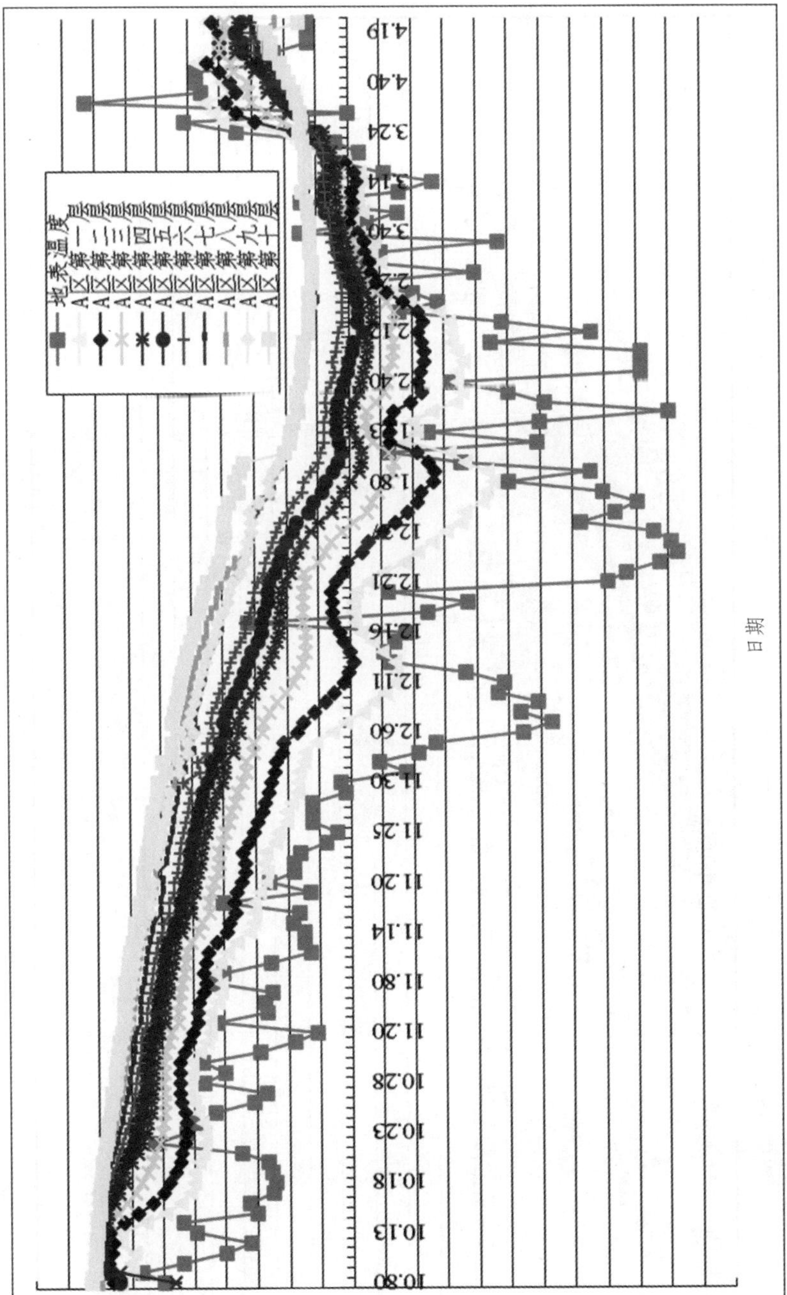

图 3-10　A 区地温和各层温度的变化过程

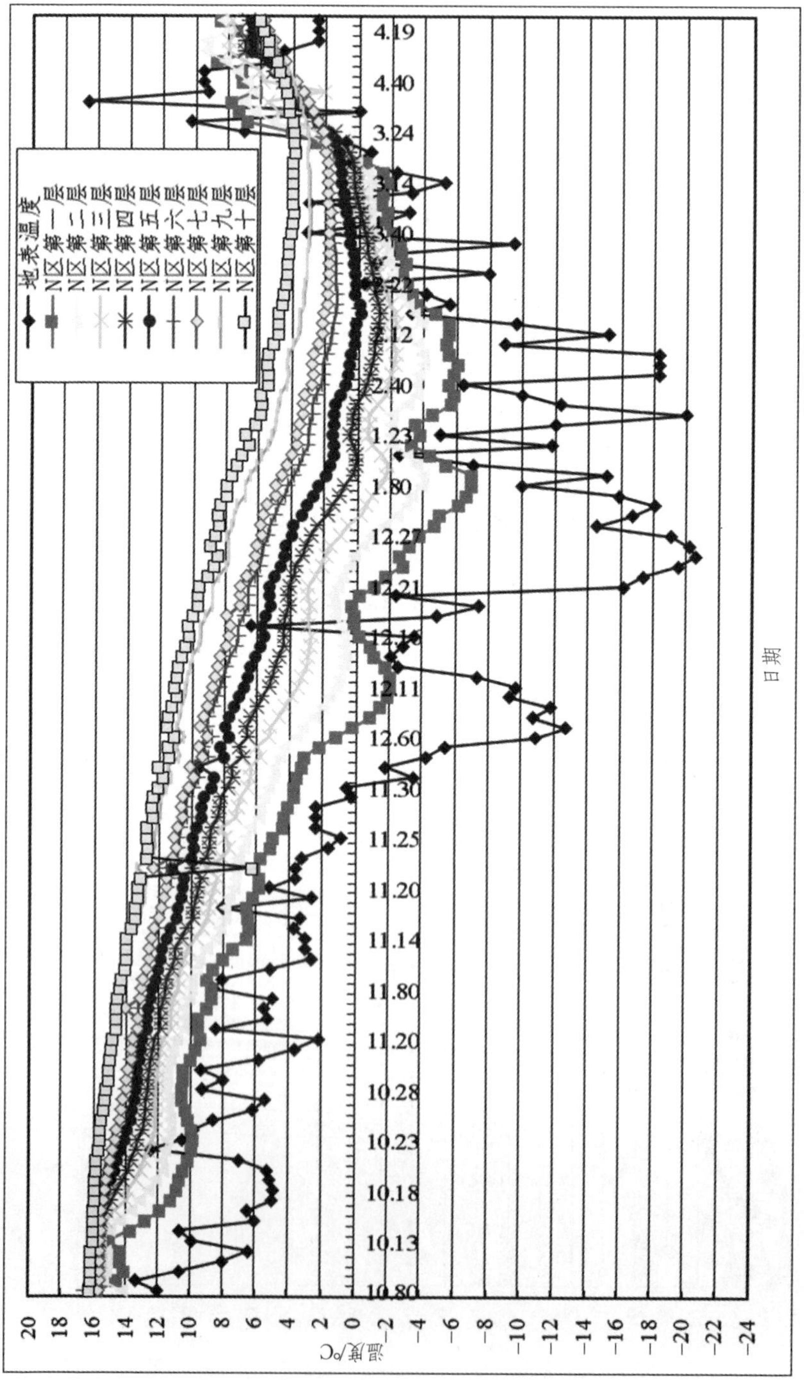

图 3-11 N 区地温和各层温度的变化过程

由以上两图可以看出：

（1）从地面测试的温度可以看出，本试槽的最低地面温度为-21 ℃，相对新疆地区的最低温度较高（据预报本地区的最低气温达-40 ℃），因为试槽的温度测试是在每日中午的11:30—13:00，该时间段地表温度回升，基本上达到了每天的最高气温，而地下每层温度的回升速度较慢，因此本试槽测时温度可以充分显示地下温度的变化规律。

（2）地表温度随着气候的影响变化跳跃幅度较大，特别是大幅度变化时，会影响到路基不同深度的温度变化，特别是距离地表最近的第一层至第三层（即 0~60 cm）反应明显。由此说明，地表温度变化对于公路路基 60 cm 以内的影响较大。

（3）地表温度的变化较快，而地下随着深度的增加，土体温度变化的速率逐渐减弱，且相对延后于上层土体及表面的温度变化。这是因为土体温度的变化必须经过一个延续过程——受土体温度传递速率或导热系数的影响。

（4）不论外界气温增高还是降低的突变，只要在保持低温状况下，各层的温度保持向低温下降，不过随着深度的增加，变化速率逐渐减小。

（5）从 A、N 两区的温度测量结果显示，在地表温度为-21 ℃时，A 区的最大冻深为 1.20 m、N 区为 100 m，两者显示的冻深相差为 20 cm。分析原因：这是由于 A 区为挖方后填筑盐渍土，且排水沟深度较大，达 1.8 m，而 N 区基本是在地表填筑而成，有部分埋置在地表下，外露路肩为 1.2~1.4 m；另外，最重要的是，A 区经过了近一个月的泡水，大量的水分渗入，加速了温度的传递，致使 A 区的冻深大于 N 区。

总之，从试验结果可以看出，在填方段地下水影响较小时，有利于降低冻深，降低盐胀或冻胀的产生，也就是水分特别是自由水的存在对土体冻深的影响较大。外界温度的变化会对表层 60 cm 内路基影响较大，本试槽的冻深在 1.0~1.2 m。

3.4.4.2 盐胀温度区间的确定及盐胀规律

为了能够充分说明盐胀随着外界温度的变化趋势，现将 A 区、N 区以及各区顶面的变化曲线绘图表示，见图 3-12、图 3-13、图 3-14。

从图 3-12 中 A 区盐胀过程曲线，结合图 3-10 的温度变化趋势可以发现：

（1）从第一、二、三、五、六、七、十层的盐胀曲线可以看出，随着路基深度的增加，盐胀率变化也越来越小，趋于平缓。特别是十层（2.0 m）深处，盐胀量基本呈负盐胀趋势。虽说在 2 m 深处，土体温度保持在 2 ℃ 以上，但是从前述的盐胀剧烈区间显示，以下土体的也应该受到盐胀的影响，有所变形，但是因在 2.0 m 以下，本试槽填筑的土质合格，一般情况不会产生盐胀，而该区域的温度在 2 ℃ 以上，也不会出现冻胀现象，从而出现了此处测板在上层土体的盐胀力下出现了波动变形而基本处于负盐胀的现象。

（2）随着温度的回升，盐胀量也在相对减小，并且顶层和上部的盐胀量降低速率大于底部或更深层次，由此说明，路基表层的盐胀量变化随地表温度的影响较大，在工程实施中应做好路基上部的盐胀处理。

（3）在本区内出现了四、八、九层盐胀量反常现象，这三层的盐胀量大于相邻两层或个多层次的盐胀量，并且大于上层的累积盐胀量。分析这种反常现象，可能由于在这相邻层次内的压实度不均匀，在此处压实度较小或与上层之间的压实度较小，造成此处的盐胀量较大，而这种整体上未显现出来的原因是上下测板不在同一垂直线上；另外盐胀量还与含盐量、含水量以及其他边际条件有关。因此，造成此处的盐胀量是可以理解的

（4）A 区表层的起胀温度基本上在 10～15 ℃ 时开始变化，并随着温度的进一步降低，从 8 ℃ 左右，盐胀速率变化较快，在到地表温度达到最低温度持续时，该层变形量趋于稳定；在第二层在土层温度 10～15 ℃ 左右开始起胀，而变化最剧烈的土层温度是 8～-2 ℃，在此区间盐胀量的累加变化速率较大；以下各层也有相似的变化曲线，这从表面看这类盐渍土的盐胀温度变化区间好像基本上是在 8～-2 ℃，而当土层温度在 -2 ℃ 以下时盐胀基本停止。

但是实际上由于表层的盐胀量是底层盐胀量的累加，这中间也包括有在上层部位的冻胀以及下层盐胀的累加，因此要取得盐胀的温度停止区间不能仅从变化的平稳趋势考虑，应从对以下各层的变化趋势看，以 A 区为例分析：

从 A 区第九层、第十层（埋深 1.8 m、2.0 m）的盐胀、温度和时间曲线可以看出：除过 A10 出现了负盐胀（关于负盐胀见后面的说明），其他均出现正常的胀量增大，而 A10 下为非盐胀性土，故其变化很小，从整体趋势来看，基本处于平衡状态，即未出现盐胀或冻胀变形，而 A9 由于其下有 20 cm 的盐渍土，故其变化较为明显，呈一定的规律性，特别是 A9 在温度为 4 ℃ 时变形量出现了最大值，此后的变化量基本处于 ±5 mm 的变化幅度之内，从整体看处于一个平衡状态，因此可以说此盐渍土在 4 ℃ 以下盐胀变化基本停止。

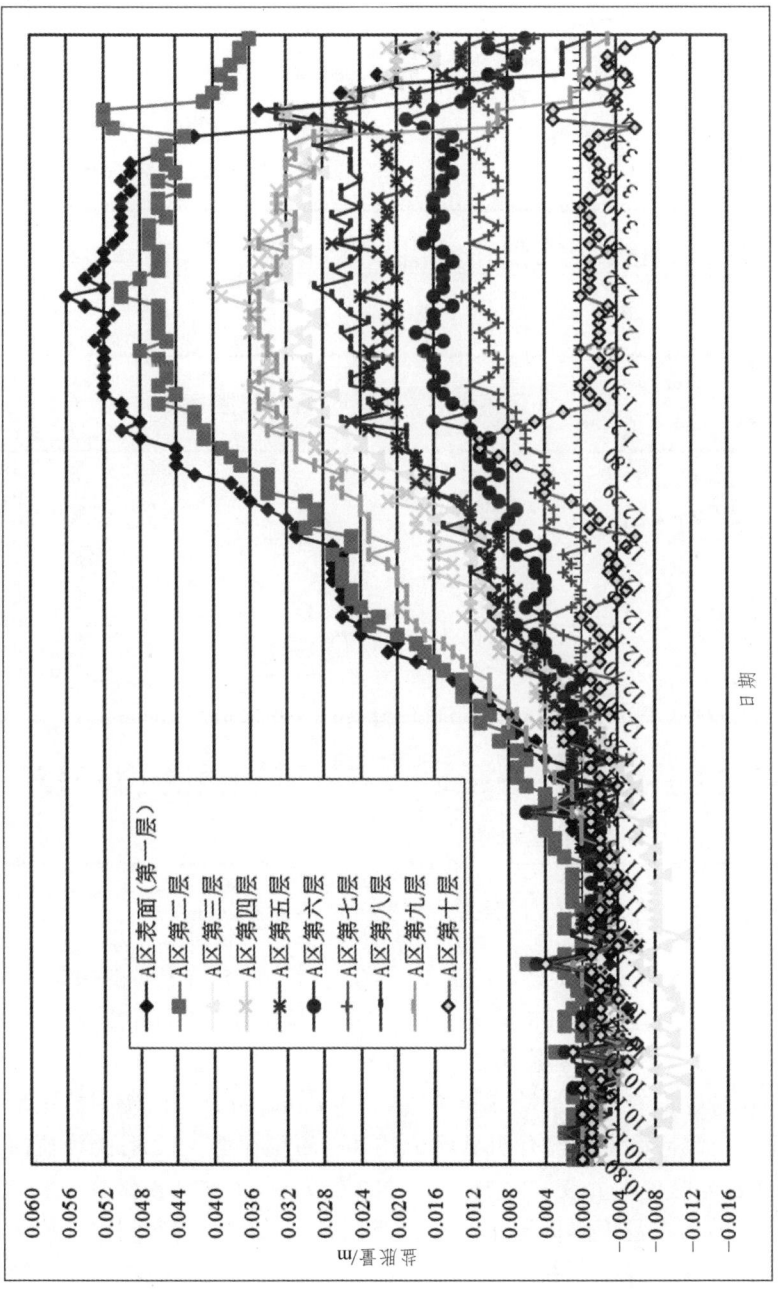

图 3-12 A 区盐胀量过程曲线图

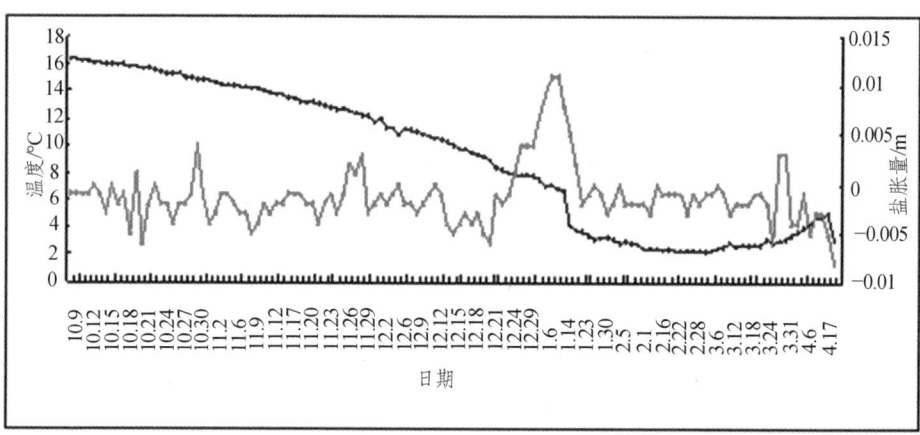

图 3-13　A 区第十层温度、时间-盐胀量曲线

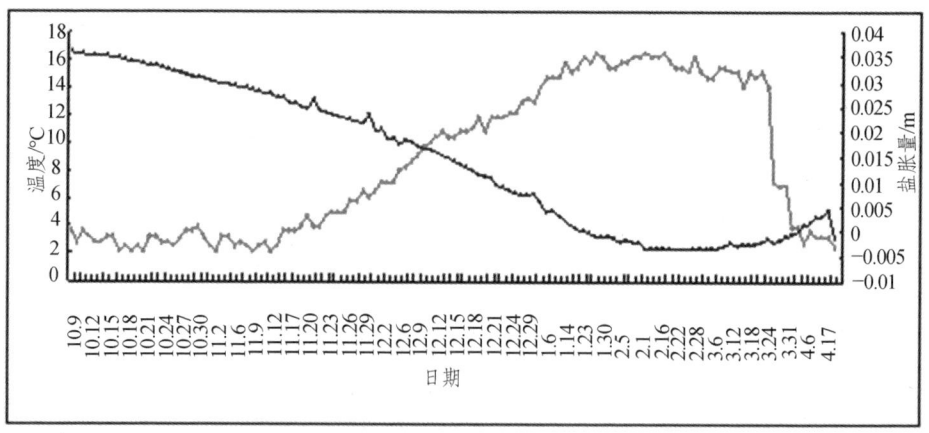

图 3-14　A 区第九层温度、时间-盐胀量曲线

A8、N8、F8 中（图 3-15、图 3-16、图 3-17），N8 由于温度探头被损坏，其温度变化可以通过 A8、F8 反映，A8 的最大盐胀量 2.9 mm 出现在 2 月 18 日，温度为 2.2 ℃，并在温度为 3~2~3 ℃（2 月 5 日至 3 月 26 日）这样一个降温、升温过程中，盐胀量持续在 25~29 mm，由此可以说明盐胀量在此温度区间已经保持稳定，没有明显增长，可以断定在 2 ℃ 之后此种盐渍土盐胀停止。N8 出现盐胀量最大值 15 mm 时的温度为 2.6 ℃（A 区为 2.2 ℃）的 2 月 18 日，此后在温度降低至 1.8 ℃ 以及回升至 2.7 ℃ 的区间内，盐胀量在 12~15 mm 浮动，基本保持一个稳定，因此可以说明此层的盐胀停止温度在 2 ℃ 是恰当的。

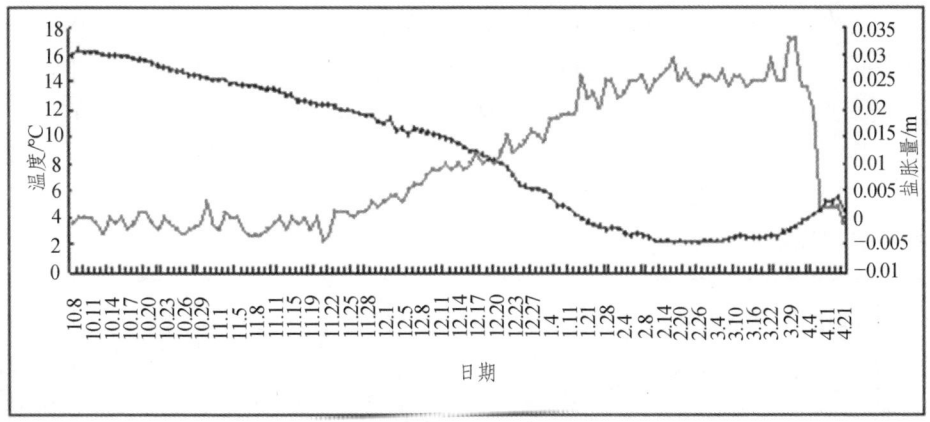

图 3-15　A 区第八层温度、时间-盐胀量曲线

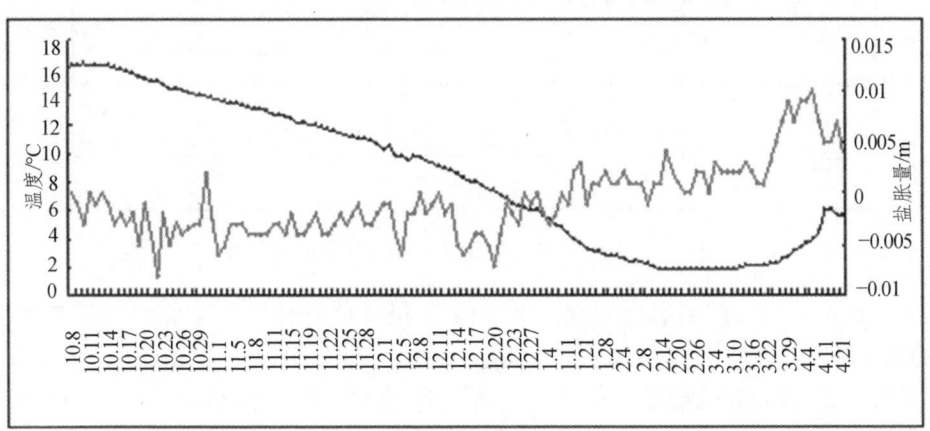

图 3-16　F 区第八层膜上温度、时间-盐胀量曲线

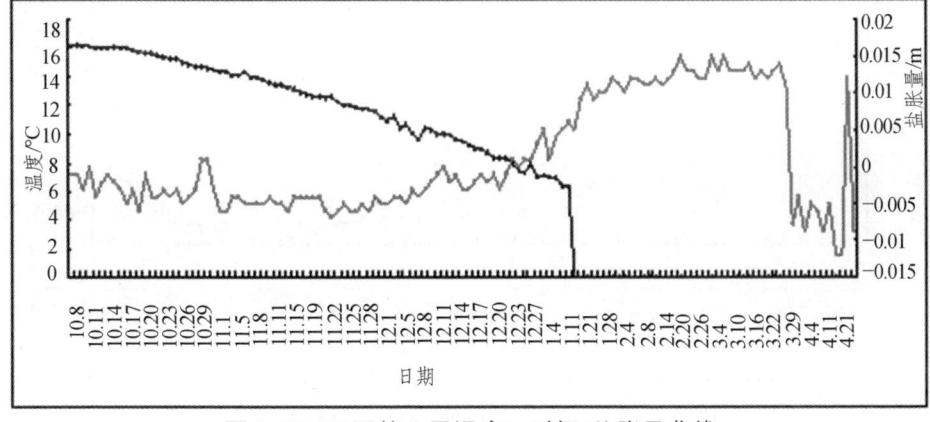

图 3-17　N 区第八层温度、时间-盐胀量曲线

从第七层的整体曲线来看（图 3-18），好像规律性不强，出现了较多的峰值和曲线的起伏，但分析其数据不难看出，在地温为 3~2 ℃ 时，盐胀量的变化幅度基本在 5 mm 之内，基本保持在一个定值，如果此时是盐胀量的巨发期，其应该在此温度区间有一个强势的增长趋势，但事实并不如此，反而出现了局部降低的现象，这与测量时误差也有一定的关系，总之在此温度区间此复合盐应该盐胀停止。

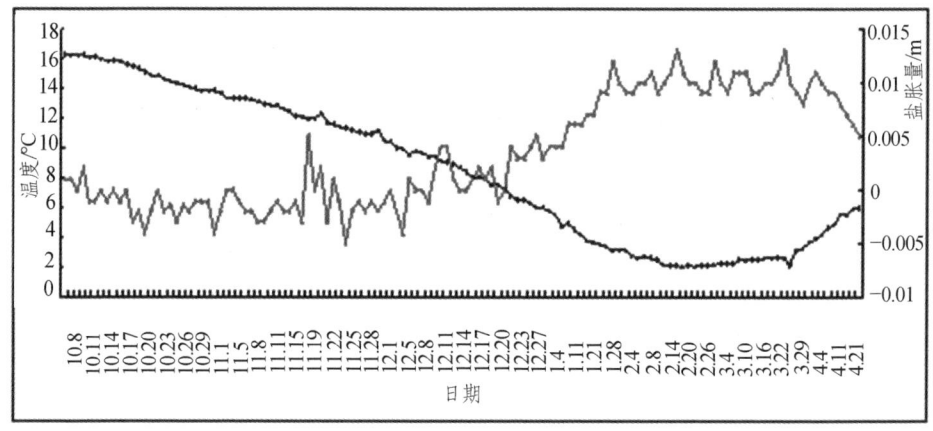

图 3-18　A 区第七层温度、时间-盐胀量曲线

从 A 区第六层的温度来看（图 3-19），最低地温已经接近 0 ℃，从 A 区、D 区的曲线可以看出，在 1 月 7 日低温在 1.8 ℃ 达到盐胀 17 mm 后，至 3 月 29 日盐胀 19 mm 的地温 2.8 ℃ 这个范围内，温度最低为 0.4 ℃（2 月 14—22 日），盐胀量为 14~16 mm。从整体看，在此温度阶段盐胀基本属于停止状态。

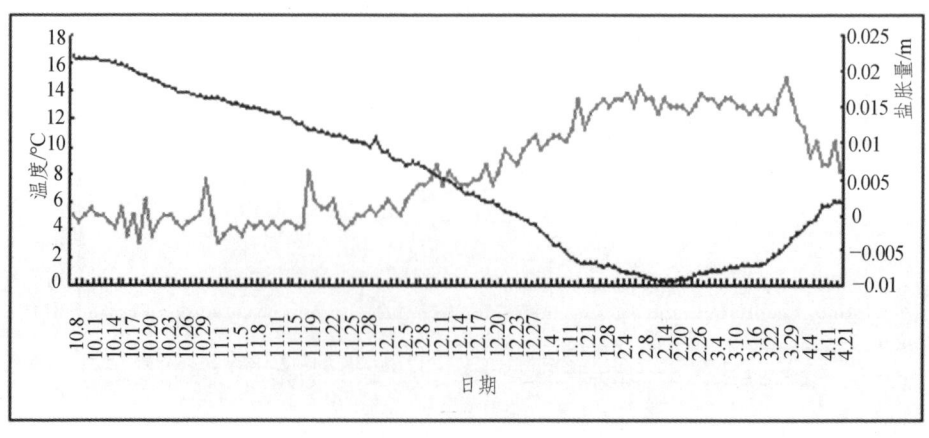

图 3-19　A 区第六层温度、时间-盐胀量曲线

从第五层来看（图 3-20、图 3-21），A 区和 C 区均在最低温度下处于冻胀状态，但从 A 区的曲线看出现平稳变化的温度区间好像在 0~1 ℃，并在 0 ℃以下出现了一个小的胀峰值。但进一步分析不难发现，这一层的曲线变化是以下各层胀量的总变化值，虽然此层间的盐胀停止，但是下层的盐胀量基本处于胀值区间，其贡献给上层土，致使上层土在此区间内出现了一定的盐胀值，总体看硫酸盐的盐胀停止温度 2 ℃是准确的。在此层有一个现象值得注意：在温度处于 0 ℃以下时，胀幅出现了局部增大，且增大值稍滞后于温度变化速度。这一方面是由于充分的冻胀需要一定的时间，另一方面是由于盐渍土中含有一定量的氯盐，而氯盐在此位置发生的盐胀量的累加（氯盐盐胀时体积增大 30%，远小于硫酸盐的盐胀变化量——体积增大 3.1 倍）。

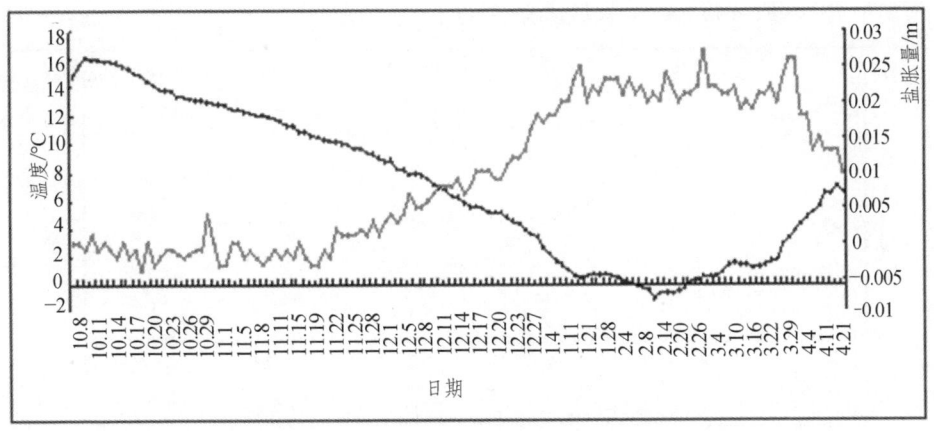

图 3-20　A 区第五层温度、时间-盐胀量曲线

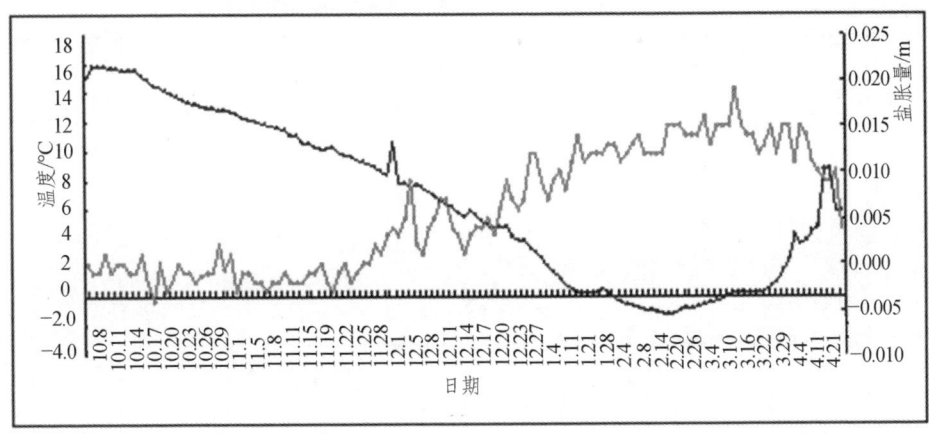

图 3-21　C 区第五层膜上温度、时间-盐胀量曲线

第四、三、二、一层（图 3-22、图 3-23、图 3-24、图 3-25）同第五层一样，越向顶部，温度变化区间越大，温度下降也越快，从而使得此复合盐渍土受到本层硫酸盐盐胀、氯盐盐胀和冻胀以及底层的硫酸盐、氯盐盐胀和部分冻胀作用，使得其胀量值出现了差异，但可以说明此含氯盐的亚硫酸盐复合盐渍土其硫酸盐盐胀停止温度在 2 ℃ 是较为准确的。

综上所述以 A 区为例：A10 的基本上处于平稳状态，但是在温度 4~6 ℃ 有一起伏；A9 的平稳变化基本在 1 月 8 日的观测点温度在 6 ℃，但是其由微小的起伏和变化持续在 2~4 ℃，也就是说 A9 的盐胀停止时间在 2~6 ℃。同理 A8、A7、A6 的盐胀变化温度（即平稳的起始温度）基本在 3~6 ℃，因此课题组认为对于这种盐渍土的盐胀停止温度应该在 2~5 ℃ 为宜，当然由于土质含盐量、密度、含盐水量等条件的不同，盐胀的停止温度基本在 2~5 ℃

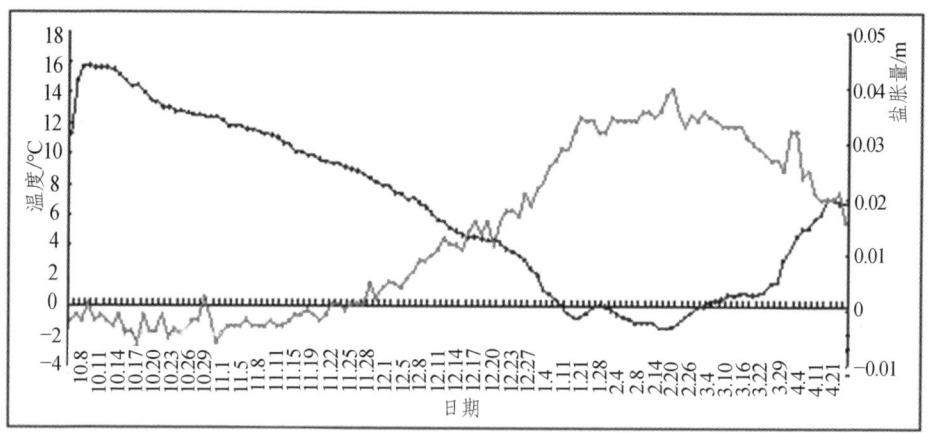

图 3-22 A 区第四层温度、时间-盐胀量曲线

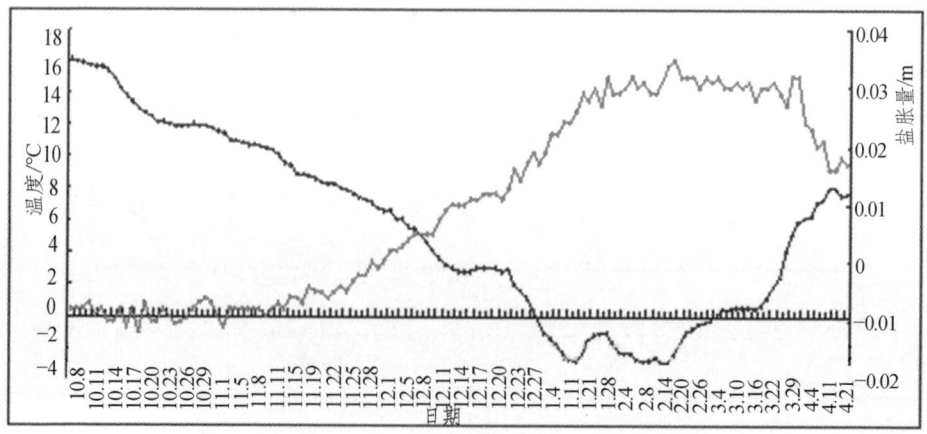

图 3-23 A 区第三层温度、时间-盐胀量曲线

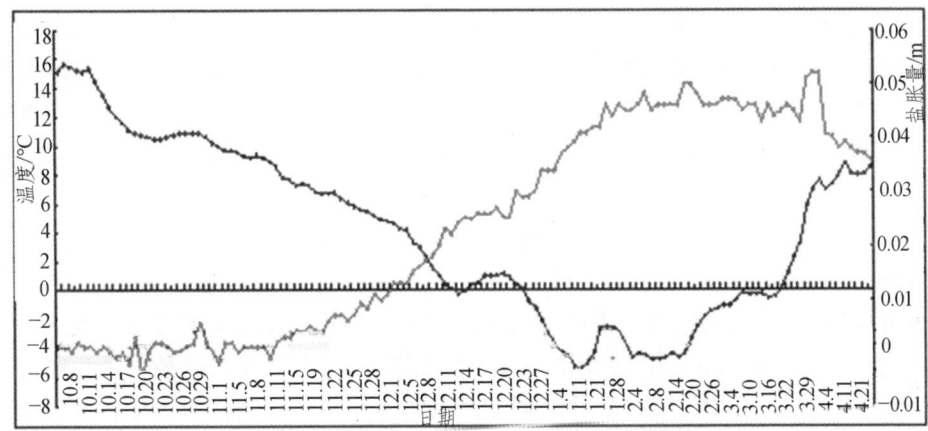

图 3-24　A 区第二层温度、时间-盐胀量曲线

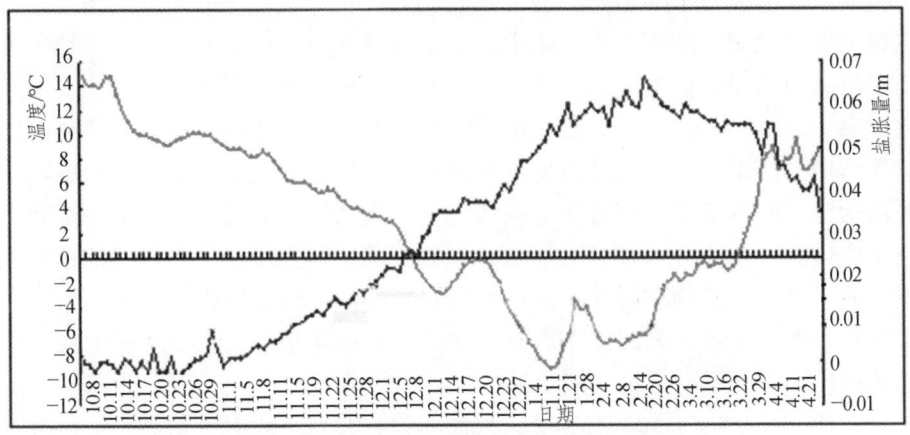

图 3-25　A 区第一层温度、时间-盐胀量曲线

为宜（课题组选用的盐渍土其土质盐分含量不相同、含水量的差异相对较大、密度也不相同，但是相对小于路基规定的压实度，因此课题组认为这具有代表性）；另外，也可以看出低温对盐胀量有效影响深度在 1.8～2.0 m。

从图 3-26、图 3-27 的 N 区盐胀曲线结合图 3-11 的温度变化曲线，可以看出，从大的方面看 N 区的盐胀量出现了较大的反常现象，即出现了负盐胀；而且随着填土厚度的增加，其负胀量总的趋势增大。

关于负盐胀，目前尚无理论分析的专门报道，但在文献[7]的第 34 页图 2 也表明了降温初始有负盐胀产生。分析其原因有两方面：① 填料的自然固结一部分；② 由于填料是复合盐，文献[13]介绍的相当一部分复合盐的盐胀过程中，均出现了负盐胀。真实原因是在复合盐溶液中，在各温度环境中生成的 Na_2SO_4 不同，进而引发了盐胀不同，此时加上填料的进一步固结（各种边界和初始条件），表现出填料收缩。因此这里的负盐胀量应加引号，也就是盐胀过程中部分土体被压缩的表现，并非真正意义上的负盐胀。也就是说，试槽中的复合盐渍土，一方面一部分土层发生进一步固结为主，一方面一部分土层发生真正的盐胀为主，而这些土层又是随温度和时间的变化而变化，定量的区分是不可能的，所以我们以负盐胀表示之。

但是从负盐胀的持续稳定是从该层地温 10～12 ℃ 开始，在 8 ℃ 左右开始出现了盐胀上升增大趋势，到 2～4 ℃ 时基本停止，保持稳定状态。结合 A 区和 N 区的分析说明盐胀的剧烈变化以及发生区间在 10～2 ℃ 是基本准确的。

对于盐胀温度区间的划分，高江平、李芳在"含氯化钠硫酸盐渍土盐胀过程分析"试验中认为，硫酸盐剧烈盐胀的温度区间为 25 ℃～15 ℃，15 ℃～5 ℃；而本试槽的研究结果为 10～2 ℃，这看起来有些差异，原因有三：① 本试槽成型的温度为 15～16 ℃，这个温度段已经低于高江平等研究的第一个盐胀剧烈区间，而在实际工程实践中也可以发现在温度降低时，盐渍土地表大面积返碱现象与此温度区间基本接近，因此课题组认为可以采纳高江平的研究成果：25 ℃～15 ℃。② 在试槽盐胀观测中由于前述的负盐胀及填料的固结等作用，使得在温度降低前期测试的盐胀量较小，即小于第二个盐胀剧烈温度变化区间的上限，因此课题组认为采用高江平研究的第二个温度区间上限是合理的。③ 对于盐胀停止温度，高江平等的研究是在室内试验的基础上形成的，具有一定的局限性，而试槽是在野外大规模的模拟试验中提出的，试槽充分考虑了垦区公路盐胀影响因素的相关边界条件，具有很强的代表性和适用性，因此下限采用试槽结果 2 ℃。

另外，在 JTG D30—2004《公路路基设计规范》以及《盐渍土地区公路设计与施工指南》中认为硫酸钠盐胀的剧烈变化区间为：5～-5 ℃。课题组通过分析认为，这种提法按照该文献中所述测试方法是合理的，该试验是"从 15～-15 ℃ 每降温 5 ℃ 恒温 30～40 min，读取该温度区间胀量值"而获取的。但是，对于工程中盐渍土路基，其盐胀变化的区间范围为 32.4 ℃ 以下；实际工程中路基盐渍土体温度的降低速率较慢，往往是在一个温度区间持续时间较长，而在此期间盐胀将会充分发生。黄立度等人的研究表明"盐胀率随降温速率的减小以幂函数增大"，这足以说明降温速率和低温持续时间对盐胀率及温度敏感区间的影响；另外高江平的试验是在一个温度段内恒温 8 h，这也相对接近现场实际；室内试验测试的盐胀率边界影响因素少。因此，综合考虑，规范所述温度区间对于纯盐胀、快速温度下降和边界条件影响因素少的情况下是准确的；但是高江平等的试验研究成果更切合现场实际，基本与试槽观测结果一致。

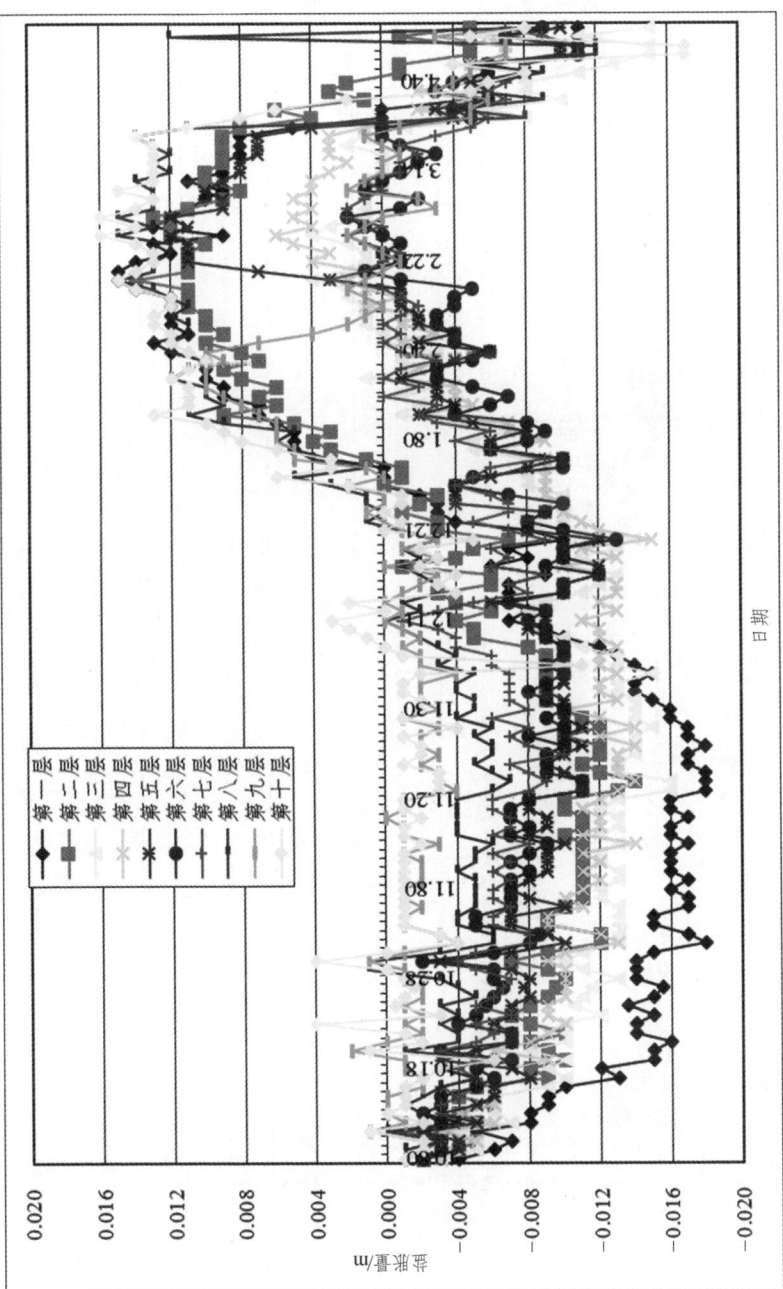

图 3-26 顶面盐胀量曲线图

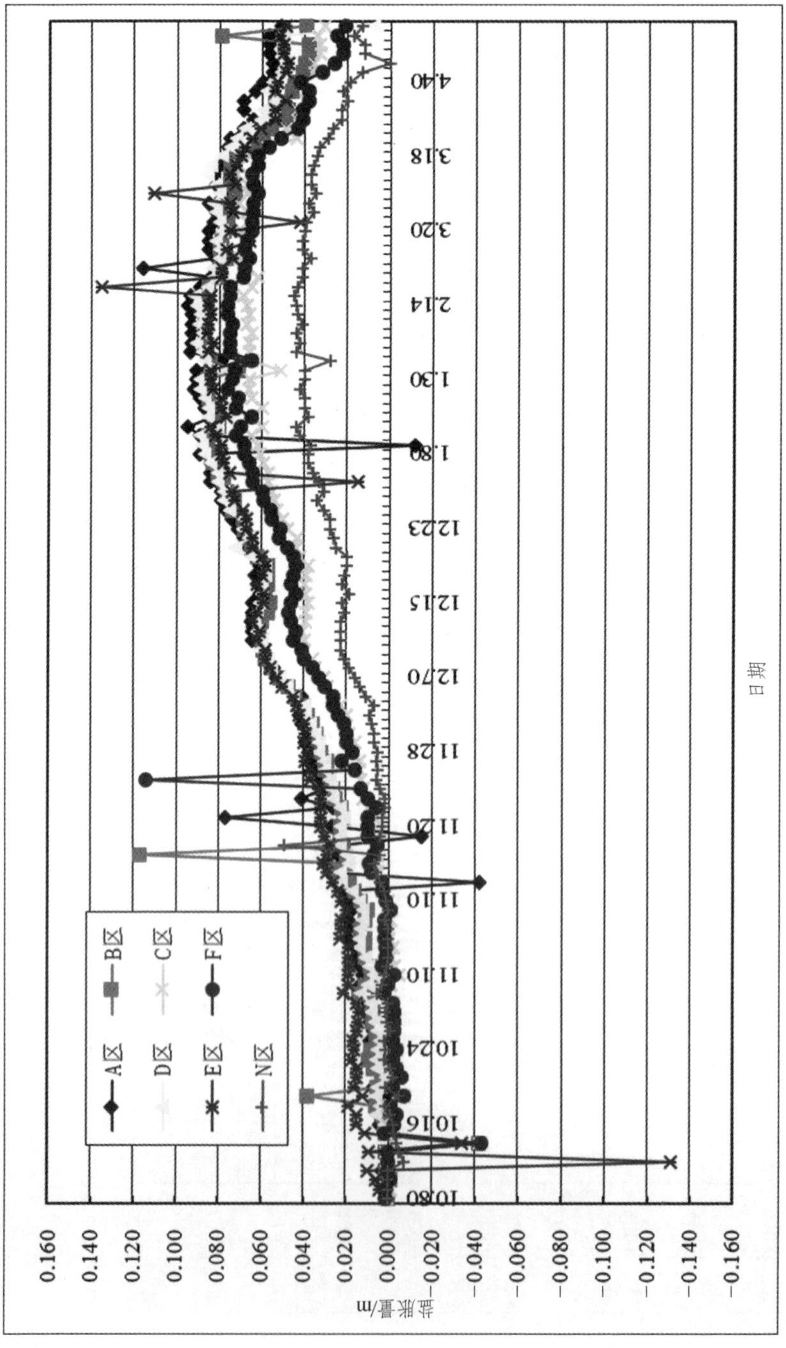

图 3-27 N 区盐胀曲线图

综上所述，课题组经过分析研究认为，盐渍土的剧烈盐胀区间 25～15 ℃，15～2 ℃，在温度小于 2 ℃ 时这类硫酸盐盐胀基本停止。

3.4.4.3 盐胀分析及盐胀和冻胀的关系

为了能够较为系统地分析盐胀的变化过程，下面以各层数据图形分析。

由第八层盐胀曲线（图 3-28）可以看出：F8 和 A8 比较，F8 基本处于未变形而 A8 出现了较大的变形，这足以说明 A8 在下层 40 cm 的盐渍土产生了较大的盐胀量，这个盐胀量达 20 mm 左右，因为在此部位的温度在 0 ℃ 以上，不具备冻胀产生的条件，可以充分说明是由于盐胀产生变形的累加。

从第七层的 A7 与 E7 的比较（图 3-29）可以看出，E7 的变形量很小，A7 出现了较大变形，变形差达 10～15 mm，而根据温度观测的结果可以分析在 140 m 的深处不可能产生冻胀，因此这种变形差应该是 A 区底部 60 cm 的盐渍土盐胀产生的累积变形。可以看出在 A7 板下的累积盐胀量达到了 10 mm 左右。

A6 和 D6（图 3-30）均产生了较大幅度的胀起变形，且在 D6 处产生了较大的变形，按照正常条件下，D 区底层是用合格土质填筑的，不存在盐胀问题；但是通过温度测量，在 1.2 m 以下基本不存在冻胀（即在负温以上），但是此处的变化可能是多种因素导致的，在以后的研究中应对其进行详细、更深层次的研究。综上所述，A6 和 D6 的差值反映的是这 20 cm 的盐胀量，即 4～5 mm。

A5 与 C5 的比较（图 3-31）可以看出，在 100 m 的深度范围内，C5 底部未填筑盐渍土而也产生了较大的变形，这是因冻深的影响（冻深 1.2 m），此处底部的土质已经产生了冻胀，那么这个冻胀的变形量为什么比较大呢？这是由于在试槽观测初期灌注了一个月的水，致使试槽底部的含水量过大，在冬季降温的条件下，该处的冻胀量累积很大，从而产生了较大变形的冻胀。而对于 A 区由于 2 m 范围内的土体全部用塑膜包着，水分不会进入，而此处要产生冻胀也只能是下部的 20 cm 盐渍土土体自身含水量的冻胀，这种冻胀量可以通过 C5 和 D5 的差值是 D5 下层的盐胀量与部分土体的冻胀量的综合反映。因此在工程施工中应对 100 m 处应该考虑冻胀和盐胀问题。

A5 与 D5 的相差较小可以看出，在此处（1.0 m，最大冻深的 80%）设置隔水层可以有效地防治冻胀，并且此部分的盐胀及冻胀量之和仅为 24 mm 为沥青面层允许值 60 mm（参考吉林省交通厅编著的《公路工程抗冻设计与施工技术指南》中规定的"满足路面平整度要求的路基容许总冻胀值——二级公路 60 mm）的 1/4，可以满足规范容许胀值要求。

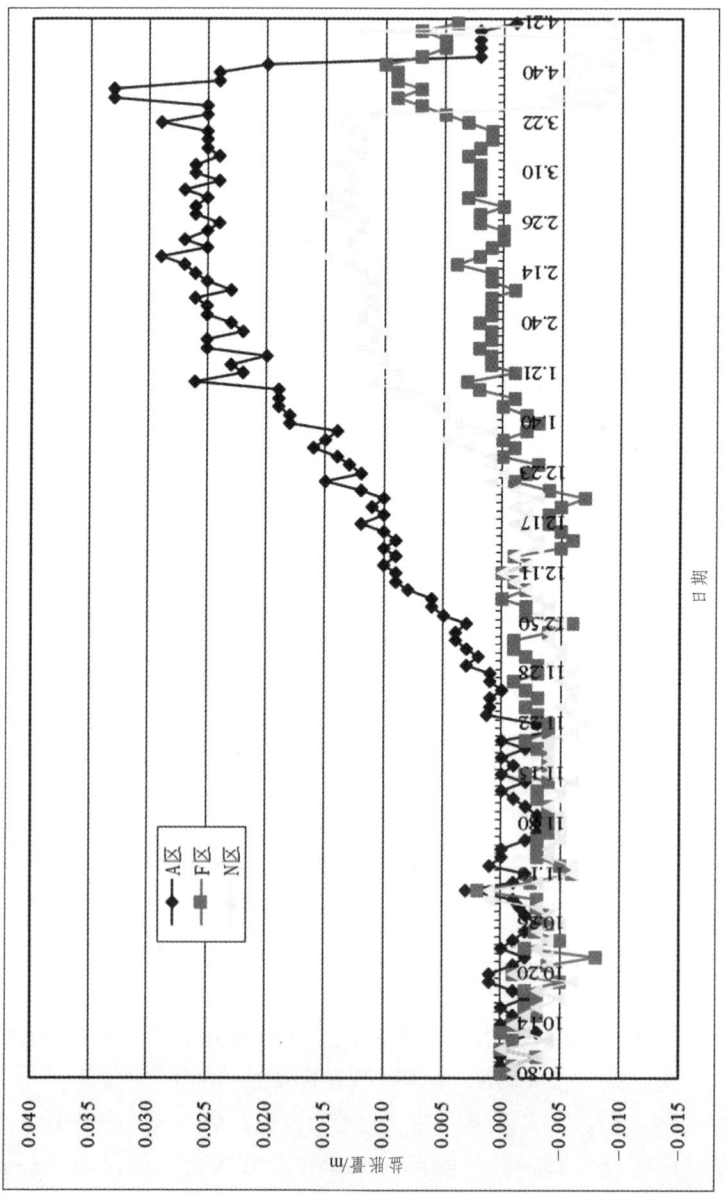

图3-28 第八层盐胀曲线

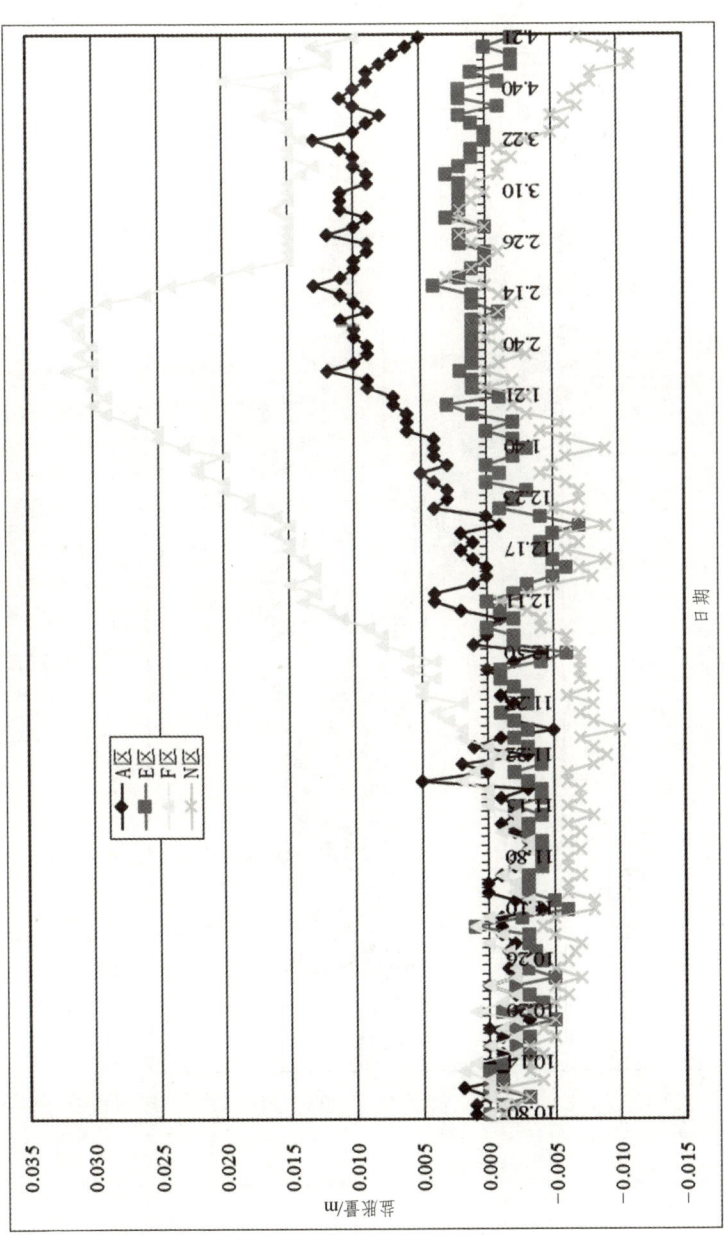

图 3-29 第七层盐胀曲线

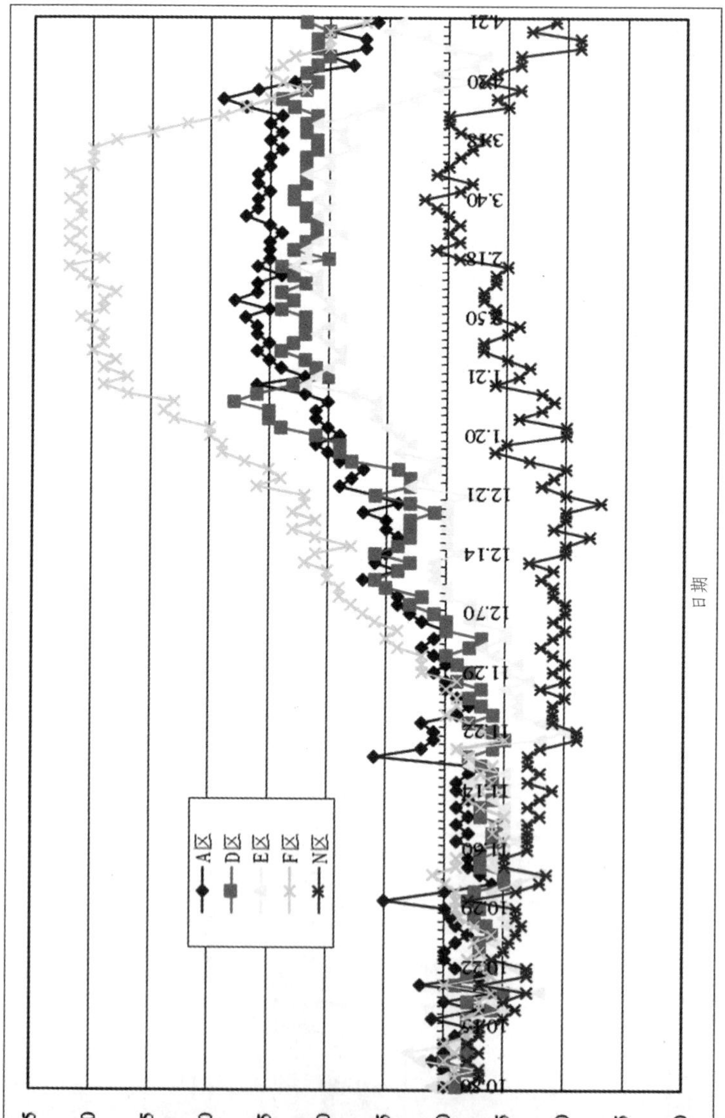

图 3-30 第六层盐胀曲线

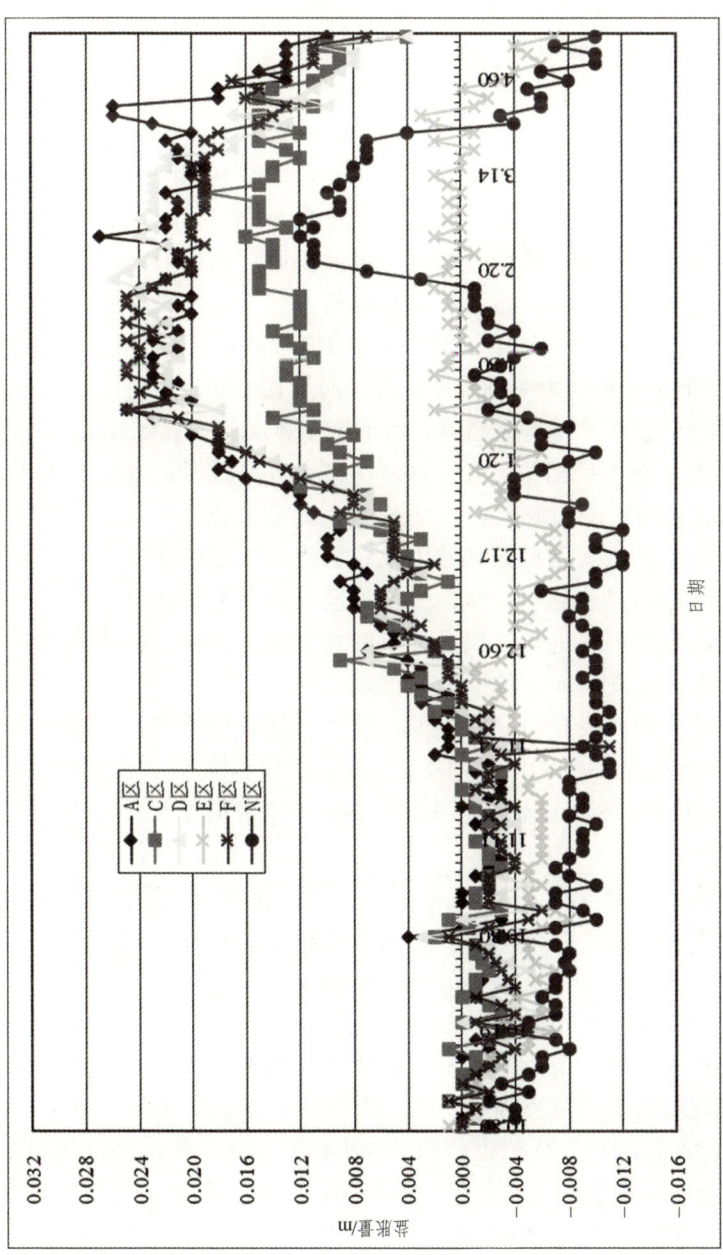

图 3-31　第五层盐胀曲线

由第三层（图 3-32）和第四层（图 3-33）B3 和 C3、D3、E3、F3 与 B4 和 C4、D4、E4、F4 的比较可知，在同等条件下（盐分一定、没有外来水的供给时），土体盐胀量一般情况下大于冻胀量，这也是土体先产生盐胀后产生冻胀所致。

A、B、C、E、F 各区的第一层（图 3-34）、第二层（图 3-35）的胀起变形量均基本趋势一致，从总的趋势看，在 0 ℃ 以上受到冻胀影响的 B、C、D 区的胀起量较大，基本与盐渍土填筑深度较大的 A、F 区接近。B、C 区的比较表明冻胀深度越大，胀起变形也越大，由此说明在同样的冻深范围内，盐渍土的盐胀冻胀变形小于外界冻土在水分供给条件下的冻胀变形，因此在同等条件下并且外界水影响较大时应该重点防治冻胀破坏；A、E、F 区因受到下层（1.2 m 以下）冻胀的影响基本不存在，而这就反映出随着盐胀性盐渍土填筑后整体盐胀量的变形呈增大趋势；因下层土体受到上层 1.20 m 土体的自重压力致使增大的变化量相差不大，这就从另一方面说明盐渍土土体盐胀的防治应该在冻深以下采取措施。在 1.20 m 以上的盐渍土土体所产生的胀起变形中应该含有冻胀的因素，但因盐胀发生在前而冻胀产生在后，使得土体中的部分水量在盐胀时已经结合，从而致使冻胀时的含水量减少，再者，本试槽中用塑膜隔断致使外部的水源以及地下的水源无法供给，切断了外部水的来源，因此所表现出来的冻胀量很小。

结合以上图中的曲线显示，以 0 ℃ 线作为冻胀的分界线，本试槽的冻胀深度为 1.0（填方路段、不保水）~1.2 m（挖方路段，饱水），由此可以看出：① 填方路段可以减小路基土体的冻深；② 路基中水分的增大，有利于温度的降低，从而增大冻深。

本试槽的盐胀影响深度为 1.8~2.0 m，由此可以看出冻胀深度小于盐胀深度，因为冻胀只能在负温条件下产生，而盐胀只要在 32.4~2 ℃ 之间均可产生变形，在 0 ℃ 线以下，温度满足产生硫酸钠结晶的条件，在其他因素具备的情况下均会产生盐胀变形。但是这种盐胀变形量的大小与土体中含盐量、上层覆盖的大小等均有关系：① 在 2.0 m 以下产生的盐胀量由于上层覆盖的压力作用其表现出的变形量也相对较小。② 外界温度的变化对于 2.0 m 以下影响很小，此时的盐胀量变化值也就相对较小。③ 对于一般的公路建设而言，路基 2.0 m 以下产生的盐胀量对于工程的影响也较小；此外，处理达到 2.0 m（路肩以下），工程造价将会大幅度的增加。因此，对于公路建设来说，只要处理一定的深度，将盐胀量控制在路面允许的变形范围之内就可以解决问题。而根据《盐渍土地区公路设计与施工指南》中介绍"盐胀量在路面以下 2 m 内的胀量占总胀量 80% 以上"，故将 2 m 作为高等级公路和一级公路等温对盐

3 垦区公路盐胀病害试验分析研究 | 59

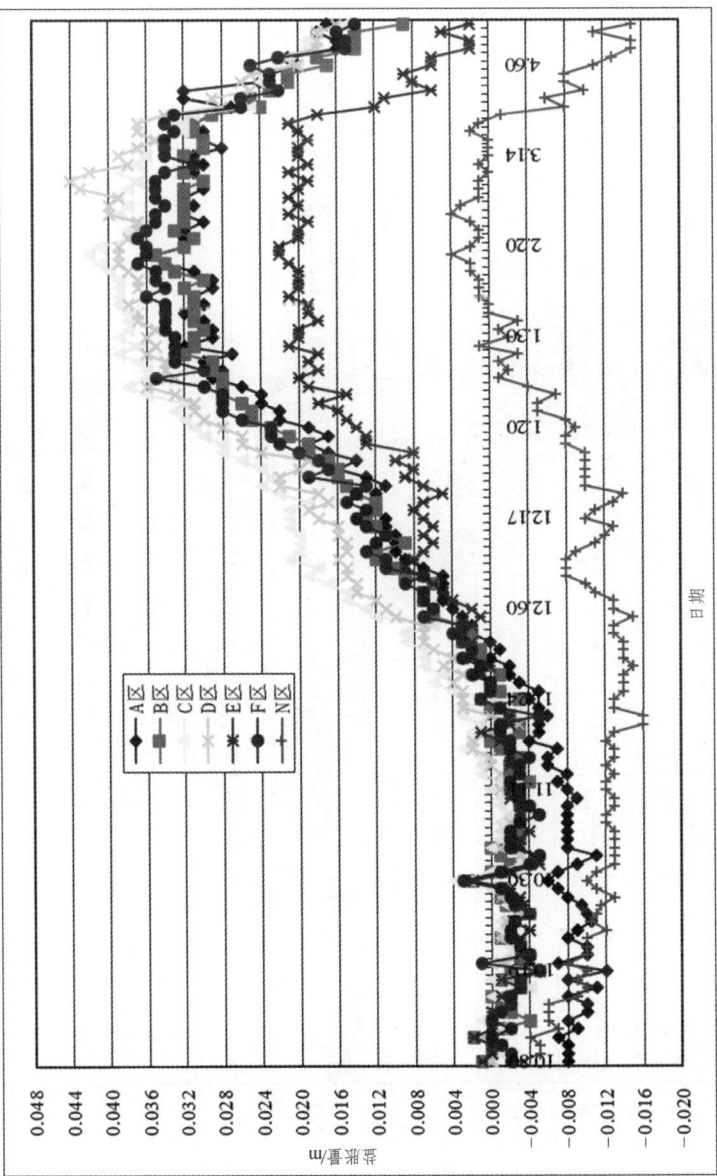

图 3-32 第三层盐胀曲线

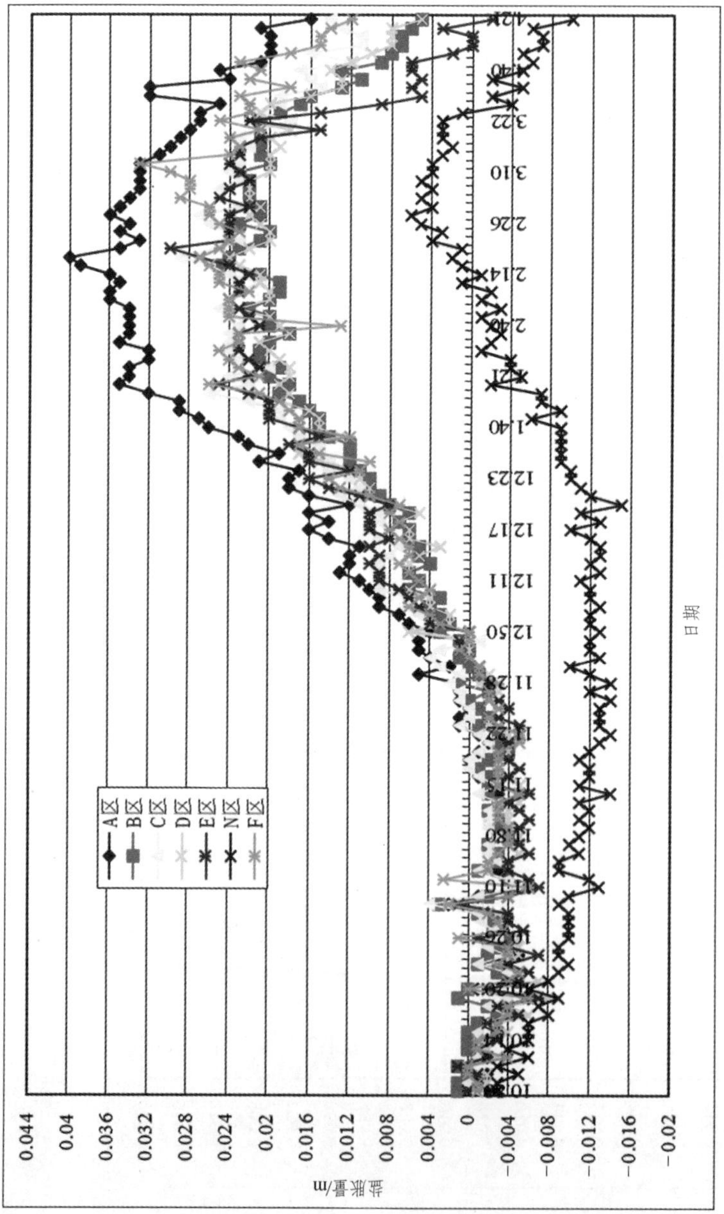

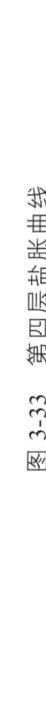

图 3-33　第四层盐胀曲线

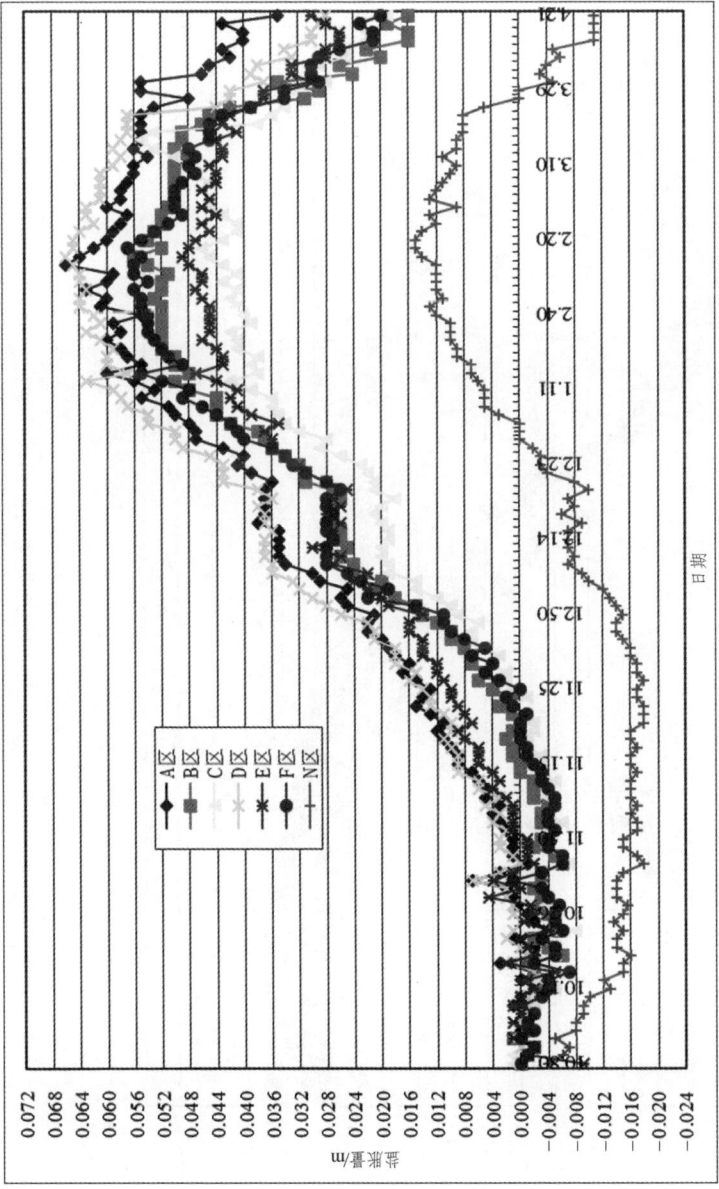

图 3-34　第一层盐胀曲线

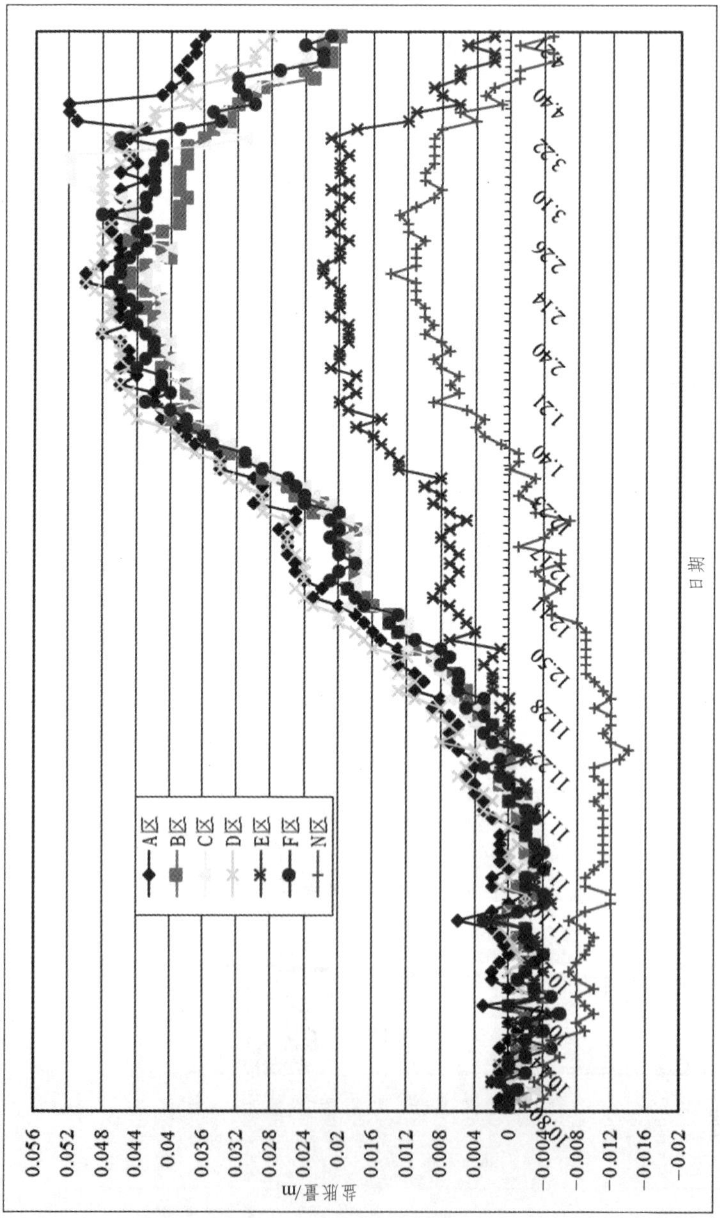

图 3-35 第二层盐胀曲线

胀量影响的有效深度。因此，课题组认为，将盐胀量占总盐胀量70%的深度作为二级公路低温对盐胀量影响的有效深度、盐胀量占总盐胀量60%的深度作为三级及以下等级公路低温对盐胀量影响的有效深度是合适的。

综上所述：

（1）在冻胀线以下所产生的变形量基本是以盐胀为主；在 0 ℃ 以下以冻胀和盐胀为主，但是在切断外来水分供给的情况下盐渍土体所产生冻胀量很小；在外来水分供给的情况下，土体产生的冻胀量可以和底部 40~60 cm 的盐胀量相抗衡。因此在有外来水或地下水位较高的盐渍土地区防治盐胀和冻胀时应以冻胀为主。

（2）从总的胀起变形来看，本试槽各层胀起变形的剧烈变化区间基本上均在 10~2 ℃，在 2 ℃ 以下时变化较为平缓，说明在 2 ℃ 左右此种硫酸盐渍土盐胀基本停止，而土体的冻胀产生，但由于水分的影响，冻胀不是很明显。因此，可以推断硫酸钠盐渍土盐胀区间为 2 ℃ 以上，在冰冻线以下基本以冻胀为主。

3.4.4.4 隔断水分的补充对盐胀量的影响

这就要拿 A 区 B、C、D、E、F 进行比较。总盐胀量比较从表 3-8 不难看出：采取了隔水措施的 B、C、D、E、F 区较 A 区无质的区别，从数量上似乎 B~F 区盐胀量有减少的趋势，但仔细的分析发现，A 区与 D 区各层胀量几乎一样。从另一侧面看，若以 A 区为标准盐胀的"尺度"，则

B 区 80 cm 以下只发生绝对胀量为 95-87 = 8（mm），或 25 mm；

C 区 100 cm 以下只发生绝对胀量为 95-72 = 23（mm），或 19 mm；

D 区 120 cm 以下只发生绝对胀量为 95-92 = 3（mm），或 18 mm；

E 区 140 cm 以下只发生绝对胀量为 95-86 = 9（mm），或 4 mm；

F 区 160 cm 以下只发生绝对胀量为 95-72 = 23（mm），或 10 mm；

B 区 80 cm 以下只发生盐渍土总深 200 cm 全部盐胀的 $\frac{8}{95} \sim \frac{25}{95}$，即 8.4% ~ 26.3%；

C 区 100 cm 以下只发生盐渍土总深 200 cm 全部盐胀的 $\frac{19}{95} \sim \frac{23}{95}$，即 20% ~ 24.2%；

D 区 120 cm 以下只发生盐渍土总深 200 cm 全部盐胀的 $\frac{3}{95} \sim \frac{18}{95}$，即 3.2% ~ 18.9%；

E 区 140 cm 以下只发生盐渍土总深 200 cm 全部盐胀的 $\frac{4}{95} \sim \frac{9}{95}$，即 4.2%～9.5%；

F 区 160 cm 以下只发生盐渍土总深 200 cm 全部盐胀的 $\frac{10}{95} \sim \frac{23}{95}$，即 10.5%～24.2%。

表 3-8　盐渍土试槽盐胀量比较表

层位	A 区 最大胀量/mm	A 区 发生的时间	B 区 最大胀量/mm	B 区 发生的时间	C 区 最大胀量/mm	C 区 发生的时间	D 区 最大胀量/mm	D 区 发生的时间	E 区 最大胀量/mm	E 区 发生的时间	F 区 最大胀量/mm	F 区 发生的时间
第一	66	（2.14）	56	（2.16）	55	（3.16）	66	（2.16）	49	（2.16）	57	（2.18）
第二	52	（3.30）	45	（2.18）	52	（3.16）	50	（2.16）	22	（2.18）	48	（3.4）
第三	35	（2.18）	35	（2.16）	42	（2.16）	44	（3.6）	22	（2.18）	37	（2.18）
第四	40	（2.18）	25	（2.16）	29	（2.16）	24	（2.18）	30	（2.16）	33	（2.18）
第五	27	（2.28）			19	（3.8）	26	（2.16）	3	（2.16）	25	（2.16）
第六	19	（3.27）					18	（1.9）	13	（2.16）	32	（2.16）
第七	13	（2.16）							4	（2.16）	32	（1.28）
第八	33	（3.29）							10	（4.6）		
第九	36	（2.16）										
第十	11	（1.10）										
面层	95	（2.16）	87	（2.16）	72	（2.22）	92	（2.16）	86	（2.10）	76	（2.16）

总的来看，若冻土线足够深（如本试槽的 1.2 m），则冻土线下的盐胀量仅有地面下 2.0 m 内质地一样盐渍土盐胀量的 20%以下，这是因为上覆荷载增加（1.2 m）抑制了一部分盐胀。从室内研究的成果知，一种组合盐的盐渍土中，化合盐的含量不一样，其剧烈盐胀的温度变化区间也不一样（高江平等，含氯化钠硫酸盐渍土盐胀过程分析）。如此，上述这 20%也意义不大了，也就是说不是任何盐渍土都是冰冻线下只发生 2.0 m 含盐胀量的 20%。

从面层的总盐胀量知，采用隔水措施的较无隔水措施的减少 3%～24% ($\frac{95-92}{95} \times 100\% = 3\%$，$\frac{95-72}{95} \times 100\% = 24\%$)，若抛弃面层的其他别的影响因素，以第一层盐胀量为全盐胀量，采用隔水与无隔水措施的减少 0%～26% ($\frac{66-66}{6} \times 100\% = 0\%$，$\frac{66-49}{6} \times 100\% = 26\% \times$)。

综上所述，若仅采用隔水措施，而隔水措施上不换填盐分允许（合格）

的土料，无论隔水层铺设在何深度，则工程实际减少的盐胀不多，这已被农一师玉阿新支线公路的工程实践证明。

那么若采用隔水措施，其上部换填含盐合格的土料，则隔水措施放在什么深度为宜呢？以本槽盐渍土为例：若隔断层设在路面下 80 cm，可降低 200 cm 全盐胀量的 73%以上；若隔断层设在路面下 100 cm，可降低 200 cm 全盐胀量的 80%以上；若隔断层设在路面下 120 cm，可降低 200 cm 全盐胀量的 87%以上。

从前面盐胀变化趋势以及盐胀量的变化可知，低温对盐胀量有效影响深度为 1.8～2.0 m，但是路面以下低温的变化幅度随着深度的加深而逐渐减小，盐胀量的绝对值也相对减少。以本试槽结果为例结合相关资料，从防范角度考虑，将防治 60%的盐胀量作为三级及以下等级公路有效盐胀深度情况下，盐胀有效深度为 80～100 cm 左右；对于二级公路在设计时应该增大盐胀深度的考虑，以 70%的盐胀量作为有效盐胀防范深度时，取 120～140 cm，对于高级公路及一级公路应该采取较高的值，以 80%的盐胀量作为有效盐胀防范深度时，取 160～180 cm。但是对于路基含盐量较高的路段根据实际情况加大防范深度 20～30 cm。

本试槽盐渍土 1.8 m 的盐胀量达总（2.0 m 深的盐渍土）盐胀量的近 90%。分析试槽数据及综合实际，课题组认为采取冻胀深度的 60%（70%×1.2 m=0.84 m）作为隔断层，可以有效地防治底部 60%以上的盐胀量，这个数值对于垦区低等级（三级及以下）、低造价公路是较为适用的；并且在垦区多条公路上均采用风积沙隔断层以 60%防治冻胀和盐胀取得了较为有效的成果可以例证。

3.4.4.5 各层盐胀量与深度的关系

为了得到上述关系，我们先将 A 区盐胀量较大的 2 月 14 日、16 日、18 日的数据列表（表 3-9、表 3-10）：

表 3-9 试槽 A 区 2 月 14 日、16 日、18 日各层面竖向位移量（mm）

日期	面	A_1	A_2	A_3	A_4	A_5	A_6	A_7	A_8	A_9	A_{10}
2003 年	95	66	46	31	36	20	14	11	26	35	−3
2003 年	94	64	50	34	39	24	16	13	27	35	0
2003 年	89	62	50	35	40	22	15	11	29	36	−1

上述表的竖向位移，上层面的位移减下层面的竖向位移等于该层发生的盐胀量（未弃除非盐胀，如干缩引起的缩小等因素的影响）。

表 3-10　试槽 A 区 2 月 14 日、16 日、18 日各层胀量（mm）及其比例

日期	层位											总位移
	面	A_1	A_2	A_3	A_4	A_5	A_6	A_7	A_8	A_9	A_{10}	
2003 年 2 月 14 日	29	20	15	−5	16	6	3	−15	−9	38		98
	29.6%	20.4%	15.3%	−5.1%	16.3%	6.1%	3.1%	−15.3%	−9.2%	38.8%		100%
2003 年 2 月 16 日	30	14	16	−5	15	8	3	−14	−8	35		94
	31.9%	14.9%	17.0%	−5.3%	16.0%	8.5%	3.2%	−14.9%	−8.5%	37.2%		100%
2003 年 2 月 18 日	27	12	15	−5	18	7	4	−18	−7	37		90
	30.0%	13.3%	16.7%	−5.6%	20.0%	7.8%	4.4%	−20.0%	−7.8%	41.1%		100%

发生上述现象不是仅 A 区有，在其他各区的一些时间都有发生。从上述表可以看到，0～2 m 出现了两个压缩区，三个膨胀区。也就是竖向位移在铅垂方向不是单调下降的曲线，这是因为各层所处的低温区持续的时间不一样，同时该试槽的盐渍土中化合盐组合在某一低温区间有 2～3 个盐胀剧烈区，其下部某一区剧烈盐胀，致使其上部在盐胀的同时有上移的趋势，而其上部的重量较大，从而在每板上部的局部区域被压缩。在上述过程中有三个因素是人为无法预知的，一是各区的温度及其持续时间，这与每年的天气变化和路堤土质及其上覆厚度有关；二是土中混合盐内各化合盐的各自比例；三是发生这种变化区域的上覆荷载。

综上所述，由于人为无法预控的因素较多，实际工程中无法应用它进行预控，所以课题组认为：防治盐胀只能靠另外的措施了。在新疆，由于绝大部分区域硫酸钠的表聚性很强，新修公路将表聚盐胀性较强的盐渍土挖弃，换填非盐胀性的合格土料，同时采取防止次生盐渍土的措施为好；否则应增加路基结构的板体强度及上覆荷载，或其他构造措施，耗散、减轻由盐胀而引起的病害。

3.5　垦区公路路基盐胀防治方法与措施

前面章节已对公路盐胀的原因、影响盐胀产生的因素和产生盐胀的机理并结合垦区特征对垦区公路盐胀产生的原因等方面进行了较为系统的论述，

从中可以看出垦区公路产生盐胀的条件和因素较多，因此本节从理论角度并结合国内研究的成果对于防治公路盐胀问题做一简单论述。众所周知，对于公路盐胀问题的产生应同时具备盐分、土质、温度、地下水等因素的作用。因此，为了防治道路盐胀作用的产生，只要消除这三个因素中的一个，就能达到防治目的。目前对国内外公路盐胀的防治措施归纳起来主要有以下四类：

1. 化学方法

研究者用灌入氯盐的办法来抑制硫酸盐渍土的盐胀，并发现当土中 Cl^-/SO_4^{2-} 的值增大到 6 倍以上时，抑制盐胀的效果最为显著。在硫酸盐渍土中掺入氯盐之所以能减少盐胀，是因为硫酸钠在氯盐溶液中其溶解度随氯盐浓度增加而减小。在实际施工中一般采用灌注氯化钙溶液法，这是因为氯化钙溶液在土中起到双重作用，一是容易降低硫酸钠的溶解度，二是氯化钙的溶解度高，易配制溶液且生成的硫酸钙微溶于水，性质稳定。这种方法对治理硫酸盐渍土路基的病害很有效，并且生成的硫酸钙为难溶盐类，不会对路面造成盐胀病害，从而达到增强路基稳定性和路面强度的作用，并减少盐胀对路面材料的侵蚀破坏。但是这种方法对于垦区内重盐碱地区能否使用还值得进一步研究，再者由于垦区内道路低造价的限制，这种方法在垦区和新疆境内基本没有或很少采用。

2. 隔断法

隔断法就是在路基某一层位设置一定厚度的隔断层，其根本目的是隔断毛细水的上升，防止水分和盐分进入路基上部，从而避免路基或路面遭受破坏。隔断层类型按采用材料划分有土工布（膜）隔断层、风积砂或河砂隔断层、砾（碎）石隔断层和沥青砂、油毛毡等隔断层。砾石和风积砂属透水性隔断层，只可隔断毛细水的上升；土工膜、沥青砂、油毛毡属于不透水性隔断层，可隔断下层毛细水和水蒸气上升。从垦区内防治盐胀较为广泛的采用风积沙、砂砾石料隔断层或土工布隔断层较多。

3. 换土垫层法

盐渍土地区地表的盐壳及其下的松土都不能承受路基的荷载。盐壳被路基掩埋后，如仍然在毛细水上升作用范围内，盐壳的含盐成分被逐渐溶解而变成很疏松的土，往往造成路基沉陷、路面破坏，而且在毛细水作用下，容易使路基再次盐渍化。因此地表盐壳及其上超过允许含盐量的土均应清除，一般情况下是把有效盐胀深度范围内的盐渍土挖掉，用一定厚度的非盐渍土或砂砾料回填，可从根本上消除由盐渍土造成的盐胀、塌陷等病害。

4. 提高法

提高法即提高路基填筑高度，以使上部路床受盐渍影响变弱。在垦区境内排水不良过湿地带，一般采用该法。其优点是施工简单方便；缺点是填土过高，行车不甚安全，如果填料控制不严，易使土基次生盐渍化。

3.6 本章小结

本章通过对盐渍土盐胀病害的特征及盐胀的影响因素和机理，结合垦区的特点做了系统的阐述，并在结合盐渍土试槽资料对硫酸盐盐渍土盐胀进行了系统的分析，取得了一些有价值的成果：

（1）垦区公路产生冻胀受到土质盐分、温度、水分、路面结构等多种因素的影响，造成的路面破坏主要以水稳性差、盐胀破坏为主。

（2）新疆兵团垦区由于所处的特殊地理和气候环境，具备产生公路盐胀病害的条件，公路盐胀是垦区内公路病害的主要特征之一。

（3）垦区公路盐渍土的剧烈盐胀区间在 25~15 °C，15~2 °C 之间，在温度小于 2 °C 时这类盐胀基本停止。

（4）地表温度随着气候的影响变化跳跃幅度较大，特别是大幅度变化时，会影响到路基不同深度的温度变化，特别对公路路基 60 cm 以内的影响较大。

（5）地表温度的变化较快，而地下随着深度的增加土体温度变化的速率逐渐减弱，且相对延后于上层土体及表面的温度变化。这是因为土体温度的变化必须经过一个延续过程——受土体温度传递速率或导热系数的影响。不论外界气温增高还是降低的突变，只要在保持低温状况下，各层的温度保持向低温下降，不过随着深度的增加，变化速率逐渐减小。

（6）在冰冻线以下所产生的变形量基本是以盐胀为主；在冰冻线以上时以冻胀和盐胀为主，但是在切断外来水分供给的情况下盐渍土体所产生冻胀量很小；在外来水分供给的情况下，土体产生的冻胀量可以和底部 40~60 cm 的盐胀量相抗衡。因此在有外来水或地下水位较高的盐渍土地区防治盐胀和冻胀时应以冻胀为主。

（7）从防范角度考虑，将防治 60%的盐胀量作为三级及以下等级公路有效盐胀深度情况下，盐胀有效深度为 80~100 cm；对于二级公路在设计时应该增大盐胀深度的考虑，以 70%的盐胀量作为有效盐胀防范深度时，取 120~140 cm，对于高级公路及一级公路应该采取较高的值，以 80%的盐胀量作为有效盐胀防范深度时，取 160~180 cm。但是对于路基含盐量较高的路段根据实际情况加大防范深度 20~30 cm。

（8）填方路堤虽然竖向盐胀位移小，但并不是没有盐胀的发生，只是水平方向的约束小，所以在路堤成形的头几年中以横向盐胀为主，但当路堤成形后，随着时间的推移，路堤土进一步固结横向约束加大，盐胀的累积后期效应便可反映到路面上。有许多工程实例可以验证此结论，省道 S201 便是一例。

4 垦区公路冻胀病害试验分析研究

对于垦区公路冻胀问题的研究，必须从公路所处地区地理环境、气候条件以及自然环境、水文地质状况等方面进行系统的分析研究。

4.1 概 述

冻土，一般指温度在 0 ℃ 及 0 ℃ 以下，并含有冰的各类土壤。通常按土处于冻结状态的持续时间来划分冻土。冻结状态的持续时间从几小时到几昼夜者为短期冻土；不到一年者为季节性冻土；两年及以上者多为多年冻土。冻土是由各种成分组成的非常复杂的天然多相地层，含有矿物颗粒，固、液态水以及气体等。

由于我国位于亚欧大陆的东南部，从南到北大致穿越了 35 个纬度，东西相隔 61 个经度。我国地势西高东低，辽阔的疆域和复杂的地形，使我国的季节性冻土和多年冻土分布更具特色。从整体分布来看，季节性冻土分布于我国长江以北的广大地区，由于地理位置和气候条件的差异，气温状况一般随着纬度的增大，气温逐渐降低，地区冬季持续时间普遍加长，低温时间和极端最低温度也呈增大趋势，其季节性冻土的表现特征也更加明显，该地区所修建的道路产生的公路冻胀病害也尤为显著，已经达到刻不容缓的地步。

新疆特殊的"三山夹两盆"（三山：阿勒泰山、天山、昆仑山；两盆：准噶尔盆地、塔里木盆地）地理位置环境，并且两大沙漠（古尔班通古特沙漠、塔克拉玛干沙漠）横亘其中，造成新疆地区气候严寒，冬季时间较长，一般情况下负温长达 5~6 个月，冬季漫长，夏季炎热，春秋两季不是很明显。而新疆生产建设兵团由于历史的原因，兵团垦区多数地处沙漠边缘或腹地，冬季极端气温极低（可达到-30~-40 ℃）且漫长（一般从冬季下雪至融化为 5~6 个月），夏季极端气温很高（温度可达到 35~40 ℃），地理环境和气候条件也更为恶劣，加之公路等级低（大多为三级或以下等级公路）、造价低，并且在垦区（特别是北疆地区）公路冻胀较为普遍存在，加速了公路路面的破坏，使得公路冻胀病害成为垦区公路病害的主要因素，对其解决已经迫在眉睫。

4.2 垦区公路冻胀产生的原因及影响因素

4.2.1 路基冻胀产生的原因

冻胀主要是在严寒地区冬季土基下部的水分向上聚集并冻结成冰引起膨胀，从而造成地表或路面局部隆起的现象。

公路路基冻胀主要是冻胀性土体中的水分迁移，形成聚冰层或冰棱体、冰透体，造成土体体积膨胀、增大综合产生的结果。季节性冻土地区在进入冬季后，随着气温的降低，在路面路基中上层温度随着气温的降低而较为快速的下降，而路基底层的温度相对较高，这就形成了一种温度梯度。路基土是由固体颗粒、水和气体组成的三相体，而土中的水分又以自由水和薄膜水的方式存在，在冰冻线上部土中的自由水逐渐冻结。在温度梯度的作用下，引起底部的自由水向上部迁移，毛细水上升。研究表明路基中的冻胀性土在冬季负温作用下，当有水分供给时土体中的自由水受结晶力的作用持续向上层聚流，在路基上部形成冰夹层、冰透镜体而产生公路冻胀，导致路面不均匀隆起，使柔性路面开裂、刚性路面错缝或折断。在春季熔融期间，土基含水量过大，强度急剧降低，在行车荷载作用下路面发生弹簧、裂缝、鼓包、冒泥等翻浆现象。

4.2.2 公路的冻胀破坏的形式

在公路调查和实施中发现，对于因冻胀引起的公路病害，主要为裂缝和翻浆。但这两者之间存在必然的联系，也不尽相同，下面从这两方面进行论述。

4.2.2.1 裂　缝

裂缝是冻胀作用造成的路面破坏，主要由于路面产生了冻胀变形，而这种变形在道路横断面方向上是不均匀的。通过调查发现，裂缝特别是纵向裂缝表现形式较为普遍。冻胀引起的路面裂缝一般均路面中央（路中心黄线处）裂缝开展宽度最大，这就说明在路面中央冻胀变形量最大，因而在道路中线上出现较大裂缝。从整个路面道路横断面方向看，出现不均匀冻胀的原因主要是路肩附近的路面有积雪覆盖，使这部分路面结构在寒冷时期有隔温作用；在路面中央部分，由于行驶汽车积雪需要清除或行车使得该部分路面的积雪消减以致清除。因而这部分路面上失去隔温作用，致使这部分的冻结深度和冻胀量就要比路肩部分和路面未清雪部分较大；另一个主要原因是路面结构材料一般均为沥青面层、砂砾（水泥稳定砂砾）基层及砂砾底基层，而路肩部分一般是由粉土、黏土组成，从而使得路肩和路面部位的结构材料不同，形成了不同的传热系数，路面的传热系数往往大于路肩，进而致使路面产生弯曲拉应力，造成路面的破坏。另外，在施工中由于含水量不均匀，局部出现含水量过大（大于或远大于最佳含水量），该段在冬季降温下形成的冰透体或冰棱体也较大，其因体积膨胀而产生的冻胀力也相对较大，这就出现了局部部位的裂缝开展不规则，并形成网状裂缝，更甚者形成局部突起现象。路基因冻胀形成的冻胀张力，随着时间和温度梯度的作用其冻胀力增大，直至路面结构层的自重以及其间的黏聚力不能克服时，其冻胀病害表现在沥青路面上，形成了沥青路面的纵向裂缝和横向不均匀起伏、突起现象。

在冬季由于冻胀路基的强度一般情况下均较高，不论在多大的形成荷载作用下均不会产生翻浆等现象，只会使路面裂缝的进一步增大和路面的不均匀沉降和隆起现象增加，路面的平整度差，行车不舒服而已，因此冻胀的表现形式主要为裂缝、隆起和路面不平整。

4.2.2.2 翻　浆

经过冬季冻胀的道路，其到了春融期间，随着地表气温的升高，道路冰冻部分开始融化，由于沥青路面的黑色吸热作用和相对较大的传热性，道路沥青路面部分溶解速度相对较大，而在路肩部分相对滞后，再者气温是从公路路面顶部逐渐向底部回升，使得路面顶部的冻胀性土质提前融化，此处的溶解水由于受到底部和侧面未解冻土体的阻挡而无法排出路基，停留在保持冻结的土层上，致使附近的土层处于饱和状态。路基土由于土中的冰透体或冰棱体的融解，此部分的含水量过大，从而导致路基承载力下降。特别是融解的水被未解冻的土层阻挡，停留在保持冻结的土层上，融解后土的密实度减小，因而部分土基的承载力明显降低。如果道路处于这种状态，当大量的重车通过时，沥青混凝土面层下表面的拉应力增大，土基表面的垂直变形也相应增加，当超过其极限值时在轮迹处产生裂缝，随着路面下沉遭到破坏；并且在行车荷载的作用下，水分因从底部无法排出，其将从路面裂缝处向上排出，这就形成了路基软化、冒泥现象。随着融化的进一步开展，土中水分急剧增多，土中的水分在行车荷载的反复作用下，经过推挤、揉搓，使得路面发生弹簧现象，再进一步发展形成路面翻浆。

综上所述，冻胀裂缝发生冬季的气温下降过程以及气温持续在 0 ℃ 以下的低温气候条件，此时要形成冻胀必须满足：一是路基内部存在自由水，在温度持续下降时，自由水受冰的结晶力作用迁移；二是适当的温度：当温度在 0 ℃ 至 -3 ~ -5 ℃ 之间时，才可为自由水的迁移提供充足的动力；三是路面结构的荷载及其粘结力不小于抑制冻胀力的作用。翻浆一般发生在春季路基融化期间，构成翻浆必不可少的是：① 路基内部自由水冻结形成聚冰层；② 春季气温回升，路基上层的聚冰层开始融化，路基承载力迅速降低；③ 在春融期间要有大量的重车通行。

4.2.2.3 冻胀和翻浆的关系

1. 统一过程的两个阶段

冻胀与翻浆都是路基冻胀性土质在夏秋季地表水下渗或地下水升高的基础上，路基含水量偏大，在冬季负气温作用下，路基土体中形成温度梯度，从而使路基土体中的水分发生迁移，路基上层水分增多，并结冻成冰透体或冰棱体而形成冻胀。冻胀发生在冬季气温下降和低温持续期间，是路基上层显著聚冰的直接反映。翻浆虽发生在春季，但也是在冬季路基上层聚冰的基础上，路基解冻时土基水分过多，致使路基强度急剧下降，在重车荷载的反复作用下形成的。因此，冻胀是形成翻浆的必要条件，但不是充分条件；而翻浆是冻胀病害的结果之一，但不是必然结果。冻胀和翻浆是路基土在冻融过程中的两个阶段。

2. 一致性与差异性

一般情况下冻胀大的路段土基聚冰多，春融期形成的水分也多，其容易翻浆或翻浆较重。反之，冻胀小或不冻胀的路段，土基聚冰较少，春融期聚集的水分也少，不易翻浆或不翻浆，这是冻胀与翻浆的一致性。但是，有些冻胀大的路段并不翻浆，如本次调查中玛芳公路（K13+500 至 K17+000），这段路纵向裂缝可探深度已经达 12 ~ 15 cm，据分析已经将沥青面层和水泥稳定基层全部断裂，但是未出现翻浆现象，这是由于聚冰层位于土基下部或路面较厚（路面结构层达 46 cm）。有时冻胀小或不冻胀的路段反而翻浆，其原因是聚冰层虽薄，但位于土基上部，聚冰下层没有形成冻胀，但路面过薄、结构不合理或施工工艺不当,在行车作用下而翻浆,如农八师新西线 K17+000 至 K18+000 段,因在基层施工中含水量过大,由于多种原因,在基层水分未充分蒸发掉后直接铺筑面层,致使基层含水量过大,并积聚在路基顶面,经过一个冬季的运行后,路面出现了翻浆现象。

3. 不同路面有不同反映

兵团垦区公路主要为三级公路,二级公路极少,这些等级相对较高的路面对变形也特别敏感,容易出现开裂、错缝、折断等冻胀破坏,但由于路面厚、安全系数大、很少出现翻浆破坏。

垦区内三级公路路面由于路面结构层薄(一般情况下为 28~48 cm),安全系数低,出现翻浆破坏的概率较大。通过调查发现,对于同样结构层厚度的路面,采用了半刚性基层其产生路面冻胀病害——裂缝的开展宽度较大,其以纵向裂缝且位于路中为主,而不规则裂缝较少,产生的冻胀破坏较大,经过多年的运行未出现翻浆破坏,这是半刚性基层的整体刚度、强度抑制所致,如农六师玛芳公路、S224 线、G217、农七师奎车公路。采用柔性路面结构层的道路,出现翻浆迹象的相对较多,如玛芳公路改建前、芳马公路改建前、农八师东炮线的局部路段、农九师边防公路等,其因结构层厚度相差不大,有些甚至较厚,但是由于整体性和刚性较差,经过了 2~4 年的运行,道路局部出现了翻浆,有些部位已经出现了龟裂,向翻浆程度发展。

因此,在垦区公路中,半刚性路面主要以冻胀破坏为主,表现为裂缝开展和局部不平整;柔性路面前期表现为冻胀破坏,随着运行期限的增长,逐渐表现为翻浆破坏,路面表现形式为不规则裂缝、网状裂缝和局部翻浆。

4.2.3 垦区内路基产生冻胀的主要因素

对于新疆兵团地处严寒地区(北疆地区和南疆的局部地区)、寒冷地区(南疆的大部分地区)的道路,为了防治公路冻胀破坏的产生,必须对影响冻胀现象的主要因素进行研究。一般而言,公路冻胀是多种因素综合作用的结果,土质、水、温度与路面是影响公路冻胀的主要因素,其中土质、水和温度是形成冻胀的基本条件。

4.2.3.1 土质对冻胀的影响

兵团垦区由于特殊的地理环境,垦区内较好的筑路土质大多为几代人开垦改良而成的耕地，黏土、砂性土极少，粉土和盐渍土、弱盐渍土居多，筑路需要的砂砾石料大多要从几十千米甚至上百千米以外的河道中去运，而垦区筑路因受造价等因素限制，基本采用当地的粉土或弱盐渍土进行路基填筑，甚至有些路段对于软弱路基因受投资影响而不作处理，因此垦区内路基填土土质是造成公路产生冻胀病害的一个主要原因。

有关试验研究表明，土粒粒径是反映土冻胀性的重要指标。它表示土颗粒成分、尺寸、形状结构特性以及它们之间的组合关系，同时与水分的迁移密切相关。在土颗粒粒径大于 0.1 mm 的饱和粗颗粒土中，在无粉土、黏土颗粒充填情况下，表面吸附作用几乎没有，很难形成薄膜机构或毛细机构，冻结过程不存在自由水向冰冻锋面迁移的可能性，冻胀性很小，因此这种土质视为弱冻胀性土。随着土中细颗粒含量的增大，其冻胀性也不同程度的增大。一般认为当地下水位相同时，土壤的冻胀量随土颗粒大小而异，颗粒越粗，冻胀量越小，颗粒越细，冻胀量越大。粉性土由于具有最强的冻胀性，最易形成翻浆，这种土的毛细水上升高度最大，在负温度作用下水分易于迁移，如水源供给充足可形成特别严重的冻胀。黏性土的毛细水上升虽高，但速度慢，只在水源供给充足且冻结速度缓慢的情况下，才能形成比较严重的冻胀，其冻胀量较粉性土小。粗粒土因其毛细水上升高度小、聚冰少，且在饱水情况下也能保持一定的强度，但当粗粒土中粉黏粒含量超过一定量以后，冻胀性明显增加，也能形成冻胀，这种现象在农九师边防公路施工中出现了，由于该地区合格的砂砾石料几乎没有，但是该地区因地处山前，从地表下开采出的砂砾石料中细颗粒含量较大，试验结果达到 15%左右，并且颗粒级配呈现不良状态。该路在施工后，经过了一个冬季的冻融后，路面上也无大车、重车行走，但是该路段出现了不同程度的路面裂缝、以及破损现象，通过开挖显示和分析，这是由于路面砂砾石料中细颗粒含量较大以及路基含水量过大。对于各种土类的冻胀性分类，吉林省交通厅做了研究，有关指标见表 4-1。

4.2.3.2 土中水分对冻胀的影响

土的冻胀是由于土中水分冻结成冰造成的土体积膨胀，实质上就是水在路基中迁移和相对位置的变化过程，因此水分是土产生冻胀的首要条件。在一定的土质条件下，水分是土体冻胀性强弱的基本因素之一。工程实践表明，并非所有含水的土体都产生冻胀，而是当土中的水分达到一定界限后，才有冻胀现象的发生。通常将这个界限称之为起始冻胀含水量，即在稳定的负温

表 4-1 季节冻土的冻胀性分类

土组分类号	土组名称	土质干湿状态	调查时土的天然含水量 W/%	达到最大冻深时地下、地表水位距冻结线的最小距离 h_w/m	平均冻胀率 η/%	冻胀等级	冻胀类别
I	含细粒土砾（砂），粒径小于 0.075 mm 含量不大于 15%	干燥	不考虑	不考虑	$\eta\leqslant 1$	1	不冻胀
II	细粒土质砾（黏土质砂），粒径小于 0.075 mm 含量不小于 15%	干燥	$W\leqslant 12$	>1.0	$\eta\leqslant 1$	1	不冻胀
		中湿潮湿	$12<W\leqslant 18$	≤1.0	$1<\eta\leqslant 3.5$	2	弱冻胀
		过湿	$W>18$	>0.5	$3.5<\eta\leqslant 6$	3	冻胀
		过湿	$W>18$	≤0.5	$6<\eta\leqslant 12$	4	强冻胀
III	粉土质砂	干燥	$W\leqslant 14$	>1.0	$\eta\leqslant 1$	1	不冻胀
		中湿潮湿	$14<W\leqslant 19$	≤1.0	$1<\eta\leqslant 3.5$	2	弱冻胀
		过湿	$19<W\leqslant 23$	>1.0	$3.5<\eta\leqslant 6$	3	冻胀
		过湿	$W>23$	≤1.0	$6<\eta\leqslant 12$	4	强冻胀
		过湿	$W>23$	不考虑	$\eta>12$	5	特强冻胀
IV	粉质土	干燥	$W\leqslant 19$	>1.5	$\eta\leqslant 1$	1	不冻胀
			$W\leqslant 19$	≤1.5	$1<\eta\leqslant 3.5$	2	弱冻胀

续表

土组分类号	土组名称	土质干湿状态	调查时土的天然含水量 W/%	达到最大冻深时地下水位距冻结线的最小距离 h_w/m	平均冻胀率 η/%	冻胀等级	冻胀类别
Ⅳ	粉质土	中湿潮湿	$19<W\leq22$	>1.5	$3.5<\eta\leq6$	3	冻胀
		过湿	$22<W\leq26$	≤1.5	$6<\eta\leq12$	4	强冻胀
		过湿	$26<W\leq30$	≤1.5	$\eta>12$	5	特强冻胀
		过湿	$W>30$	不考虑			
Ⅴ	黏质土	干燥	$W\leq W_P+2$	>2.0	$\eta\leq1$	1	不冻胀
		中湿潮湿	$W_P+2<W\leq W_P+5$	≤2.0	$1<\eta\leq3.5$	2	弱冻胀
		过湿	$W_P+5<W\leq W_P+9$	>2.0	$3.5<\eta\leq6$	3	冻胀
		过湿		≤2.0			
		过湿	$W_P+9<W\leq W_P+15$	>2.0	$6<\eta\leq12$	4	强冻胀
		过湿		≤2.0			
		过湿	$W>W_P+15$	不考虑	$\eta>12$	5	特强冻胀

注：①土的干湿状态参照现行《公路沥青路面设计规范》相应条款确定；②W_P为土的塑限含水量；③塑性指数大于22时，冻胀性降低一级；④粒径小于0.005 mm的含水量大于60%时，为不冻胀土；⑤Ⅱ、Ⅲ类土当填充细料大于全部质量的40%时，其冻胀性按填充料类别分。

条件下（土体温度<-10 ℃），冻胀系数为零时的土体含水量。当土体含水量小于这个界限值即使土中全部空隙被冰及未冻水充满的时候，土体仍不发生冻胀移位现象。有关试验研究表明细粒土的起始冻胀含水量小于土的塑限，并且随着土的塑限的增大，它们之间的差值也越大。根据资料试验可知，一些土体的起始冻胀含水量如表4-2。

表4-2 几种土的起始冻胀含水量

土名	黏质土	粉质土	粉土质砂	细粒土质	含细粒土质
起始冻胀	12～17	10～14	9～11	8～10	6～8

新疆兵团垦区地处沙漠边缘或腹地，基本处于新疆的内陆，其灌溉系统以水库配合各级渠系灌溉为主。垦区公路沿渠道布置，甚至有部分路段穿过水库，路基土因受到渠道水的补给，使得路基土的含水量增大。工程实践表明，在封闭的系统中冻胀量随土中含水量的增大而增大，最终趋向于一个定值，也就是土中的水由自由水变成冰增大9%的量；但是在开放系统中，由于土体受到源源不断的外来水分供给，增大了土的冻胀特性。外来水分的供给主要来源：① 地下水的供给，尤其是地下水的埋置深度，地下水位越高，对于土的影响也就越大，其毛细水上升至路基顶部的概率也越大，土的冻胀性也就越大，这种现象在垦区的山区和部分平原地区地下水埋深较浅处较为常见，如农六师湖东公路二标和农九师边防公路的局部路段，因地处山区部分道路属于挖方路段，而在山区路段因开挖较深、地下泉眼随处可见，已经使得路基处于地下水的影响范围之中，而这两条路恰恰在修建过程中，未对地下水采取有效的降低地下水位和排出路基的水分等防治措施，致使农九师边防公路在经过了一个冬季的冻融循环后，路面开裂、翻浆现象层出不穷；而农六师湖东公路二标，也同样未采取任何措施对地下水进行防治，使得在路基成型后经过一个冻融循环后，底基层顶因弯沉不合格而无法验收，目前正在采取修筑排沟降低路基含水量的补救措施，其他方案正在商议之中，致使工期延误一年多；地下水位埋深较浅的平原地区以农八师新西线、农一师塔南公路，路面、路基冻胀破坏现象见《工程实践与调查报告》。① 大气降水、各种排水以及灌溉引起的余水积聚，这些影响冻胀的主要是在冬季来临前的各种积水对路基的渗透和浸入所致。垦区部分道路沿渠伴行的特殊环境以及道路两旁林带的灌水使得路基含水量增大，地下水位上升，进而促成冻胀的形成。这种地表水的供给是垦区多数道路产生冻胀破坏的主要原因，这种现象反映在农六师芳马公路、玛芳公路改建前、农八师新西线、G217线等，具

体病害状况见《工程实践与调查报告》。总之，开敞型冻胀时有足够的水源补给，冻胀就严重，危害较大；封闭型冻胀时没有外来水源补给，冻胀轻微，危害较小。因此，通过调查和分析可知，开敞型冻胀即有地下水和地表水的补给是垦区道路产生冻胀的又一主要原因。

4.2.3.3　温度对冻胀的影响

负温是冻胀产生的必要条件之一，土体的冻结过程实际上是温度的变化过程。土体的冻结温度和土体的颗粒组成、含水量、颗粒的矿物成分和水溶液的浓度等直接相关。在相同土质条件下，土体冻结温度是随土体含水量增大而相应地升高。此外，在任何负温条件下土体总保持着与负温相应的未冻水含量。这些特性直接影响着土体的冻胀特性。

土体在负温下冻结，并且在不同的负温下显示出不同的冻胀特性，在开敞的土体体系中，工程实践和试验表明其冻胀可分 3 个阶段：第一阶段，负温变化范围为起始冻结温度至-3 ℃左右，土体冻胀强度随负温的降低而剧烈地增长，其增长值约占最大冻胀值的 70%~80%。第二阶段，负温变化在-3~-7 ℃，土体冻胀强度增长缓慢，其增长值一般占最大冻胀值的 15%~20%。第三阶段，负温变化在-7~-10 ℃，土体冻胀率处于稳定或略有增长，一般在 5%左右。另外，开始冻结温度由于不同土质的分散程度、矿物成分以及水溶液浓度不同而不同。一般砂土，冻结温度为 0~-0.2 ℃；一般性黏性土在 0~-2.5 ℃。在封闭体系中，土体水分随着负温增大而不断冻结，未冻水量减少，含冰量增加，土体体积扩张，因而土体的冻胀系数随土中温度降低而增大。

有关研究表明：土体冻胀过程具有两个特征温度，即冻胀过程开始温度 t_s 及冻胀停止温度 t_e。土体起始冻胀温度比土体起始冻结温度低一些，在封闭体系中，黏土的冻胀停止温度为-8~-10 ℃，砂质黏土为-5~-7 ℃，砂土为-3~-5 ℃，砂为-2 ℃左右。土体的颗粒的冻胀起始温度与停止温度主要取决于土颗粒的组成和水溶液的浓度有关。

另外，负温值越低、历时愈长、土中的水分集聚多所形成的冻胀变形也越大。而新疆冬季极端气温极低，且一般负温时间长达 5~6 个月，这就使路基中的水分有足够的温度应力而向路基顶部移动，进而产生路基冻胀。因此，特殊的低温条件为垦区公路冻胀提供了外界因素。

4.2.3.4　路面结构层对冻胀的影响

公路的冻胀是路基土层底面经过整个持续低温所造成的冻胀力累计之

和，前面已经说过，不是所有的冻胀均能产生公路的冻胀破坏以及表观现象的发生。这其中的原因是多方面，其中最主要的原因是当路面结构层（即不冻胀性结构层）的覆盖重量大于路基冻胀力，或路面结构层的自重以及其材料的黏结力大于路基冻胀力时，不可能发生冻胀破坏。高等级公路一般情况下很少有冻胀现象发生，究其原因是路面结构层相对很厚且路基填方一般较大，彻底根除了路面路基冻胀力对路面结构层的影响，一般情况下很少有冻胀现象反映到路面病害中。但是垦区公路基本类型为 3 cm 沥青路面+10～15 cm 级配砂砾+15～30 cm 天然砂砾底基层，路面结构层较薄，厚度一般为 28～48 cm，路面产生的覆盖重量小，而路基土在持续较长时间低温作用下产生的冻胀量经过累加，以致出现路面冻胀破坏。再者由于路基含水量较大而沥青面层较薄，沥青路面透气性较差，路基中的水分不能通畅地从表面蒸发，可能导致聚冰增加、冻胀量增大，进而促进路面的冻胀破坏产生。

4.2.3.5　土中盐分对冻胀的影响

工程实践和有关试验均表明一般情况下，水在 0 ℃ 就开始结冰，但是如果向水中放置一部分盐分，其冻结温度就会下降，一般会低于正常的水的冰点，这就充分说明盐分对于冻胀有一定的抑制作用；从另一个侧面来讲，土体中的盐分对于土体的冻胀具有一定的抑制作用。这是因为：土的盐分影响着土体的渗透压、冻结温度及冻土中的未冻水含量，从而影响着冻结土体中的热量迁移和质量迁移作用，并且改变冻土中冰-水相的结合，改变着土-冰-水之间的界面状态。伴随着土冻结过程中所发生的盐分迁移作用及盐分重分布现象，影响着地下水的水质及土孔隙中水的成分，进而也影响着防冻剂的效能。

有实验表明把溶解盐溶质加入土体的孔隙中去后，可以减小，甚至消除土体的冻胀性，从而达到预防冻害的目的。分析原因：这是由于土体的结合水膜受矿物表面作用使其破坏而减少；其次，盐分存在增加了土体中的未冻水量，从而改变了游离溶液的冻结特性。

4.3　垦区公路冻胀机理分析

土是由固体颗粒、液体水和气体组成的三相体。固体土粒由许许多多大小不等、形状不同的矿物颗粒按照各种不同的排列方式组合在一起，构成土的骨架主体。在土颗粒之间的空隙中，通常有液体的水溶液和气体（主要为空气）充填。

在寒冷地区，当气温低于 0 °C 时，土中液态水冻结为固态冰，冰胶结了土粒形成的一种特殊联结的冻土层。当温度升高时，土中的冰融化为水，使土体中所含水分比未冻结的土中水分增加很多。因此，冻土层的强度较高，压缩性很低；而冻土融化时土体强度剧烈变低，压缩性大大增强。冻结时，土中水分结冰膨胀，土体积随之增大，地基被隆起；融化时，土中的水分融化，土体积缩小，地基沉降。土的冻结和融化，土体膨胀和缩小，常给公路路基带来不利的影响，从而形成路面隆起、开裂、翻浆等各种病害。

土的冻结过程不仅是土层中原有水分的冻结，还有未冻结土层中水在温度梯度作用下，通过毛细水和温度应力作用向冻结土层迁移而冻结。因此，土的冻胀不仅仅是水结冰时体积增加的结果，更主要是水分在冻结过程中由下部向上部迁移聚集再冻结的结果。水的补给来源主要通过下面的毛细水补给，由于毛细水和结合水向上移动，在温度合适时它也被冻结，这就造成冻结后的水分比冻结前的水分大量聚集。所以，结合水的存在，毛细水不断的供给，合适的冻结温度和一定的时间，是大量水迁移的必要条件。

4.4 垦区公路冻胀产生的原因

根据本课题组从 2005 年起对多条路跟踪调查和试验路修筑的工程实践表明，垦区公路冻胀问题较为普遍存在，结合公路所处现场的土质、地表水和地下水源的补给、外界气温等方的综合分析，发现垦区内公路产生冻胀病害主要是由以下原因造成：

4.4.1 客观因素

（1）新疆兵团垦区公路位于季节性冻土地区，有适合冻胀形成的气候条件。

（2）发生纯冻胀的路段基本上处于山岭地区的路堑和山前区域，这些地区地下水位相对路基标高来说较高，部分路段常处于泉眼的出口处，路基含水量相对较高，有适合于冻胀形成的条件。例如，农九师边防公路的主要冻胀翻浆路段和农六师湖东公路二标的路基强度不足路段均出现在挖方和地下泉眼较多之处，路基含水量过大所引起的路面冻胀破坏。在山前平原地区公路出现冻胀的主要原因是路基填筑厚度过低，地表水大量汇集或供给，这其中包括沿渠修建的道路渠道衬砌或衬砌不良所导致的渠道渗漏、大量田块灌溉所形成的余水积聚在路基旁、林带灌水等所引起的路基含水量过大从而产生的冻胀，这些现象普遍反映在垦区公路产生冻胀的路段，特别是农六师芳马公路、农八师新西线、农六师玛芳公路等。

（3）筑路土质不良是造成垦区公路冻胀的主要原因之一。前面已经讲述过，兵团垦区由于特殊的历史原因基本上是在沼泽、沙漠周边和茫茫戈壁滩上经过几代军垦战士和团场职工的共同开垦、改良而成的，在这些地区修建道路，一般情况下合格土质很少，不得不使用不良材料筑路，如粉土、淤泥质土，特别是原先已经修建的垦区土质道路基本上是用不良的胶泥土、建筑垃圾、淤泥等修建，利用粉土修建的道路应该是比较好的，这种现象为垦区道路冻胀提供土质条件。目前垦区道路的修建基本上是对原道路的改建或在原先土路基础上进行修建而成，由于受到投资的限制，公路在修建过程中基本上是原基或原路面适当加高而成，基本上填筑很薄的一部分土，致使路基填筑高度较低，地表水和地下水对路基的影响无法消除，再加之路面结构层较薄，为路基冻胀的产生提供了条件。

4.4.2 主观因素

（1）设计不当是导致路基冻胀发生的原因之一。通过调查和筑路实践表明：发生冻胀的路段有时是设计单位对路基的勘察不准或对路段开挖后地下水运动变化规律预测失误而没有采取预防措施造成的。

（2）施工不当也是路基发生冻胀的主要原因。路基填筑过程夹杂了部分不合格或严重不合的土质，如腐殖土和地表未清除的草皮、草根等杂质土；在有些路段开挖或填筑过程中发现现场土质不良没有及时变更设计，也没有换填土质；有些在路堑部位没有及时开挖边沟或边沟开挖太浅，路基中的水分不能及时排出等原因造成路基冻胀的产生。另外，在底基层或基层施工中，施工单位为了保证平整度大部分采用超洒饱和水并进行提浆的施工方法，这种方法虽说达到了基层、底基层平整度的要求，但是因洒水过多，大部分水分渗入路基顶面，如果无法排出或没有经过充分的晾晒使路基顶面的水分蒸发，这就造成路基顶面含水量过大，从而引起冻胀的产生更甚者会在运行一个冻融期中发生翻浆等路面破坏现象。

（3）养护不当也是造成路基冻胀的一个主要原因。因兵团垦区公路里程较大,而每年的公路养护费用较低,公路由于等级低而产生的路面病害较多,公路养护单位相对较少,一般情况下只对主要干线的严重病害路段进行养护处理,而对于其他路段基本上是由各个团场自行负责养护,这就造成了公路养护不到位,从而产生公路冻胀破坏现象的发生。例如,路堑段路基排水边沟损坏没有及时维修;灌溉余水大量、长时间集聚在路基部位,没有及时排出,路面产生裂缝或网裂未及时处理,都有可能导致路基含水量过高引起路基冻胀。

(4)目前公路建设建设周期安排的不科学也是垦区公路产生冻胀破坏的因素之一。对于公路建设来说,公路路基与路面应有一个时间周期。在路基成形后,经过一个或者两个冻融循环,可在路面施工前处理已发现的路基病害,路基固结沉降和水分蒸发、排出后再进行路面施工,以减少路基产生冻胀破坏、延长路面使用寿命。例如兵团农八师148团的通县公路X895段,路基成形于1999年,于2002年进行路面施工,在从2003年至今进行的路况调查中发现只有一条横缝(在涵洞的台背处),路面没有变形、破损现象。而其他当年开工、当年完工的道路均有程度不同的纵缝、横缝和沉降破损现象。但是垦区内大部分公路由于等级低、造价低,一般情况下都在该年度内完成工程的施工,有些路基产生的冻胀病害在本年度内是无法发现的,这就将本来可以在施工程过程中解决和防治的问题放在了运行期内,这就为公路产生冻胀埋下了隐患。

4.5 公路路基冻胀防治的方法与措施

前面已经对公路冻胀的原因、影响冻胀产生的因素、公路冻胀的机理并结合垦区特征对垦区公路冻胀产生的原因等方面进行了较为系统的论述,从中可以看出垦区公路产生冻胀的条件和因素较多,也不难看出公路要产生、形成冻胀现象必须具备一定的条件。因此本节从理论角度并结合国内研究的成果对于防治公路冻胀问题做一简单论述,具体应用详见《工程实践与调查报告》及本报告第6章内容。

众所周知,对于公路冻胀问题的产生应同时具备土质、温度、地下水三个因素的作用。因此,为了防止道路冻胀作用的产生,只要消除这三个因素中的一个,就能达到防治目的。目前对公路冻胀冻害的防治措施归纳起来主要有三大类:

1. 置换法

置换法是采用非冻胀性材料换填部分冻胀性土的方法，其目的是换除路基土体中的不均匀土质，或改良土的性质，以消除和减少路基土体的冻胀。该法适用于路基水文条件差、土的冻胀性大、地下水及地表水位高的路段。这种方法在应用时的主要问题是确定冻结深度和换填深度。一般而言，采用置换法时应在对当地的土质、气温、地下水、地表水进行调查的基础上确定冻结深度，然后根据冻结深度，确定不引起公路冻胀破坏的置换深度。

通过有关资料显示，在积雪寒冷地区确定路面的置换深度时，各国有不同的要求，日本以道路最大冻深的80%作为标准。这个置换深度是在实测的基础上确定的，即挖开 30~50 cm 已冻结的砂石道路，会发现靠近路面下形成大量的冰晶体，再向下冰晶体急剧减少。就兵团寒冷地区的实际情况来说，近几年来修建的道路基本上以沥青混凝土路面为主，因而其冻结深度和砂石道路有许多不同。置换法中的置换深度确定应该由防止冻胀引起的路面破坏和春融期土基及底基层承载能力降低来决定，在防止冻胀引起的路面破坏时，最好采用不易引起冻胀的材料换填到理论最大冻结深度。但是根据国内外发表的大量文献来看，一般只要置换到理论最大冻深的 70%已经足够。但考虑到冰害作用受积雪、除雪程度、日照等条件影响很大，置换率一般根据当地具体情况分析。另外，改变置换深度和置换材料的种类以及路面结构都可以改变道路的冻结情况。根据农八师新西线的工程实践可知，对于垦区三级公路置换深度采用 60%~70%（包括路面结构层厚度在内）的风积沙就可以满足要求。

2. 隔 温

为了防止公路的冻胀破坏，目前国内外采用隔温材料的方法进行防治，其目的是使冻胀性土脱离冻结层或部分脱离冻结层，从而减少和消除路基的冻胀。设置隔温层在路基上部或路面底基层处设置隔温层，用以延缓和减小负温差的作用。选用隔温层材料时要求冰冻稳定性好，在潮湿状态下冻结时也不产生明显冻胀，一般选择炉渣、矿渣、碎砖等工业废料和聚苯乙烯薄板两种类别。在实际施工中，对于工业废料类经常采用经验厚度，一般为 20~50 cm；聚乙烯薄板在施工时为了防止机械碾压损坏，一般在隔温材料上铺洒 20~30 cm 的砂砾进行碾压。兵团垦区主要以农业为主，工业废料少、甚至没有，因此至今还未见使用；另外因垦区公路等级低、公路路线长，主要受到工程造价的影响也未使用过。因此从隔温方法来看，本着"因地制宜、就地取材、降低工程造价"的原则，在垦区内未能采用。

3. 排水及隔水法

对于公路冻胀的产生主要和路基土中含水量关系较大，因此采用排水和隔水是垦区内防治公路冻胀的主要方法，其目的在于排除地表水或降低疏导地下水及隔断地下水，以达到消除或减少路基土体的冻胀。

（1）提高路基

提高路基高度是一种施工简单、经济可行的方法。因为公路冻胀产生的主要原因是水分的供给，通过路基高度的提高，可以增大路基表面与地下水或地表水的距离，使毛细水上升不到路床，增大路基土壤的临空面和排除路基含水，降低冬季聚冰层的位置，达到路基保持干燥和增强路基稳定性的作用。这种方法在农八师新西线（K17+950 至 K21+900）处理路基冻胀和盐胀综合病害时得到了有力验证，取得了很好的效果。

（2）修排水沟

为了防止地下水大量上升到路基床和在挖方路堑处地表水汇集在路床顶面，可采用修建排水沟、边沟的方法以降低地下水水位和顺利排出地表水。在地下水位影响比较严重的路段也可在路基两侧边沟的基础上，设置盲沟或暗管的方法以再次降低地下水位，达到治理冻胀之目的。在路况调查中，通过农九师边防公路冻胀部位和未发生冻胀的部位对比显示可知，在山岭地区修建排沟对于解决和防治冻胀问题是至关重要的。

（3）土工膜隔断

当地下水位较高而路基抬高又受到限制时，采用防渗土工膜或塑膜铺设在路基中，用来隔断地下水的上升，并且利用路基横坡将膜上土体中的水分排出路基，以保证上层路基处于干燥状态，杜绝路基冻胀现象的发生。这种方法在垦区内应用也较多，如农八师古新干线、农六师五家渠市政道路等，在防治冻胀方面取得了较好的效果。

4.6 本章小结

本章从公路冻胀产生的原因、公路冻胀病害的破坏形式、影响公路冻胀的因素的基础上，分析说明了公路冻胀的机理，结合垦区公路的实际情况对垦区公路冻胀产生的原因进行论述，并对目前国内外防治冻胀技术进行了简要叙述，提出了一些有价值的观点：

（1）公路产生冻胀受到土质、温度、水分、路面结构等多种因素的影响，其中土质、温度和水分是主要影响因素。

（2）新疆兵团垦区由于所处的特殊地理和气候环境，具备产生公路冻胀病害的地区条件，公路冻胀是垦区内公路病害的主要特征之一。

（3）垦区内长时间持续的低温条件，为垦区公路冻胀病害提供了气候条件。

（4）垦区内渠路伴行和灌溉余水、地下水的影响为垦区冻胀的产生提供了水源条件。

（5）垦区内合格土质较少，不良土质的应用以及工程造价的限制，是产生公路冻胀的客观条件。

（6）垦区公路冻胀产生的主要破坏形式为裂缝和翻浆，并且冻胀和翻浆是一个统一过程的两个阶段，冻胀裂缝是前期表现，翻浆是冻胀发展到一定阶段的结果。具有一定的一致性和差异性。

（7）因路面强度和板结力（整体性）的影响，在垦区公路中半刚性路面主要以冻胀破坏为主，表现为裂缝开展和局部不平整；柔性路面前期表现为冻胀破坏，随着运行期限的增长，逐渐表现为翻浆破坏，路面表现形式为不规则裂缝、网状裂缝和局部翻浆。

（8）目前按照"因地制宜、就地取材、降低造价"的原则，在垦区公路冻胀防治措施中应用较广的方法主要为置换法和排水法。

5 垦区公路盐胀及冻胀综合病害研究

土壤冻胀是我国北方普遍存在的地质现象，多年冻土区面积达 215 万平方千米，占我国国土面积的 21.5%左右，而季节性冻土面积分布更广，从长江两岸遍布北方 10 余省，因此国内对于冻胀问题从机理以及影响因素、防治措施等方面研究较多，已经形成了较为系统的理论。对于盐胀目前主要集中在我国西北地区的青海、新疆等地的内陆盆地，尤其以新疆和青海地区最为严重，因此对于盐胀方面的研究主要集中在新疆和青海地区，并且新疆交通厅组织研究并出版了《新疆盐渍土地区公路设计及施工指南》。通过资料检索后认为，这些资料基本上都是单纯的对盐胀的机理、影响因素和防治措施等进行了系统的研究，而对于季节性冰冻盐渍土地区公路的冻胀和盐胀综合病害的反映以及防治技术等研究较少，基本上都处于简单的反映盐胀和冻胀的区别和独立防治水平，并未对冻胀和盐胀的综合病害进行系统分析研究，因此本课题试图通过试验路以及垦区路况调查对季节性冰冻盐渍土地区公路冻胀以及盐胀进行较为系统的论述。

前面章节已对新疆特殊的地理环境和气候条件进行了说明，由此可知，在新疆这种干旱寒冷、夏季炎热、冬季严寒且低温持续时间长，而新疆地区属于典型的内陆盆地，境内除过为数不多的几条河流外其余均是内陆河流和季节性河流，这种现象直接造成了境内易溶盐没有出路，只能在境内重新分布，致使境内的两大盆地周边以及山前冲积平原上的盐渍土大量聚积，形成了新疆境内特有的冰冻盐渍土环境。目前在这些地区筑路时，一般对于病害问题只是单纯从冻胀或盐胀方面进行研究和防治处理，在工程治理中对两种病害中的主要病害类型进行防治处理，显然取得了一定的效果，但是未能从根本上解决冻胀和盐胀病害的综合治理，致使垦区内公路冻胀和盐胀病害现象依然存在。而对于冻胀和盐胀的机理、影响因素以及破坏特征、防治措施已经在前面章节进行了简单、系统的论述，此处不再赘述，本章将从冻胀和盐胀综合因素分析两种病害产生机理和形成过程。

5.1 冰冻盐渍土地区公路土体变形的阶段划分

对盐渍土地区由于土质中含有大量的盐分，而产生盐胀病害主要是硫酸盐中的 Na_2SO_4，其在水分运动和变温条件下，Na_2SO_4 与水结合生成 $Na_2SO_4 \cdot 10H_2O$（俗称芒硝），体积增大 3.1 倍，进而产生盐胀破坏。但是在冰冻盐渍地区如果条件具备（如土壤水分、温度等），盐渍土变形在降温条件下除具有盐胀的性质外还有冻胀的成分。这也是季节性冰冻地区盐渍土特有的性质，使得描述盐渍土的变形成为一种非常复杂的事情。

众所周知，土体是由土体颗粒、水和空气三部分组成，因此，为了能够比较简明地描述冰冻地区盐渍土的胀起（盐胀和冻胀）问题，简单地建立盐渍土土体冻胀和盐胀的组成模型。

对于一般的、单纯的冻胀和盐胀问题如 5-1 所示。

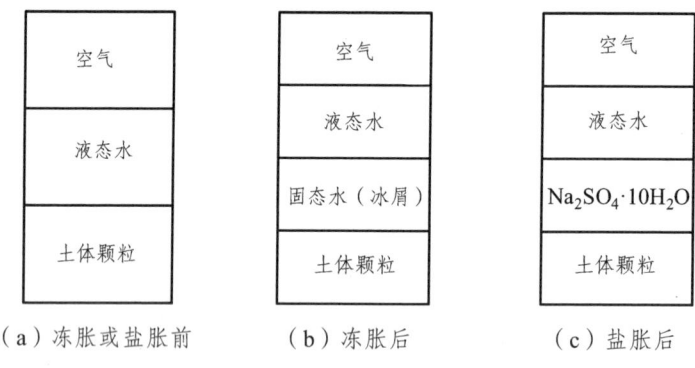

图 5-1 土体冻胀和盐胀示意图

从图 5-1 可知，一般来说，土体颗粒不可压缩，单纯的土体冻胀就是在降温条件下，土体中的水分（自由水和弱结合水的外层）部分冻结形成冰屑，从而产生体积膨胀，如果有外界荷载（压力）的作用下，由于土体冻胀产生的冰冻水体积增大，空气体积减小。随着冻胀进一步发展至依靠空气体积的减小远远不能满足冰胀体积增大的需要时，就会产生路面的冻胀隆起或裂缝，依此来平衡土体冻胀产生的体积增大和消减土体的冻胀力，这种现象反映在公路工程实体上就是路面的冻胀隆起和路面冻胀裂缝的形成及开展。

同样盐胀也是在降温的条件下，土体中的液态硫酸钠吸水形成结晶体（$Na_2SO_4 \cdot 10H_2O$），体积增大 3.1 倍，氯盐析出晶体，体积增大 30%。随着温度的进一下降或低温的持续，盐渍土结晶时形成的体积扩大和盐胀力的积聚，在土体颗粒内部不能削减或消化时，路面就会产盐胀破坏。

5.1.1　土体冻胀和盐胀变形的异同点

通过上述以及前两章的分析可知，对于冻胀和盐胀的发生必须具备一定的条件，两者之间既有一定的联系，也存在一些不同之处。

1. 冻胀和盐胀的共同点

（1）温度：不论是冻胀还是盐胀要形成破坏，就必须是在温度降低的过程中形成的，只有温度的降低以及低温的持续才能产生两种病害。

（2）水：冻胀的形成必须要有水分的补给，这样才能在低温下形成冰屑；盐胀要形成结晶体也必须要有水分的供给或者土中必须含有一定量的水分，否则就是温度再降低也无法产生结晶体。

（3）土质：在盐渍土地区的含盐土质，一般都是粉质土和黏性土，其颗粒组成较细，且毛细水上升高度较大，极易产生冻胀和盐胀，为冻胀和盐胀的产生提供结构框架。

（4）路面结构：路面的上覆荷载可以抵减土体冻胀和盐胀产生的冻胀、盐胀力，起到抑制两种不同病害的产生。

2. 冻胀和盐胀的区别

（1）温度：一般而言要产生冻胀就必须是温度降到 0 ℃ 及以下，当温度在 -0 ~ -3 ℃ 时，土体冻胀强度随负温的降低和持续而剧烈的增长；在 -3 ~ -7 ℃ 时土体冻胀强度增长缓慢；负温变化在 -7 ~ -10 ℃ 时，土体冻胀率处于稳定或略有增长，一般在 5% 左右。

据高江平等的室内试验研究认为：在氯化钠含量较小（2.01%）的硫酸钠盐渍土中，盐胀的剧烈增长温度区间为 25 ~ 5 ℃，5 ℃ 以下时盐胀终止或趋于缓慢增长。在氯化钠含量较大（8.29%）的硫酸钠盐渍土中，起胀温度为 10 ℃，主要盐胀区间为 10 ~ -10 ℃，其中 10 ~ 5 ℃ 为 $Na_2SO_4 \cdot 10H_2O$ 盐胀引起的，5 ~ 0 ℃ 之间 $Na_2SO_4 \cdot 10H_2O$ 的形成已很少，在此期间不形成盐胀，在 0 ~ -10 ℃ 之间因氯化钠的大量存在产生 $NaCl \cdot 2H_2O$ 晶体，致使盐胀剧烈，在 -10 ℃ 以后盐胀终止或增长缓慢。但是通过课题组对试槽的分析研究认为盐胀的剧烈活动区间在 15 ~ 2 ℃。这中间有些差异的原因是高江平等的试验研究的盐渍土土体较为均匀，且受到的外界边界影响因素少，而试槽所用盐渍土以及观测、运行基本上是模拟现实路况。因而本课题组认为采用野外试槽试验结果是合理的,也能真实反映现场情况。

通过上述分析可知,对于冰冻地区盐渍土盐胀和冻胀产生的区间可见,在 0 ℃ 以上基本以硫酸盐盐胀为主,在 0~-10 ℃ 之间基本以冻胀和盐胀($NaCl \cdot 2H_2O$)为主,温度在 -10 ℃ 以下时,土体的变形基本以冻胀为主。

(2)水分:盐胀在含水量大于 6% 时,随着含水量的增大而迅速增大,但有一峰值,超过此峰值后,含水量继续增加盐胀率反而减小,此峰值一般在最佳含水量(重型击实)和塑限之间;而产生冻胀含水量一般在小于最佳含水量 2%~4% 至液限之间。由此可见盐胀需要的含水量较小,一般路基土中自有的含水量就可以发生盐胀,而冻胀必须要有大量的外来水分的供给。

(3)土质和盐分:土体冻胀与土中细颗粒含量有关,当地下水位相同时,土壤的冻胀量随土颗粒大小而异,颗粒越粗,冻胀量越小,颗粒越细,冻胀量越大。一般是粉土的冻胀性最大,粘性土次之,粗粒土的冻胀性最小。土体盐胀是细粒土中必须含有盐分(如 Na_2SO_4、$NaCl$ 等),且盐分达到一定含量后才能产生盐胀。冻胀不需要盐分的加入,只要温度和水分适宜就可产生。发生盐胀的路段土基含盐量大,且一般为过量的硫酸盐或氯盐,而冻胀翻浆路段土基含盐量小,且主要为氯盐、碳酸盐等吸水盐类。

(4)路基强度:盐胀路段路基整体强度在冻融期下降不多,弯沉值一般小于 1.5 mm,而冻胀路段的弯沉值在冻融期则增大很多,一般大于 2 mm,有的甚至达到 6 mm。

(5)表现时间及现象:盐胀病害发生时间为每年的秋季至次年冬末,表现为隆起、开裂,开春后路况逐渐好转,但隆起和裂缝不能全部恢复,具有一定的残留;冻胀病害主要出现在每年的严冬季节,在冬季同样出现裂缝、隆起等现象,且在春融期路面出现波浪、坑槽和弹簧、冒泥,路况明显变坏。

另外,经工程实践验证纯盐胀路基冬季一般不产生冻结现象,而冻胀翻浆路段则以先产生冻结层为前提。

5.1.2 冰冻盐渍土地区土体变形阶段的划分及特征

冰冻盐渍土地区盐渍土土体在温度降低到一定程度,水分供给、土质盐分含量和土质适宜的情况下,盐渍土中不但会产生芒硝($Na_2SO_4 \cdot 10H_2O$)、$NaCl \cdot 2H_2O$,而且也会有部分水分冻结产生冰屑。因此盐渍土的变形可以划分为两部分,一部分是降温条件下水分结冰而产生的冻胀,另一部分是随着温度的降低土中盐分析出并结晶产生 $Na_2SO_4 \cdot 10H_2O$ 和 $NaCl \cdot 2H_2O$ 等而引起的盐胀。

因此，冰冻盐渍土地区，在有水分存在的前提下，一定深度的土体当温度降低时，其体积膨胀变形可以认为经过三个阶段。

1. 第一阶段

纯盐胀阶段，在此阶段的体积变形主要是硫酸钠结晶产生芒硝（$Na_2SO_4 \cdot 10H_2O$）的过程。在土体中随着温度的降低，Na_2SO_4 溶液在温度低于 32.4 °C 后，溶液停止溶解，Na_2SO_4 溶液结晶成晶体（$Na_2SO_4 \cdot 10H_2O$）析出，而芒硝晶体比单纯的 Na_2SO_4 溶液体积增大 3.1 倍，在这一过程中由于部分自由水和弱结合水被 Na_2SO_4 结晶所吸收，伴随着水的体积减小，因此这一过程的体积综合反映为 Na_2SO_4 结晶形成 $Na_2SO_4 \cdot 10H_2O$ 体积膨胀和水体积减小两个过程。这一过程如图 5-1（c）所示。而此时因 Na_2SO_4 溶液结晶析出体积膨胀所产生的盐胀力可通过水体积的减小以及土体颗粒之间、路面覆盖的重力得以克服。

在这一过程中随着温度的进一步降低，土体中 Na_2SO_4 结晶所形成的体积增大远远大于土体空隙中的自由水和弱结合水所占体积时，其盐胀力将势必增长迅速，其值也大，如果此时的路基土体的黏结力和上覆荷载不能抵制、消耗掉（土体颗粒必须处于受力平衡状态），首先会在路基或路面的薄弱部位或盐胀力大的部位突破，产生隆起或裂缝等现象。

本阶段的特征：外界温度显著降低，土体内部温度也相应降低，土体表层温度明显低于土体内部和下部温度，形成了土体温度差；Na_2SO_4 开始大量结晶，$Na_2SO_4 \cdot 10H_2O$ 大量析出，在比较严重的路段出现了胀起变形和裂缝现象；开挖路基断面会出现明显的 $Na_2SO_4 \cdot 10H_2O$ 晶体。

2. 第二阶段

盐胀和冻胀共同变形阶段，随着温度降到冰点（一般为 0 °C 以下，因为盐渍土中的盐分可以起到降低土体冰点的作用），此时达氯盐特别是 NaCl 结晶胀起温度，NaCl 结晶形成 $NaCl \cdot 2H_2O$ 晶体，体积增大 30%；而此时温度已经降低到自由水的冰点，多余的水分来不及结晶就发生结冰现象，形成冰屑，体积增大，如图 5-2（a）所示。这一过程存在土体盐胀和冻胀两个部分的体积变化，如果在第一阶段没有形成路面破坏的情况下，在第二阶段通过土体冻胀力矩（$M_{冻}$）和盐胀力矩（$M_{盐}$）的共同作用，当 $M_{冻}+M_{盐} > M_{材}+M_{自}$ 时，路面开裂或隆起；如果在第一阶段已经产生了破坏，那么在第二阶段由于冻胀力和盐胀力的共同作用，会加剧破坏的进一步开展、恶化。

本阶段特征：外界温度的持续降低，温度梯度的进一步增大，土体冻深进一步向纵深发展，在土体毛细水力的作用下，土体底层的水分向冰冻线附近移动；部分 $Na_2SO_4 \cdot 10H_2O$ 晶体和大量 $NaCl \cdot 2H_2O$ 晶体析出，自由水从冰冻线起开始结冰形成冰屑，并持续增大。外观表现本阶段路面胀起变形剧烈、裂缝宽度增大；开挖路基后有冰屑和 $Na_2SO_4 \cdot 10H_2O$、$NaCl \cdot 2H_2O$ 晶体。

空气
液态水
冰屑
$NaCl \cdot 2H_2O$ 和 $Na_2SO_4 \cdot 10H_2O$
$Na_2SO_4 \cdot 10H_2O$
土体颗粒

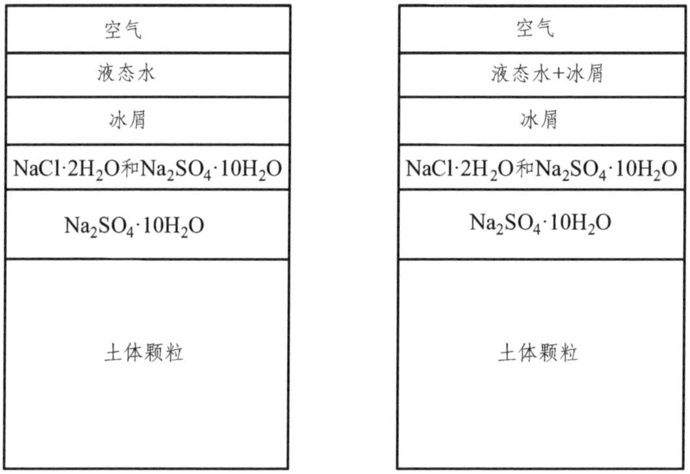

（a）第二阶段土体变形示意图

空气
液态水+冰屑
冰屑
$NaCl \cdot 2H_2O$ 和 $Na_2SO_4 \cdot 10H_2O$
$Na_2SO_4 \cdot 10H_2O$
土体颗粒

（b）第三阶段土体变形示意图

图 5-2　土体冻胀和盐胀阶段示意图

3. 第三阶段

纯冻胀阶段，当温度继续降低时，土体中的盐分来不及从溶液中析出，或温度降低到盐胀终止温度时，盐胀停止，此时只有冻胀发生，直到土体中没有自由水为止，如图 5-2（b）所示。这一过程主要表现为土体冻胀所产生的变形，这种冻胀力和变形会进一步加剧路基、路面的破坏。

本阶段特征：外界温度进一步降低，并且持续保持低温，在一定深度范围内土体变形缓慢，主要以冻胀冰屑为主，如果温度降低速度较快未能结晶的盐分也冻结在冰屑中，形成携盐冰屑，土体变形不剧烈，但是路面变形状况加剧，隆起变形缓慢增长，裂缝进一步开展。

5.2　冰冻盐渍土地区土体变形的影响因素

在前面 5.1.2 节主要针对水分存在、一定深度的盐渍土土体的盐胀和冻胀变形的发展阶段和各阶段的表观特征，但是对于整个路基填土来说，土体变形受到外界气温、水分供给和冻结深度（0 ℃线）等因素的影响。因此从整体角度来讲，应该对各影响因素进行综合分析，才能全面解释冰冻盐渍土地区土体变形特点。

5.2.1 温度因素

温度是造成路基盐胀和冻胀变形的关键因素之一，通常来说，随着外界温度的变化，地面温度也产生相应的变化趋势。如果是一个大平面，那么温度的变化应该在整个平面上是均匀分布变化的，但是对于公路这种线形工程，温度变化有着不同的特征。

1. 材　料

路面材料与路肩、边坡及地表材料的不同，造成路基内部温度变化的不同。众所周知，对于沥青路面来说，黑色面层相对于其他面层来说，其导热性能大于一般的土质，而路面结构层中的砂砾石料的传热性也大于路肩填土（表5-1），以路面结构层为 3 cm 沥青面层+15 cm 级配砂砾+20 cm 天然砂砾的路面部分和路肩部分（粉土）的综合传热系数分别为：路面部分 1.442，路肩部分 1.1，相对比例为 1.31，即路面部分比路肩部分的传热性大 31%。

表 5-1　路面路基材料热物性系数

路基材料	黏质土	粉质土	粉质砂土	细粒土质砾黏土质砂	含细粒土质砾（砂）
热物系数	1.05	1.1	1.2	1.3	1.35
路面材料	水泥混凝土路面	沥青混凝土	二灰碎石及水泥碎（砾）石	二灰土及水泥土	级配碎石
热物系数	1.4	1.35	1.4	1.35	1.45

在温度上升时，路面吸收的热量远远大于路肩土质和边坡土质，因此在路基中部其产生的温度变化大于靠近路肩和边坡处，如图 5-3 所示。在同一路面横断面处靠近路肩的部位，由于受到温度的侧向温度差，温度传递向两侧移动，路面靠近两侧路肩处的温度变化较慢，相对而言路面中部的温度变化较快，这就形成了路基中部温度等势曲线的下凹；但是对于高填方路基段，因受到两边边坡斜面吸热的作用，其温度等势线也呈沿边坡垂直方向向路基中部推进，因此最终形成温度变化等温线呈双驼峰，如图 5-4 所示。

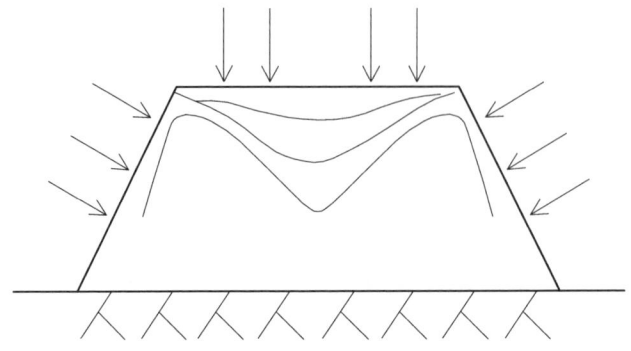

图 5-3　路基、路面土体降温示意图

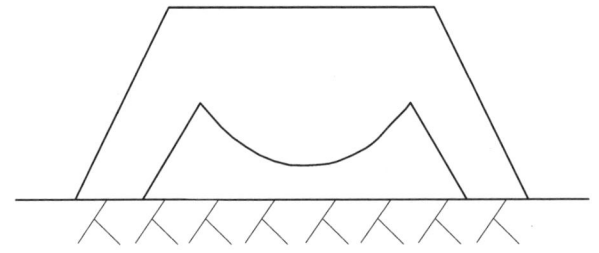

图 5-4　路基土体降温示意图

在温度下降时，同样路面中部沥青材料的感温性能强，温度传递也比路肩和边坡处大，另外，在冬季一般情况下路面积雪经过车行作用或团场清雪，路面积雪相对较少或不存在积雪，而路肩和边坡处的积雪往往较厚，这就使得路面长期暴露在冷空气中，而路肩及边坡处于积雪的相对保温状态。因此，这种反方向温度递减速率路面中部大于路肩和边坡处，直到两者形成一个等温线为止。在温度进一步降低时，路面吸冷能力强于路肩和边坡处，路面中部的温度降低速率一般大于两侧，从而在此形成如图 5-3 所示的温度降低趋势，最终形成图 5-4 所示的温度降低形状。

2. 路线的走向

东西走向的公路，在南北两侧由于受到太阳直射作用不同，会形成阴面和阳面两种情况，这种现象造成阳面一侧温度上升时土体温度变化相对于阴面快，降温时温度变化速率较阴面小，这种现象在 S201 线路况调查中路面裂缝的开展率和裂缝开展宽度就较为明显。如果路的两侧有林带，由于树荫的影响，其路肩和边坡温度变化一般相差不大。

综上所述，在其他外界因素相同的前提下，公路这种线形工程在温度变化时路基内部的温度变化速率的不一致,造成路基中产生冻胀和盐胀的速率不同,一般在路基横断面中部产生的冻胀力和盐胀力都较两侧大,而此处的盐胀和冻胀力必须消除掉,达到路基土体内的受力平衡,致使路面中所受的膨胀力最大,只有从路面中部开裂或从靠近路面中部的薄弱环节处开裂或胀起,这种现象可以从S201(图5-5、图5-6)、玛芳公路(图5-7)以及奎车公路(图5-8)等工程的路面裂缝破坏在路面中心黄线处可以验证。

图5-5 S201 路面裂缝状况

图5-6 S201 路面裂缝状况

图5-7 玛芳公路路面裂缝状况

图5-8 奎车公路路面裂缝状况

5.2.2 水的因素

众所周知,土体不论是冻胀还是盐胀都必须含有一定的水分,否则就很难发生变形破坏。因此,路基土体中水分的供给是影响道路产生冻胀和盐胀的关键因素之一。下面从产生盐胀和冻胀时水分的极限,并结合垦区冰冻盐渍土地区的特征,系统地阐述路基水分的迁移以及对路基冻胀和盐胀变形的影响。

1. 路基产生盐胀和冻胀的起止含水量

从前面论述可知，对于盐胀路基含水量必须大于 6%时，在温度适宜的情况下才可产生盐胀变形，当含水量大于盐胀峰值含水量（极值含水量一般处于土体最佳含水量与塑限含水量之间）时盐胀反而减小，而施工中为了保证路基的压实度，一般均洒水至最佳含水量后进行压实，因此施工中土体自由的含水量较多，不需要外界水量的补充就足够产生盐胀；冻胀产生的含水量一般在小于最佳含水量 2%~4%至液限之间，其需要的含水量较大，在正常的施工条件下，一般土质中的含水量也会产生冻胀。但是在冰冻盐渍土地区，通常情况下盐胀先发生，冻胀后发生，经过盐胀产生结晶吸收土中的水分，使得土中的自由水很少，在无外来水分供给的条件下，发生冻胀的可能性会大幅度减小。

2. 路基中水分的迁移

从一个冻融循环来看，路基中的含水量在一年之中不停地变化。虽然在路基施工中路基土含有一定的含水量（土质重型击实所得的最佳含水量），但是在新疆这种干旱寒冷的地区，由于外界气温条件的影响，路基含水量将随之变化。如果，外界补水充分或路基中含有大量水分的情况下，夏季在 30~45℃的高温下，沥青路面大量吸热，使得路基上层的水分蒸发，形成路基土中水分含量上干下湿状况，从而使得下层土中的水分向上层土体中迁移，构成了在蒸腾作用下水分移动的等水势线。在秋冬季节，随着外界气温的降低，蒸发作用减小，直至消失，随之而来的是路基土中的气温从上层逐渐向底层降低，而低层的温度降低速率较慢，此时形成了温度梯度——上层温度低、下层温度高，此时在温度梯度的作用下，水分通过毛细管作用力向顶层移动，补充路基顶层的含水量，造成路基顶部含水量偏大，为路基土体的盐胀和冻胀提供水分。这种情况在多年冻土地区较为常见——在路基一定深度的范围内，土质的含水量一般远小于上下两层的含水量，这是由于长年累月的温度变化，温度的冻深和融化深度一般都较为恒定，使得该部位上层的水分逐年累月进行蒸发和温度梯度的循环，水分逐渐上移，而下层未能融化，没有充足的自由水供给，使得该层含水量逐年减少，是形成这层含水量小于上下两层的主要原因。

在春融季节，随着外界温度的上升，路基上层率先融化，从温度的变化趋势中可以看出，路基中土体先从路面中部受温度影响大的部位开始融化，而此时下层未融、两侧融化较慢，蒸发量有很小，溶化的水分无法很快的流出路基，只能滞留在上层路基中，随着溶化的进一步加剧，水分聚积量增大，这时在重车通行碾压下，路基开始出现龟裂、冒泥、翻浆等迹象。

3. 垦区盐渍土地区外界水分供给的来源

垦区路基水分的来源从大的方面讲有两种形式，即大气降水和地表水径流、地下水的影响。因为垦区内降雨量一般情况下较少并且集中，且蒸发量远远大于降雨量，除过在路基低洼处汇集地表积水外，其他部位受到的影响较小。这种现象可通过 G217 沙漠段的调查验证，但这也是垦区内个别路段产生冻胀和盐胀变形破坏的主要原因，不应忽视。因此，对于路基水分的供给主要以地表径流和地下水影响为主。垦区内的道路基本上是渠路伴行或路田伴行，垦区内的农业作物主要依靠渠道灌溉，由于受到种种因素的制约，大部分渠道未经防渗处理（图 5-9、图 5-10）或防渗处理薄弱且过久已经局部渗漏严重（图 5-11、图 5-12），使得渠道渗漏成为路基水分的主要来源。

图 5-9　渠道未经防渗且最高水位基本和路面齐平

图 5-10　渠道未经防渗（12 至 14 团公路）

图 5-11　渠道防渗处理，但已破损（卫东农场）

图 5-12　渠道防渗处理，但已破损（卫东农场）

另外，垦区道路由于种种原因构成了沿田地伴行，为了改善垦区内的自然气候环境，起到防风固沙等作用，一般在道路两旁都种植林木，形成特有的风景景观，起到了调节小环境气候的作用。但因垦区降雨量少，林带均依靠漫灌，灌水季节一般在夏季居多，另外在秋末冬初和春初分别漫灌几次，在路基填高高度有限的路段，林带的大量积水造成路基含水量偏大（图 5-13）；在沿田伴行的道路，田地同样在秋末冬初灌溉一次进行保墒或洗盐，春初灌溉以利于春耕、春播，夏季根据需要进行多次灌溉以利于作物成长，这些漫灌造成临田路基含水量的偏大（图 5-14、图 5-15），以及漫灌多余的水分（灌溉余水）向低洼处汇集，集中在路基边缘（图 5-16、图 5-17），从而为路基水分供给提供来源，尤其是秋末和春初的水分过多为路基冻胀和盐胀提供了充足的来源。

图 5-13　林带灌水

图 5-14　田间冬灌后

图 5-15　田间春灌

图 5-16　春灌余水

图 5-17　冬灌余水

前面第 3 章已经论述了盐渍土形成的地貌因素，通过对垦区盐渍土地区公路的调查可知，在盐碱较为严重的地区，一般来说地下水较高，地下水位埋深在 1~2.5 m，有些部位可能还会高些，这种地下水位较高的特征决定了在垦区盐渍土地区路基会受到地下水的影响，如图 5-18、图 5-19 所示。作为路基填料，各种土质的毛细水上升高度不同，参照交通部 JTG D30—2004《公路路基设计规范》，各种土质的毛细水强烈上升高度见表 5-2。

图 5-18　路基排碱渠冬季积水　　图 5-19　路基排碱渠水位及路面破坏状况

表 5-2　毛细水强烈上升高度参考值

土质类别	砾类土	粗、中砂	风积沙	粉质土	粘质土
毛细水上升高度/m	0.4	0.60	0.80	3.00~4.00	2.00~3.00

通过表 5-2 可知，土质的不同，毛细水上升高度差异很大，但是在盐渍土地区的路基土质一般情况下去盐后，其土质成分为粉土或黏土，其毛细水强烈上升高度很大，在地下水埋深较浅的部位，通过毛细水上升，将地下水源源不断地向路基顶面运送，使得路基的含水量偏大，为路基冻胀和盐胀提供了充分的水源条件。

综上所述：盐胀和冻胀所要求的含水量不同，正常的施工含水量能够满足盐胀所需的含水量，使得在气温降低过程中盐胀率先开始；之后随着土中自由水的减少形成了水势差和温度梯度，路基底层的水分向顶部移动，随着温度的降低，冻胀在冰点时发生。因盐渍土地区地下水位较高以及林带灌水、田间灌溉和灌溉余水等人为因素的影响，为路基冻胀和盐胀所需水分提供了源源不断的来源，致使蒸腾作用、浸润和温度梯度的毛细水作用持续不断，为持续盐胀和冻胀创造了条件。

5.2.3 盐分因素

盐渍土中盐分含量的多少，特别是 Na_2SO_4 和 $NaCl$ 含量决定了土体盐胀性质，也就是规范所划分的土的盐胀性。对于新疆特殊的冰冻盐渍土地区，路基土体盐分的积聚主要由土质已经盐碱化和次生盐碱化而成。

1. 原路基土中含有大量的盐分

兵团垦区道路基本上都是在原土路基上改建或新建而成，这些土路基都是在垦区开垦过程中，为了运输作物和种植需要，基本上是在盐碱地上将土壤改良后的不良土质推填而成，路基土未经过改良处理，致使原路基中的盐碱含量普遍超标。虽说在有些路段开挖了排碱渠，路基中盐分有一些减少，但是由于蒸腾作用和毛细水作用等，路基盐分的减少不甚明显。

2. 路基土次生盐碱化

依据垦区内干旱、严寒的地理环境特征，以及前面分析研究的水分、温度等特点，垦区盐渍土地区路基土质的次生盐碱化主要因夏季的蒸腾作用和冬季降温时的毛细水管上升携盐而成。

（1）蒸腾作用的携盐积聚：一般认为，土体中的盐分使溶解在水中通过水溶液移动。对于盐分的溶解，通常状况下都认为是盐分溶解于土体颗粒孔隙之间的自由水——孔隙水中，但是通过在干旱地段无毛细水，土颗粒中除过含有孔隙水外还有土体颗粒的弱结合水。因为，结合水分为强结合水和弱结合水，强结合水是没有溶液能力，不能传递静水压力，它极其牢固地结合在土颗粒表面，其性质接近于固体，不产生溶解盐分的能力；而弱结合水是紧靠于强结合水外围形成的一层结合水膜，它仍然不能传递静水压力，但水膜较厚的弱结合水能向临近较薄的水膜缓慢移动。弱结合水离土粒表面愈远，其受到的电分子吸引力愈小，并逐步过渡到自由水。因此，土中的盐分一般情况下是溶于土体颗粒中的自由水和土体颗粒之间的弱结合水中。

在新疆这种干旱少雨的大陆性气候条件下，一般北疆的蒸发量是降雨量的 10~20 倍，南疆地区为 20~30 倍，东疆地区则更大，如此悬殊的蒸发和降雨量构成新疆盐渍土地区路基盐分形成的特殊性。

在夏季，气温逐渐回升，由于公路沥青面层的吸热作用，路面的地表温度远大于空气温度，地表在高温的炙烤下，使得靠近面层的路面材料中的水分逐渐蒸发变干，此时下层土体中的水分开始在路面蒸腾作用下逐渐上移，这种上移对于干旱的一般土质来说，蒸腾作用强烈，下层土中的水分提升到上层，浸润过干的土质，对于路基稳定性是有益无害。但是对于盐渍土地区来说，土中含有溶解的盐分，通过蒸腾作用的提升，路基底层的盐分随着水分移动到了上层，而水分由地表挥发，盐分却保留在了路基顶层或路面结构层中，随着时间的延伸越聚越多，当温度下降时，空气相对湿度增加和温度梯度形成的毛细水上升，使得盐分吸水，尤其是 Na_2SO_4 吸收 10 个分子水而膨胀形成 $Na_2SO_4 \cdot 10H_2O$，对道路造成危害。

空隙水和土分子弱结合水，对于一单位层来说水量很少，细粒土在新疆一般不超过 4%~8%，砾石土不超过 2%~4%，都远小于土质击实最佳含水量，但其补给源源不断，蒸腾作用深度有限，上部土分子结合水失去其强吸引力向相邻土粒结合水吸引，层层接力递补其深度是无限的（图 5-20）。

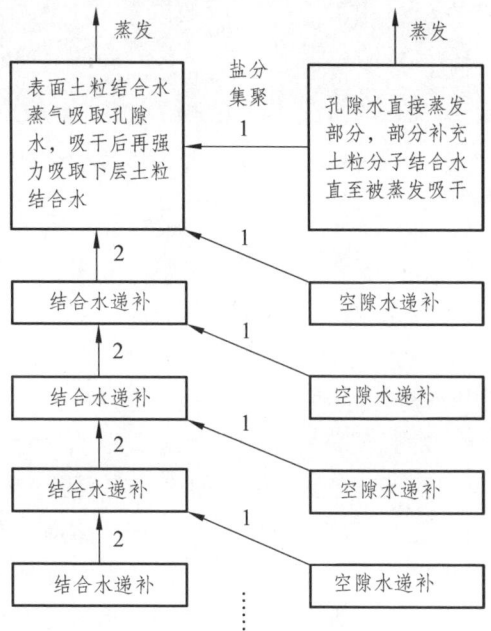

图 5-20　蒸腾作用水的递补示意图

这种现象在南疆焉耆盆地的 S306 线调查中得以验证。S306 线在 K18+000 至 K26+000 段，路基填高较厚，地表未发现有地下水和地表水的影响，该地区年蒸发量是降雨量的 15 倍以上，气候较为干燥，但是调查中发现本段路的原路基是将道路两侧盐碱土直接推筑而成，没有经过处理。在 2000 年和 2004 年经过了两次大修，因种种原因未能对原基换填或采用其他方法处理，使得路基原先的含盐量偏高。随之先后两次的改建中填筑路面砂砾石料有 80~90 cm，但是经过了 2 年的运行，到目前为止路面严重破损，分析原因是盐胀引起的。而盐胀产生的主要原因是蒸腾作用产生的盐分上移，造成路面结构和路基顶层含盐量过大。路肩边坡上盐碱已经快爬升到路肩上（图 5-21），部分路面的裂缝处已经发现了明显的返碱现象（图 5-22），由此说明蒸腾作用对于干旱盐渍土地区路基中盐分的迁移起到了重要的作用，在工程建设中对此不容忽视。

图 5-21　S306 线路面破坏以及路肩返碱

图 5-22　路面裂缝的返碱现象

（2）毛细水上升携盐：垦区内多数公路的沿渠、沿林带和路田伴行、地下水位高等因素造成了垦区盐渍土地区公路路基外来水分的供给充足，为毛细水上升携盐创造了外界条件。

众所周知，盐分在自由水中以溶液的形式存在，尤其在盐渍土地区地下水的矿化度高（即盐的饱和溶液），当路基填土厚度小于毛细水的强烈上升高度时，在夏季由于地表的强烈蒸发作用，毛细管中的含盐水分将向路基顶层移动直至路面结构层的顶部，并且在强烈的蒸发作用下，溶液中的水分蒸发，水溶液减少，迅速析出盐晶留在路基上层填土中或路面结构层的顶部，致使路基填土或顶部的砂砾结构层变成盐碱化；在冬季温度梯度和孔隙水的梯度压力下，路基底部的自由水、地下水或外来自由水通过毛细管力的作用向路基上层移动，并在移动中携带部分含盐水分，这些水分首先为夏季已经聚积在上层的盐分提供结晶时所需的含水量使其发生盐胀，其余部分则在温度降低到冰点以下时产生冻胀。

经过整个冬季的持续低温，路基中的温度梯度降低逐渐向深层（底部）推进，毛细水上升的梯度也逐渐向底层移动，这种递补关系最终形成了路基土体中水分的源源不断进行，致使路基下层土中盐分、外界供给水中存在的盐分、地下水中溶解的盐分逐渐向上层路基聚积，为路基的冬季积盐和盐胀、冻胀提供了介质及水分条件。在冬季过后的春融季节，首先从顶部溶化或溶解的含盐水溶液不能及时的排出，并积存在路基中，而新疆干旱气候条件使夏季来得快且来得猛，温度回升速率较快且温差大，使在此期间已经溶解的盐分无法散出，而且在低温情况下还会产生向顶层移动的温度梯度作用，使得顶层的盐分进一步汇集。由于春夏交融使外界温度增高，促使盐胀、冻胀变形水分的蒸发，并将盐分又滞留在路基或路面结构层中。如此反复的高温蒸腾作用、低温毛细水上升作用，使得路基中的盐分产生变化，原先路基填料合格的土质，经过几年的运行产生轻微盐渍化，含盐量低的土质经过多次循环会造成路基顶部土质含盐量严重超标。如果在工程施工中不注意这种现象（图 5-23、图 5-24），会形成路基填土在运行中的次生盐渍化，造成公路盐胀和冻胀的发生。

图 5-23 田地灌水形成路基，外来水供给充足从而产生的盐胀及冻胀现象

图 5-24 地下水位高形成的次生盐渍土产生的病害

综上所述：在垦区干旱的盐渍土地区强烈的反复蒸腾作用是产生次生盐渍土的主要原因；在地下水、地表水影响下，毛细水上升和蒸腾作用是形成次生盐渍化的重要因素。在工程施工建设中应针对不同的情况进行隔盐措施，以避免路基产生次生盐渍化。

5.2.4 土质因素

众所周知，公路要产生冻胀和盐胀土体介质是不可或缺的，因此土质决定了公路产生冻胀和盐胀的性质及变形程度。从第 4 章冻胀土质的影响因素中可知，路基要产生冻胀与土中所含细粒土（颗粒粒径在 0.074 mm 以下的土粒）含量有关，土体颗粒愈小，土体产生的冻胀可能性以及冻胀变形愈严重，一般情况下冻胀产生的顺序为：粉性土 > 黏性土 > 砂性土 > 砾石土，但是有关研究认为砂性土和砾石土由于毛细水上升高度小，不会产生冻胀，而根据课题组的调查发现，如果砂性土和砾石土中的粉、黏性土含量过大时也会产生冻胀现象。另外，根据 JTG D30—2004《公路路基设计规范》可知，不论是粗粒土还是细粒土只要土体中含盐量超标均会产生盐胀。而新疆特殊的地理气候环境，重盐渍土地区在无外界水源的干旱地区蒸腾作用强烈、在地下水和地表水供给丰富的地区蒸腾作用和毛细水上升作用剧烈，作为路面材料的砂砾石土或路基砂性土经过多次的冻融循环（工程中未采取隔盐措施），迟早会发生次生盐碱化，这也为砂砾石土和砂性土的盐胀产生提供了条件。因此，课题组认为一般筑路所采用的粉土、黏土、砂性土、砾石土在一定条件下均会产生程度不同的冻胀和盐胀破坏变形。如果水源充分或外界供水条件具备和路面、路基已经次生盐碱化时，由于砂砾石土中细颗粒含量较少，土体颗粒之间的黏聚力弱，在降温条件下作为路面材料的砂砾石土先受到降温影响，首先发生盐胀和冻胀破坏，并且在温度梯度的作用下，底层路基的水分向顶部迁移，再次为冻胀和盐胀变形破坏创造条件；之后，随着温度的降低才是路基底部的路基土的盐胀和冻胀破坏。

垦区盐渍土地区在有水分充分供给的前提下，一般盐渍土均会产生盐胀和冻胀。而对于防治盐渍土采用的合格筑路材料，如黏性土、粉土、砂性土、砾石土，其在强烈的蒸腾作用和毛细水作用下，均会产生次生盐渍化，这种现象持久发展和累积会产生盐胀，并在水分供给充足的情况下也会产生冻胀变形破坏。

5.2.5 上覆荷载

不论是路基盐胀还是冻胀变形破坏，上覆荷载均对其有着抑制作用。在冰冻盐渍土地区当上覆荷载的重力大于路基产生的盐胀力和冻胀力之和时，路面不会产生冻胀及盐胀变形破坏。李芳、高江平等人的研究表明，随着上覆荷载的增加盐胀力急剧降低，二者呈指数函数关系，当上覆荷载超过 88 kPa 时，盐胀率趋于零。张晓军、何志平等研究表明：路基土中产生的霜柱在不断发展的过程中，路面抬高，产生较大的冻胀力，根据实验产生的最大冻胀力达 100～200 Pa，施加在霜柱上荷载压力越大，冻胀力就越小。由此可见，不论是冻胀还是盐胀，其对公路路基产生的变形破坏是不容低估的。

对于新疆冰冻盐渍土地区，在外界一切条件具备的情况下，冻胀和盐胀发生的综合破坏变形极为剧烈。要彻底防治路基冻胀和盐胀病害，就要求有较厚的路面结构层进行抑制，但是垦区内的公路等级偏低，一般以三级及以下等级公路为主，路面结构层厚度较薄，为 28～48 cm，路面面层只有 3 cm 的沥青面层，这种低等级、低造价的公路，其结构层上覆荷载远小于两种病害综合作用所需的厚度。因此要彻底防治冰冻盐渍土地区的冻胀和盐胀破坏，应该从隔断盐分的上升防治次生盐碱化，排除地表水的影响，充分利用当地丰富的透水及不具盐胀和冻胀性弱的材料筑路，才能取得有效结果。

注意：在地下水和地表水较为丰富路段应该以防治冻胀为主。

5.3 冰冻盐渍土地区土体变形的机理

前面章节对冰冻盐渍土地区土体变形的阶段划分和影响冰冻盐渍土地区公路变形的影响因素进行了较为系统的论述。但是作为公路这种线形工程，因为环境、气候和地质、水文等状况的差异，产生公路冻胀和盐胀变形的表现形式也有所差异。为了能够简明论述两种病害的综合变形，下面先作几个假定：

（1）在土体变形过程中土体颗粒是不能够压缩的，空气可以压缩。
（2）土体盐胀过程中，结晶盐以 $Na_2SO_4 \cdot 10H_2O$ 和 $NaCl \cdot 2H_2O$ 形式存在。
（3）土体中的水分和外来补给水能够满足产生冻胀和盐胀的需要含水量。

5.3.1 降温过程中土体变形的规律

土体的冻胀和盐胀都与降温有关，结合前面章节温度因素的影响，在此系统地对作为线形公路工程的冻胀和盐胀变形进行分析研究。

1. 纯硫酸盐盐胀阶段

即从 Na_2SO_4 开始结晶（32.4 ℃）至土体冰冻点（0 ℃），在这一阶段土体中的温度也随着外界温度的变化而变化,一般均小于外界温度的变化速率。在这一阶段土体温度随着外界温度的降低而降低,此时公路土体温度首先要从路面面层开始向下层逐步降低,如果路面结构层越厚,下降的时间也越长,而在路面结构层未遭受次生盐碱化的路段,一般情况下不会发生盐胀破坏,这就是高等级公路路面结构层较厚,一般不发生次生盐碱化和路面盐胀破坏的原因之一;随着温度的进一步降低,路基顶层达到了发生盐分结晶的温度时,路基开始产生盐胀。

在本阶段温度的持续下降,构成了温度下降曲线向底部的逐渐转移,从路基顶部向路基底部形成了逐渐降温的递减趋势。依据 Na_2SO_4 降温结晶的规律(降温盐胀的剧烈程度大的区间),顶部的含盐土质其降温盐胀的程度远远大于底部的盐胀。但是这种现象不是一成不变的,从整个路基来看,随着温度的降低,盐胀的剧烈发生区间逐步扩大,这种趋势在整个冬季低温的持续期间均在进行。原因是路基顶部虽然已经达到了降温到了冰冻线,但是底部的温度还在 Na_2SO_4 降温盐胀的剧烈区间。所以对于路基的盐胀所产生的力——盐胀力是整个路基在冬季降温时汇集,此时作用力为路面结构层的自重和材料强度的合力 T_0 与上层盐胀力的合力 F_1 的共同作用(图 5-25)。

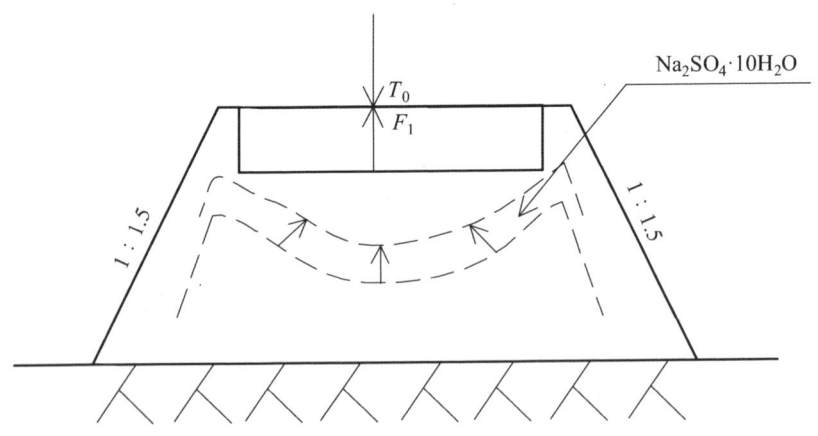

图 5-25　土体降温时的受力情况(盐胀力和材料自重)示意图

2. 冻胀和氯盐盐胀阶段

即土体冰冻点(0 ℃)至低温氯盐(特别是 NaCl)的结晶终止温度(-10 ℃)。在路面温度降低到一定温度后,路面结构层降温至冰点温度 0 ℃(但是在含氯盐和硫酸盐盐分较多的土质,冰点一般情况下会降低),此时如果路面结构层中含水量较大,即可产生自由水的结冰,进而形成冻胀破坏;如果此时路面结构层受到次生盐碱化的影响聚积有氯盐,其也会产生氯盐盐胀破坏。随着温度的逐渐下降，路基也开始产生冻胀，路基中的氯盐也产生盐胀，而底部的 Na_2SO_4 此时也在降温过程中产生盐胀。总之，这一过程就是顶层的冻胀和氯盐盐胀以及底层的 Na_2SO_4 结晶盐胀的综合过程（图 5-26）。

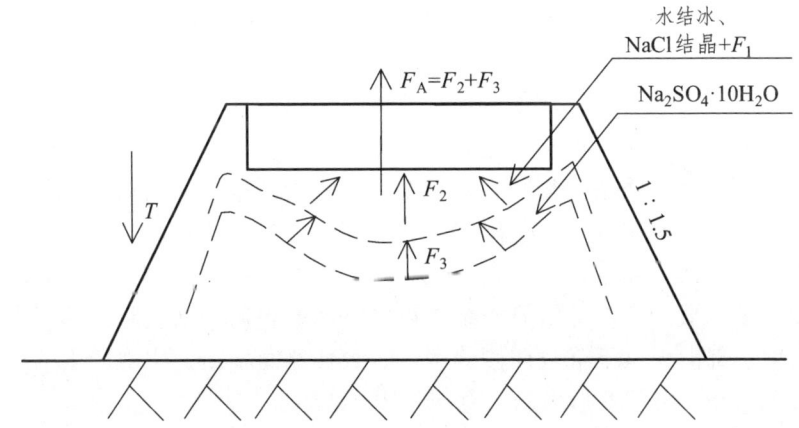

图 5-26　土体降温时的受力情况（冻胀和盐胀共同作用）示意图

3. 纯冻胀阶段

即上层土体温度降低到氯盐的结晶温度以下（-10 ℃ 以下）。在这个过程中上部结构层和路基-10 ℃ 以下的范围内氯盐的结晶过程停止，而在此温度区间内主要反映为冻胀破坏，在此区间以下的一定温度区间内（第 2 种情况的温度区间）冻胀和氯盐盐胀在持续进行，而在更深层次的区间内 Na_2SO_4 结晶盐胀也在持续进行。这一过程主要表现为路基顶层的冻胀和中部的冻胀及氯盐盐胀、底部的 Na_2SO_4 结晶盐胀的综合过程（图 5-27）。

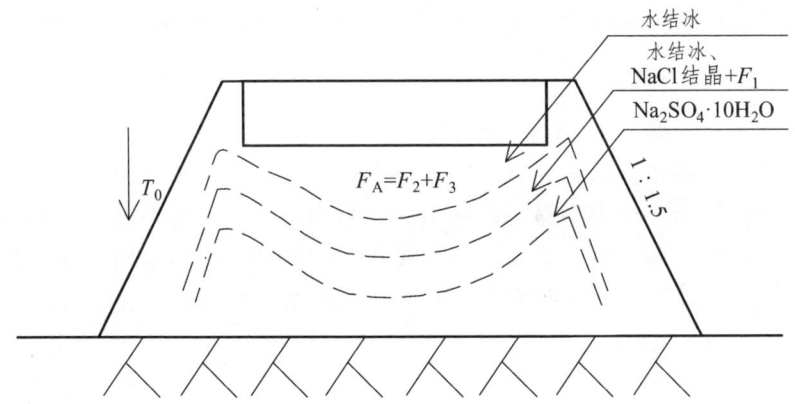

图 5-27　土体降温时的受力情况（深层冻胀和盐胀共同作用）示意图

在以上三个过程不是孤立的是相互影响的，这其中要受到多种因素的影响，但主要受水分、含盐量的作用。

5.3.2 冰冻盐渍土地区土体变形破坏力的分析研究

前面章节已经对冰冻盐渍土地区公路降温过程作了初步分析，在此基础上对其变形破坏的受力状况进行定性分析研究。

土体不论是冻胀还是盐胀，其在变形过程中由于体积的增大，就会产生膨胀力，这种力按照性质分为冻胀力和盐胀力。当冰冻盐渍土地区这两种力的合力大于路面或路基材料的允许抗力时，路基、路面会产生变形破坏。依据前面温度降低趋势的分析研究结果可知，路基中由于沥青路面的影响，路基横断面中部的温度下降较两侧速率快，致使路基横断面中部产生的变形膨胀力大于两侧。路基变形力的示意图见图5-28。

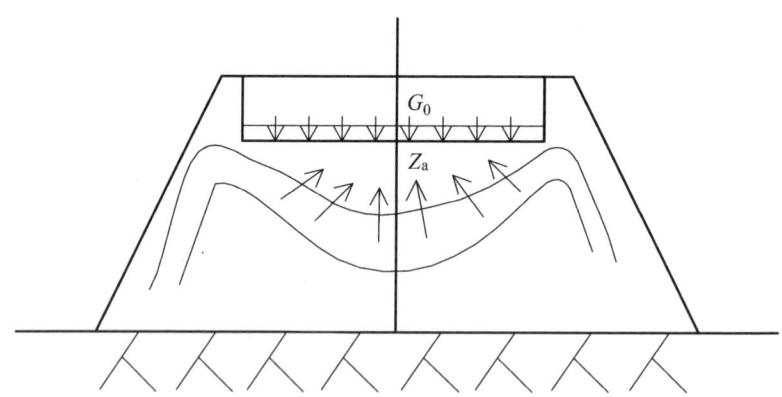

图5-28 土体降温时的受力情况（深层冻胀和盐胀共同作用）示意图

1. 在第一阶段

土体主要受到 Na_2SO_4 结晶形成 $Na_2SO_4 \cdot 10H_2O$ 的膨胀力，这种力垂直于温度降低曲线指向路面，其合力在路面的中心部位指向路面，当此时路面的结构荷载压力小于大于路基盐胀力时，路面就会产生变形破坏；而在边坡处的力指向临空面，由于其受到的约束小，盐胀向两侧临空面发展，最终形成边坡在反复冻胀的情况形成胀松现象。本阶段由于路基路面只受到 Na_2SO_4 盐胀力（Z_{a1}）的影响，路面荷载自重（G_1）以及路基土体自重（G_2）对盐胀力的抑制，致使此阶段一般路面很少出现明显变形破坏，只有在重盐渍土地区的变形较为严重（图5-29）。

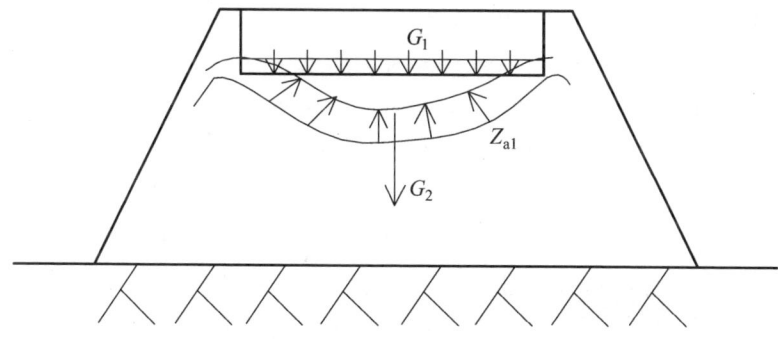

图 5-29　路基盐胀阶段土体受力状况示意图

2. 在第二阶段

温度进一步降低,冰峰线向路基更深层次迁移,此时第一阶段所在的温度区间逐步降低到冰峰线以下,此区间范围内的土体开始产生冻胀和氯盐盐胀变形,并且未结晶的 Na_2SO_4 也和冰块一起冻结在了冰屑中。此阶段冻胀力表现为第一阶段的硫酸盐盐胀力(Z_{a1})和本阶段所产生的冻胀力(Z_{b1})、氯盐盐胀力(Z_{c1})、下层硫酸盐盐胀力(Z_{a2})。在此阶段由于路面所受的盐胀力和冻胀力均较大,特别是在温度持续低温时产生的盐胀和冻胀很大,这些变形破坏力基本上都靠近路面结构层,虽然由路面结构层和路基变形土质的重力作用抑制,但是其变化和增加的速度远远小于变形膨胀力的增大速度,在此阶段路面开裂、隆起变形破坏严重(图 5-30)。具体在路面反映在北疆 11 月中旬至 12 月上旬,南疆在 12 月上旬至 12 月底,外界气温在 $-20 \sim -5\ ℃$,路面开裂情况严重。

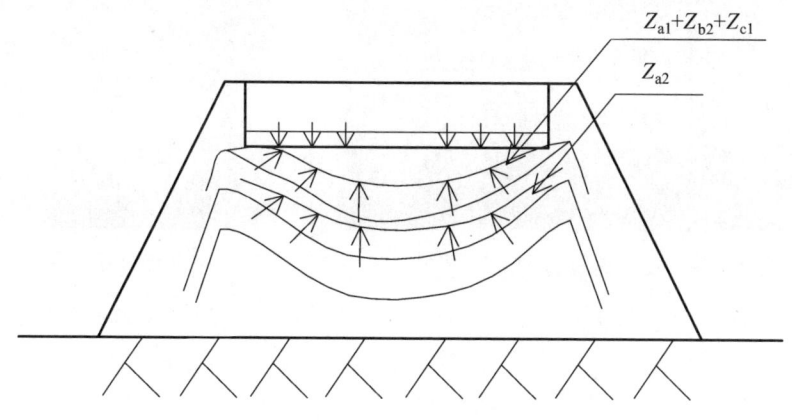

图 5-30　土体第二阶段的受力状况

3. 第三阶段

外界温度的进一步降低，路基土中的冰峰线再向下移动，而路基顶部区间由于盐胀和冻胀的持续进行，土体颗粒之间的自由水和弱结合水均形成冰屑和冻胀结晶所用完，此时毛细水上升受到阻滞，只在冻结冰之下产生冻胀力和氯盐盐胀力，上部土层不再发生冻胀和盐胀；而更深层次的硫酸钠盐胀结晶仍然进行。这一阶段虽然中间层次的冻胀力和盐胀力以及底层盐胀力在随温度的下降和低温持续在进一步增大，但是随着其合力重心的下移，路面结构层和路基上层土体的自重也在明显增大，对路基底层的盐胀和冻胀力的抑制作用加强，从而使得综合合力虽说持续增加，但是破坏变形增加缓慢。这与工程实体调查中发现路面在深冬季节裂缝开展和裂缝总体在增加，但是变化很平缓的现象一致。

以上对作为公路整体的冻胀盐胀变形力进行了过程分析，不难看出，由于路基中温度下降受到多种因素的影响，不是水平下降的，路基横断面中部产生的盐胀力和冻胀力较大，且其合力是指向路面中心线的，因此在路面中心线处受到的变形力也就大，同一种路面结构在此部位产生的变形破坏和裂缝也就较多，且开展宽度也就较大。这种现象在路况调查中就得到了充分的证明，特别是采用水泥稳定砂砾基层路面开裂更能说明问题（裂缝开展的情况及规律见 5.4 节），见图 5-31、图 5-32。

图 5-31　G217 路面纵缝主要形式　　图 5-32　玛芳公路路面纵缝形式

柔性基层由于其无黏聚性，路面裂缝及变形产生的部位其规律性不强，但是主要变形和裂缝一般发生在车行荷载轮迹带上或在路基加宽处、地下水文影响较大的路基、路面薄弱部位发生，并且逐渐扩大、延伸，形成更大面积的变形破坏。

当然了，影响公路路基变形破坏的因素较多，边界条件也较多，对于不同的地理环境和水文条件，路基产生冻胀和盐胀变形的状况也有所差异。一般来说，在地下水位较高且矿化度大、地表水补给充足的硫酸盐和氯盐盐渍土地区，产生冻胀和盐胀变形破坏的规律如上述分析。

在公路工程筑路过程中，一般来说均要对原路基进行处理或直接铺筑路面结构层，这样在一定程度上抬高了温度的降低曲线，降低了路基土体产生冻胀和盐胀破坏程度，抑制盐胀和冻胀变形，对公路工程运行起到了很好的作用。但是，也要考虑到新疆干旱寒冷地区，温差大、冻结深度大、蒸发量大的现实地理气候条件，要从根本上解决蒸腾作用和毛细水上升高度对次生盐碱化的形成条件，避免在路面结构层部位出现盐胀或冻胀变形破坏。

5.4 冻胀和盐胀对水泥稳定砂砾基层沥青路面破坏的分析研究

对于水泥稳定砂砾基层半刚性裂缝，一般情况下为温缩裂缝和干缩裂缝，表现在路面上为反射性裂缝，通常表现为横缝为主，很少发现纵向裂缝，如果有也是路基加宽或沉陷等因素造成的。但是课题组在调查中发现，在冰冻盐渍土地区水泥稳定砂砾基层产生病害的形式具有特殊性，横缝较多但是表现形式呈多样化，纵缝在总裂缝中占到了相当的比重。为了能够更为直观的半刚性基层裂缝，下面以玛芳公路为例进行说明。

5.4.1 沥青路面裂缝形式及调查结果

玛芳公路的路况调查，主要是针对路面的损坏进行的，发现破坏方式主要表现为横缝和纵缝。

1. 横缝表现形式

（1）平面贯穿性横裂缝：在整个路段范围内横穿路面，裂缝主要从两侧路缘石接缝处开始向路中间延伸，但在路中间裂缝表现较宽，如图 5-33 中 1 所示。

（2）路侧向路中开展的裂缝：一种是从路两侧行车道向路中延伸对裂，但未连接在一起，也未贯穿到路缘石处，尚未形成一条完整的贯穿性裂缝，如图 5-33 中 2 所示；另一种只是从路缘石一侧向路中间延伸，如图 5-33 中 3

所示，整个路段调查表明以后一种裂缝为主，主要分布于路面的阳面。

（3）从路中间向路面两侧延伸的裂缝：一种表现为从路中间开裂，但是未贯穿整个路面，长度一般为 3~6 m，裂缝在路中宽度较大（2~4 mm），而在左右两侧行车道内裂缝宽度表现较小，如图 5-33 中 4 所示；另一种形式为长度较短（1~2 m），宽度也较大（一般在 1~4 mm），但又与第二种类型裂缝衔接，进而有发展为第一类裂缝的趋势，如图 5-33 中 5 所示。

2. 纵缝的表现形式

（1）裂缝处于路中间标线上，在局部范围内较严重，裂缝宽度达到 10~15 mm，可探深度在 8~10 cm，在此处横缝表现也比较严重，这种现象在 S202 及玛芳公路（MF）的 K52+000 至 K53+000 路段较严重。

（2）裂缝处于路中间偏路一侧，裂缝表现严重，此现象出现在玛芳公路的 K47+000 至 K48+000 路段，裂缝宽度达到 10 mm 左右。纵缝从整体来看（图 5-34），以横缝隔断，此处的裂缝较轻，形状基本呈 "T" 形，随纵缝的延伸宽度也越大，在纵缝中间与横向裂缝交错，呈 "十" 形，此处的裂缝一般情况下达到了最大（宽度、深度），最后随着纵缝的延伸，裂缝宽度逐渐变小，最后以横缝隔断。

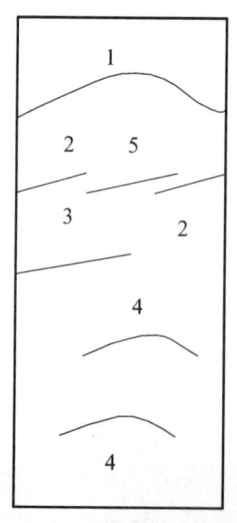

图 5-33 横裂缝表现形式

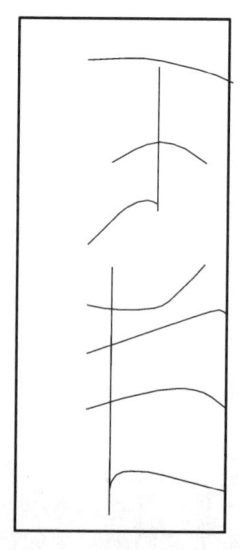

图 5-34 纵缝表现形式

在调查中对选取了几段特殊路段的裂缝状况进行了分析研究，调查结果见表 5-3。

表 5-3 路况调查裂缝统计表

序号	路段	纵缝 总长度/m	纵缝 裂缝率/(m^2/1000 m^2)	横缝 总长度/m	横缝 裂缝率/(m^2/1000 m^2)	总裂缝率(m^2/1000 m^2)	路面破损率/%	路基填土类型以及病害特征
1	K30+500 至 K34+500	1020	10.93	2372.8	25.42	36.35	0.618	原路基上直接铺筑路面结构层,地表表现为中硫酸盐盐渍土病害
2	K25+500 至 K27+500	551.25	13.13	1246.54	29.68	42.81	0.856	
3	K22+400 至 K23+600	391.60	13.97	503	17.96	31.95	0.781	
4	K13+500 至 K15+600	255	5.31	468	9.74	15.05	0.324	低液限粉土,氯盐、弱硫酸盐病害
5	K46+500 至 K47+000	0	0	148.4	12.72	12.72	0.170	风积沙,中硫酸盐病害
6	K47+000 至 K48+000	177.6	7.611	279.1	11.96	19.57	0.447	风积沙,路基冻胀性土质
7	K48+000 至 K51+000	11.2	0.21	585.1	10.90	11.11	0.151	

从表 5-3 可以看出,除路段 1、2、3 外,其余路段的横缝裂缝率均在 10%~13%,而纵缝在路段 1、2、3 开展较为严重,这就是冻胀和盐胀的共同作用产生的路面破坏形式。

5.4.2 裂缝开展原因以及机理分析

5.4.2.1 横缝产生的原因以及机理分析

沥青路面的横缝是水泥稳定砂砾基层所产生反射性裂缝,其在调查裂缝中占有主导地位,是水泥稳定砂砾基层产生裂缝的共同特征。主要是半刚性材料的反射性裂缝及沥青混凝土的低温收缩裂缝两种。

(1)半刚性基层反射性裂缝:在调查中,出现的贯穿性裂缝及部分从两侧向中间开裂的裂缝大部分是半刚性的反射裂缝,这是由于在施工过程中,水泥稳定砂砾的含水量较大,使得在养生结束后剩余的水分相对较多,在以后的施工及运行过程中水分的散失较大,形成的干缩力也较大;当其干缩应力和荷载应力达到或超过水泥稳定砂砾层的抗拉强度时,就会在水泥稳定砂砾层的薄弱部位(细集料集中、水泥较大的、碾压不密实等部位)开始产生裂缝,随着裂缝的增大,在与面层的连接处产生对面层的拉应力,当该拉应力和荷载应力大于沥青面层抗拉强度时沥青路面就开裂。且本地区处于在寒冷地带，沥青面层只有 3 cm，在冬季半刚性基层的干缩温度裂缝极易引起沥青面层产生反射性裂缝。

（2）沥青面层低温收缩裂缝：在冬季随着温度下降，沥青材料变得越来越硬，并开始收缩。由于沥青面层在路面中间是受到约束的，当气温大幅度下降时，沥青面层中产生的收缩应力或拉应变一旦超过沥青混合料的抗拉强度或极限抗拉应变时，沥青面层就会开裂。由于沥青面层的宽度都不很大，收缩受约束小，所以低温裂缝主要是横向的。调查的路段中路表产生的不规则裂缝（未贯通整个路幅），路的一侧或中间开裂的裂缝，一部分就属于这种类型。这种类型的裂缝是由于沥青面层的温度应变产生，因而在温度变化大部位，裂缝产生的概率就大。

例如，调查时发现，阳面的裂缝较多，而阴面相对较少。这是由于在路面的阳面，接受阳光照射的幅度就大，地表温度相对于阴面高，温差也越大，产生的温度收缩应力也就越大，从而在沥青面层薄弱的部位从顶部产生裂缝，这种裂缝在多次及剧烈的温度变化下，顶部的收缩应力逐渐增大，裂缝深度加大，直至整个面层开裂。在面层的底部，由于黏结力的存在，面层在裂缝处对基层有一个拉应力，当拉应力和在此部位的基层的温度收缩应力的共同作用下，大于基层材料的抗拉强度时，基层也就开裂。并随着条件的进一步恶劣，裂缝形式继续恶化。

5.4.2.2 纵缝产生的原因以及机理分析

纵缝主要是结构性裂缝，是一种非荷载性裂缝。主要是由于基层收缩裂缝或接缝的反射、施工中不良的摊铺车道接缝、路沿的季节性变弱、路基不均匀沉陷引起（老路加宽后，新老路基结合部上面）的裂缝，另外还有因路基路面的不稳定，在较深车辙边缘开裂而产生的纵向裂缝。

通过调查可知，垦区公路在路基加宽处也出现纵向裂缝，说明结合部处理不当所致，这在垦区公路裂缝中占的比例极少。例如，在 MF 线 K47+000 至 K48+000 路段，路的左侧距路中 0.5～1.0 m 处，路面产生连续纵缝，在此部位属于老路加宽，路基填方在 1.5 m 左右，此路段的纵缝是路基的加宽处不均匀沉降所致。这种裂缝形成后，随着路面的雪水流入，地表温度的变化，冻胀作用加强，进一步加剧纵缝的开展。其裂缝上部较大、下部较小，当沥青面层沿厚度全部开裂之后，将继续向深层扩展，严重的基层也开裂。这种裂缝主要与路基的沉降、低温冻胀等因素有关。

垦区水泥稳定砂砾路面面层的裂缝主要表现在路中心标线处，一般而言垦区道路沥青面层、半刚性基层采用摊铺机全幅一次摊铺完成，不存在基层和面层的接缝反射性裂缝，从路外观表现未出现车辙现象，这主要是路基盐胀和冻胀所致。例如，在路段 1、2、3 中，纵向裂缝发生在路的中线处，分析其原因：是由于路面随着温度的变化，横缝发展速度较大，且横缝的间距较小，此时由于温度梯度作用，水分从路基正温处向负温处移动，在路表处形成冻胀层，随着冻胀力的增大横缝继续加剧，且由于黑色沥青面层的传温作用，路面中心温度的变化比路边及路肩部位快，致使在路面中心部位下的路基处形成的冻胀力和盐胀力较大（如 5.3 节中力的分析），但是横缝的开展不足以抵抗冻胀力及面层的低温收缩应力，其必然在另外的薄弱部位进行开裂。水泥稳定砂砾基层和面层的施工过程，一般情况下摊铺机的摊铺由于机械的原因两边的粗集料较多，在路中间的细集料相对较多，干缩应力（半刚性材料）及低温收缩应力（沥青面层）相对较大，而此时的冻胀作用最强烈的部位也是路中心，因为路中心相对于路侧而言其温度的变化较慢（只受顶面的温度变化）水分向两侧移动较大，其温度收缩应力也较大。在以上应力的共同作用下，在路的中间产生了纵向裂缝，其表现为在横缝处断开，并且在纵缝中间的"十"处达到了裂缝的最宽。这种裂缝一般情况下从面层开始，当面层全部开裂后，由于面层和基层的黏结作用，在基层的抗拉强度小于基层的冻胀应力、干缩应力及面层作用于基层上的黏结应力时，基层也就开裂。这种裂缝在冬季气温较高的时候，路面的冰雪在行车及阳光的照射下部分融化，其水分或积雪粉末留到或填充到裂缝中，在气温降低后产生冻胀，进而加剧裂缝的发展。

5.4.2.3 冻胀以及盐胀对水泥稳定砂砾基层裂缝的影响

1. 加剧横缝的开展速度以及宽度

在冬季气温降低时，因原路基含有的盐分汇集和路基表面的大量水分存在为盐胀形成产生了条件，随着气温的进一步降低形成温度梯度时，路基中的盐分随着水分向路基表面移动，使得路基中的含盐量进一步增大，从而加剧路基盐胀破坏；随着气温的进一步降低，盐胀基本变化不大，路基中的水分开始大幅度的迁移，使得路基顶面产生薄冰层或冰透体形成冰胀体，此时因水泥稳定砂砾基层的特殊因素——反射性裂缝的产生，使沥青路面开裂成长度不一的横向裂缝，路面裂缝处的温度较其他部位降低快且大，使得这些部位的底层水分向顶层迁移，随着温度的进一步降低和水分的积聚，冰胀力进一步加剧，当其冰胀力大于基层和面层的黏结力时，进一步加剧了裂缝的开展使得裂缝的长度、宽度加大（这一现象可通过调查时路面的阳面和阴面裂缝开展状况相差较大可以验证，调查时发现，在路面的阴面和树荫下的一侧路面，横缝开展的情况较为严重）。随着气温的进一步降低和持续，路基的水分和盐向表层的汇集，其冻胀力和盐胀力进一步加剧，而路面顶部是水泥稳定砂砾基层，其强度和黏结力均相对较大，此时盐胀和冻胀力产生的破坏必须从路面的薄弱部位产生，水泥稳定砂砾底基层反射裂缝为其提供了条件，一般情况下会从此处开裂，这就是纵缝和横缝交叉处的破坏相对较大的原因，在路面表现来看一般均会在路面的中线部位，此处的盐胀和冻胀力一般无法散出，致使其合力较大，裂缝开展较严重。并且从两道横缝向中部延伸直至连接在一起为止。

综上所述，此路是盐胀和冻胀结合形成路面破坏，虽说经过了4年多的运行，裂缝开展逐步趋于稳定，未发现路面翻浆、隆起严重变形，这是由于水泥稳定砂砾基层的整体稳定性和刚性压制冻胀和盐胀病害。因此，可以看出半刚性基层有抑制冻胀和盐胀的有力作用，但是要彻底消除必须对路基或底基层施工时严格控制含水量，做好路基的排水工作，可以有效地消减盐胀以及冻胀病害的破坏。

2. 盐分蒸腾和毛细水上升造成的次生盐渍化对路面的影响

玛芳公路 K46+500 至 K47+000 盐渍土路段：在 2003 年春季调查时未发现纵缝，横缝也相对较小，但是还是多于其他风积沙填筑段，由此可说明采用风积沙填筑路基可以有效地减少公路盐胀和冻胀，但是由于本地区最大冻深为 1.5 m，不能从根本上解决盐胀和冻胀病害。在随后的几次调查中发现，路面的横缝裂缝相对保持稳定，但是在 2006 年冬天和 2007 年春天的两次调查中发现，在局部路中心出现了微小的纵缝，由此可知虽然风积沙可以起到防治盐胀的作用，但其填筑厚度过小（20~50 cm），不能有效地隔断地下水和盐分的汇集，而且本地区强烈的蒸腾作用和毛细水作用影响，在经过了 4 年多的反复蒸腾作用和毛细水力作用，致使路基底部盐渍土中的盐分上升到了路基顶面和路面结构层中，在其达到一定限度后（经过 4 年的运行）路面最终因次生盐渍化导致盐胀和冻胀反复作用，形成了路面病害——微裂缝的产生，但是路面平整度良好，未出现膨胀等突起变形，这是水泥稳定砂砾基层的整体刚性的抑制作用取得的效果。

5.4.3 防治措施

通过前面章节的分析研究可知，冻胀和盐胀对于水泥稳定砂砾基层影响较大，其特征也具有一定的特殊性，但是其还是属于冻胀和盐胀的防治范畴，因此要彻底防治冻胀和盐胀病害对水泥稳定砂砾基层的影响，必须应用盐胀和冻胀病害的防治措施。

在本课题的调查研究中发现，采用风积沙作为路基填料（如玛芳公路 K46+500 至 K47+000），可以较为有效地延缓盐胀和冻胀病害对水泥稳定砂砾基层的影响，但是要彻底的根除或防治，必须使风积沙的填筑达到一定的厚度，才能延缓和解决路基次生盐渍化，最终达到防治之目的，对于风积沙的填筑厚度应达到 50~80 cm。

农六师芳马公路 K14+500 至 K20+500 段（详细情况见调查报告和本书第 6 章），采用土工布隔断（埋设深度路面下 80 cm），有效地防治了盐胀对水泥稳定砂砾基层的影响，公路运行了 4 年多未发现路面产生纵向裂缝，并且横向裂缝也远远小于同期修建的其他道路。

综上所述，要解决冻胀和盐胀对水泥稳定砂砾基层的影响，就必须从防治盐胀和冻胀的技术措施出发，从根本上解决冻胀和盐胀病害，以达到水泥稳定砂砾基层的经久耐用和使用品质。

5.4.4 结 论

（1）冰冻盐渍土地区采用水泥稳定砂砾基层可以较为有效地抑制公路冻胀和盐胀的发生及发展。

（2）在路面结构层下部填筑 50~80 cm 的风积沙或铺设土工布等防治盐胀和冻胀的措施，可以有效地防治冰冻盐渍土地区水泥稳定砂砾基层的路面裂缝。

（3）在干旱的盐渍土地区，多年反复的蒸腾作用和毛细水上升作用，产生路基、路面次生盐渍化，是造成半刚性基层路面冻胀、盐胀变形破坏的因素之一。

5.5 本章小结

本章从定性方面对冰冻盐渍土地区公路冻胀及盐胀破坏变形进行了较为

系统的分析研究，取得了丰富的成果，现总结如下：

（1）从理论角度，系统地划分了公路冻胀及盐胀变形的三个阶段，即随着降温出现纯盐胀阶段、冻胀和盐胀共发阶段、纯冻胀阶段。

（2）提出了冰冻盐渍土地区单纯土体各个变形阶段的温度区间：纯盐胀为 32.4~0 ℃；冻胀和盐胀共同区间 0~-10 ℃：纯冻胀温度区间 -10 ℃ 以下。

（3）提出了蒸腾作用和毛细水上升作用是冰冻盐渍土地区路基次生盐渍化产生盐胀的主要积盐因素。

（4）在路基填方中，路基温度的上升和降低均受到黑色沥青路面的作用，一般情况下，路面中心的所受盐胀和冻胀变形大于路面边缘或路肩部位。

（5）通过对调查资料的分析研究，由于冻胀和盐胀的共同作用，冰冻盐渍土地区水泥稳定砂砾基层路面的裂缝颇具特殊性，一般位于路面中线处的纵缝为其代表特征。

6 垦区公路盐胀及冻胀病害防治技术应用研究

6.1 概　述

众所周知,"三山夹两盆"以及两大沙漠横亘其中的特殊环境造成新疆兵团垦区特殊的地理位置、气候环境,冬季极端气温极低且漫长,夏季炎热,极端气温很高,年降雨量少、蒸发量大。新疆境内河流基本以内陆河为主,且多为季节性河流,沙漠、沼泽地、盐碱地、戈壁滩遍布全区,使得垦区内的地理、气候环境尤为复杂。

新疆兵团垦区因历史的原因,插花分布于区内且大多地处沙漠边缘或腹地、戈壁滩、盐碱地和边境线上,位于"水到头、路到头"的恶劣地理气候环境下；加之垦区公路等级低（大多为三级或以下等级公路）、造价低,兵团垦区特殊的地理环境使其成为冻胀的重灾害地区之一；另外,由于部分团场是在茫茫沼泽地上经几代兵团人开垦而成,而这些地区受到严重的盐渍化影响,使得该地区的公路破坏极具盐渍土破坏特征,这就构成了垦区这种特殊的季节性冰冻盐渍土地区公路破坏的特征——冻胀和盐胀破坏,而两者共同作用使得该地区公路的病害直接影响到道路的运行质量和增加了运行维修费用。

课题组通过对垦区内公路盐胀、冻胀调查分析可知,由于新疆特有的干旱寒冷气候条件和盐渍土分布较为广泛的地理环境,垦区内的道路主要以冻胀为主,在冰冻盐渍土地区以盐胀和冻胀病害的共同作用为主。在调查中也发现,近年来垦区公路建设中对采取了常规的单纯防治冻胀或盐胀的病害措施,取得了一定的效果,但是由于采取措施时针对的是单纯的冻胀或盐胀,不能根除垦区公路病害的产生；另外,其成本费用较大,不适合"因地制宜,就地取材、降低造价"的公路建设目标。因此,课题组在垦区公路调查的基础上,结合试验路的修筑以及通过总结,对垦区公路治理冻胀和盐胀的技术措施进行归类汇总分析,以期达将目前国内外先进的防治盐胀和冻胀技术结合垦区公路的实际,应用到垦区低等级、低造价公路,从而减少和消减盐胀、冻胀病害,降低公路造价和运输成本之目的。

目前国内外对于冻胀和盐胀的防治方法主要是从隔水、隔温、隔盐或更换土质等方面进行的。因此，课题组紧密结合兵团垦区公路建设现状，充分考虑兵团垦区地处干旱寒冷季节性冰冻地区和盐渍土地区的实际情况，针对其在特殊的地理位置、自然状况、水文、地质、气象等条件，着重对垦区公路建设中存在的盐胀和冻胀病害问题调查，在农一师、农二师、农六师、农七师、农八师、农九师等公路的盐胀和冻胀病害较严重的垦区道路进行调查分析研究，并应用的防治技术通过对实体工程的检测分析，结合农八师新西线、农一师阿塔公路（S207 线）的试验路总结，对垦区公路冻胀和盐胀病害的防治技术进行总结、汇总、分析研究，从而形成适合兵团垦区公路防治盐胀和冻胀破坏病害的措施，将此技术上可靠、经济上合理的研究成果推而广之，充分发挥科技创新作用。

6.2　风积沙在垦区公路冻胀及盐胀病害防治技术中的应用

6.2.1　风积沙防治公路冻胀和盐胀病害的可行性

1. 风积沙的颗粒组成

兵团特殊的地理环境使得风积沙在垦区内的分布较广，特别是在两大沙漠周边或腹地的农牧团场中，存在着大量的风积沙沙丘，这就为垦区内利用当地贮量丰富的材料——风积沙作为防治冻胀和盐胀病害的材料来源。通过课题组在交通部西部课题《风积沙在兵团垦区公路垫层中的应用》研究成果，可知垦区内风积沙的颗粒组成如表 6-1 所示。

通过试验结果可知：

（1）兵团垦区的风积沙在颗粒组成上的分布范围较广，覆盖了整个砂的分类，且风积沙的机械组成很细，沙粒均匀，级配较差，颗粒分布多集中在 0.25～0.074 mm，说明风积沙的透水性好，是一种透水性材料。

（2）风积沙分布遍布了整个砂的分类，特别是 0.074 mm 以下颗粒含量小于 5%的砂样占了 25%，细颗粒含量在 5%～15%的砂样占了 38.9%。根据《公路工程抗冻设计与施工技术指南》的规定，在细颗粒含量小于 15%的砂和砾类土均属于不冻胀性土类，因此可以看出这类作为不冻胀性土类的风积沙在垦区内存在的比率较大达 60%以上，为垦区内大面积利用风积沙进行冻胀防治提供了材料来源。

（3）风积沙由于其颗粒组成较为均匀，具有良好的透水性和不保水性，从路面面层、基层或路肩渗入的水分，在风积沙中可以直接通过而排入路基或者直接排出路基（由风积沙全段填筑的路基），进而直接解决引起冻胀和盐胀的水源因素。

（4）风积沙由于颗粒相对黏土、粉土较粗，粉、黏粒含量较少，很难像粉、黏土那样形成毛细水上升力，其毛细水上升高度很小，因此风积沙（细颗粒含量小于15%）用于公路路基起着有效隔断地下水的作用。

表 6-1 风积沙筛分试验统计结果

取样地区	沙样代号		各级留筛质量百分率/% 筛孔直径/mm						样本数量
		粒径/mm	>2	2~1	1~0.5	0.5~0.25	0.25~	<0.074	
南疆地区	SM	含量范围	0~0.044	0~0.952	0~3.116	0.022~17.420	56.960~79.230	15.468~42.664	8
		平均含量	0.010	0.122	0.423	2.325	71.165	25.953	
	SF	含量范围	0~0.030	0~0.040	0~7.410	0.050~28.32	57.530~93.784	5.870~10.840	8
		平均含量	0.008	0.009	1.585	5.965	84.304	8.130	
	SP	含量范围	0	0~0.680	0.004~10.872	0.030~14.778	70.050~97.320	2.100~4.760	4
		平均含量	0	0.170	2.747	3.920	89.603	3.562	
北疆地区	SM	含量范围	0~0.054	0~0.056	0.014~0.112	0.014~0.198	67.188~84.422	15.544~32.42	5
		平均含量	0.026	0.030	0.062	0.074	76.852	22.957	
	SF	含量范围	0~0.018	0~0.016	0.016~0.032	0.02~0.752	87.622~92.806	7.134~12.336	6
		平均含量	0.007	0.006	0.021	0.215	90.440	9.311	
	SP	含量范围	0~0.134	0~0.152	0.026~2.948	0.004~9.528	88.28~97.904	1.264~4.688	5
		平均含量	0.029	0.036	0.676	2.942	92.914	3.402	

2. 风积沙的化学特性

风积沙主要是由盐屑、长石和石英三种颗粒组成。三种颗粒的总含量一般占整个沙样的90%以上。盐屑的组成多种多样，火成岩、沉积岩、变质岩均可见到。沙样中还有少量的其他矿物颗粒，包括白云母、黑云母以及褐铁矿、黄铁矿、绿泥石、角闪石、阳起石、锆英石等重矿物。

总体来说，沙粒的风化程度并不高。坚硬的石英颗粒，其表面较为平滑，少有风化迹象；碳酸盐屑、泥盐屑等颗粒由于地质软弱或含有可溶蚀的杂质，其表面往往出现溶孔、凹坑、麻点、擦痕等风化迹象；而在长石与火成岩颗粒表面除可见到一般的磨蚀痕迹外，有时也能见到主要由褐铁矿组成厚为几十微米的包膜。

风积沙的化学组成以 SiO_2（70%左右）、Al_2O_3（10%左右）为主，MgO、CaO、K_2O、Na_2O、Te_2O_3 等的含量较少；且含引起公路冻胀和翻浆的硫酸盐和氯盐的成分极少，属于非盐胀性土，并且在垦区中多用风积沙进行盐渍土土壤改良，效果很好。另外风积沙与粉土、黄土相比，由于 SiO_2 含量较多，其颗粒的硬度和强度均较大，可作路基填料，适合于治理盐胀。

另外，风积沙的易溶盐含量不高，试验结果见表 6-2。

表 6-2 沙样的盐类含量

离子	SO_4^{2-}	HCO_3^-	Cl^-	CO_3^{2-}	Mg^{2+}	Ca^{2+}	Na^+、K^+	易溶盐总量/%
含量/%	0.020	0.0156	0.0076	0.0013	0.0024	0.0046	0.0126	0.0641

试验结果显示，风积沙的易溶盐含量很少，为非盐渍土类，从化学组成上讲可以作为盐胀的防治材料。另外垦区内大面积的盐碱地改良采用风积沙就是例证。

3. 风积沙的力学特性

对于一般路基在地面水和地下水的作用下，其强度将明显的降低。而风积沙的水稳性到底如何呢？对此。课题组通过试验研究风积沙在不同含水量条件下回弹模量的变化规律。试验结果见图 6-1。

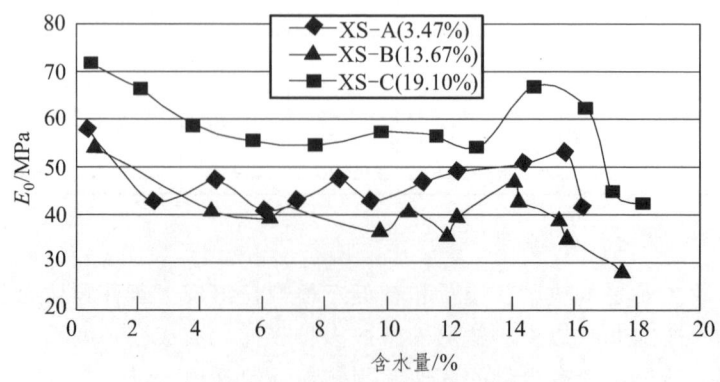

图 6-1 含水量-回弹模量关系

从图 6-1 可知：

（1）随着风积沙粉、黏粒含量的增大，其强度对于水的敏感性增大，回弹模量降低较快。回弹模量的最小值出现在饱和含水量处，而在干燥状态处，回弹模量达到最大。

（2）当粉、黏粒含量较小时（如 XS-A、XS-B，粉、黏粒含量小于 5%），风积沙的水稳性较好，可用于工程中冻胀及盐胀病害的防治。

（3）从整体上看，风积沙的水稳性是比较好的，受水影响后回弹模量降低不多（相对于黏土、粉土），是比较好的筑路材料。

另外，我们通过试验对风积沙在最佳含水量下成型泡水后（以下简称状态 1）、最佳含水量下成型（状态 2）、饱和含水量下成型风干后（状态 3）三种状态下进行了回弹模量试验，试验结果如表 6-3：

表 6-3　回弹模量试验结果

状态	XS-A		XS-B		XS-C	
	干密度 /（g/cm³）	回弹模量 /MPa	干密度 /（g/cm³）	回弹模量 /MPa	干密度 /（g/cm³）	回弹模量 /MPa
状	1.677	48.06	1.687	40.75	1.649	42.52
状	1.667	49.28	1.687	43.72	1.647	67.70
状	1.620	233.52	1.634	310.25	1.605	274.48

从表 6-3 可知：

（1）三种风积沙的状态 1 和状态 2 比较可知，砂样 XS-A（SP 类风积沙）、XS-B（SF 类风积沙）两种砂样的水稳性好，在最不利状态下（饱水后）其回弹模量值下降很小，在 1~3 MPa（在 7% 以内）；而 XS-C（SM 类风积沙）砂样降低了 22 MPa（达 33%），水稳性相对较差。因此，采用 SP、SF 类风积沙利用其较好的水稳性防治公路冻胀以及盐胀病害的破坏是可行的。

（2）通过状态 2 和状态 3 的比较可知，风积沙如果湿压成型在运行过程中随着含水量的减少，其强度明显增大。由此说明，利用风积沙筑路防治冻胀和盐胀病害，在运行过程中随着垦区干旱寒冷的气候影响，路基中水分的蒸发，其强度会呈增加趋势，达到防治之目的。

对于水分蒸发强度增加的现象在古新干线沙漠段的路基中体现出来（图 6-2）：农八师古新线沙漠段采用湿压风积沙施工，施工完成后 1 年，课题组对其进行回访中发现，在局部路基冲刷水毁处发现风积沙层外露，未出现松散、坍陷现象，用力敲击感觉很硬，强度很大，这与室内试验结果一致。

图 6-2　风积沙的水毁断面

（3）由于风积沙具有良好的水稳性和较高的强度、较好的透水性，采用风积沙充当路面垫层材料是可行的，因此可以起到增加路面结构层的作用，增大路面厚度、降低路基冻深，起到防治冻胀和盐胀的目的。

在兵团垦区，特别是沙漠周边的垦区是经过兵团几代职工辛勤开垦而出的，基本上是人进沙退。因此，在垦区中都普遍存在着整个沙丘，其粉、黏粒含量（0.074 mm 以下颗粒含量）大部分都小于 15%，因此符合要求的大量风积沙在的垦区存在为防治冻胀病害提供了就地取材的便利，为工程充分实现降低造价和改造自然环境提供了条件。

综上所述，风积沙在公路冻胀和盐胀病害防治应用从理论上是可行的。

6.2.2　风积沙防治冻胀和盐胀病害的工程应用实例

公路盐胀和冻胀病害在垦区公路中较为普遍，为此对风积沙防治公路盐胀和冻胀病害的治理措施和盐胀控制效果进行了路况调查，现将各调查路段应用分别进行说明。

6.2.2.1　风积沙作为隔断层在防治冻胀中的应用

农八师新西线在 149 团过境段（K21+900 至 K23+500）原路面翻浆、胀起部位较多，且大部分集中在原路面两侧车行道处。由于此段是市政道路，必须进行开挖换填处理，但开挖后发现路基含水量较大，开挖断面放置 7 d 后，局部路面就出现渗水积水现象，且路基极软，无法满足设计路基 35 MPa 的强度要求。根据断面考察，土基从上至下为：20~30 cm 淤泥质土+20~30 cm

的砂性土+其下在 50 cm 内皆为红粘土，另外在涵洞开挖超过 2～2.5 m 时地下水外露而渗出地表。由路面破坏形式和原路基开挖断面土质鉴别、含水量测定，种种现象表明此段原路具备了产生冻胀的多个条件：冬季气温极低，且低温持续时间长；路基土质是极易产生冻胀的腐殖质土和红黏土，具有很大的冻胀性和毛细水上升高度；地下水位较高，路基含水量较大。

课题组通过试验研究，在保证路面强度的基础上采用风积沙换填 80 cm 作为隔断层，以防治冻胀病害。施工按照正常路基施工工艺进行，该工程于 2005 年 4 月开工，2005 年 10 月完工，经过了 1 年多（两个冻融循环后），本工程完工以后对路面的弯沉和平整度进行了检测，路面代表弯沉值为 78.06×10^{-2} mm（194 个值）；路面平整度，按 5 mm 为合格指标，合格率为 100%（98 个点，980 尺）；路面无翻浆迹象。2006 年 3 月中旬、12 月下旬及 2007 年 4 月进行路面调查，未发现任何胀起现象和翻浆迹象，可以说风积沙在防治冻胀病害方面是成功的（图 6-3、图 6-4）。

图 6-3 过境段改建后路路面

图 6-4 过境段路边和路面交界处路况

结论：利用风积沙的透水性大、毛细水上升高度小、强度高的特点，在保证路基强度的基础上，按照防治冻胀的最小隔断层填筑厚度——70%的最大冻土深度，应用风积沙作为隔断层，有效解决了在地下水位高、气候寒冷的区域公路冻胀病害的防治。

6.2.2.2 风积沙作为隔断、排水层在公路冻胀和盐胀病害防治中的应用

农八师新西线 K17+950 至 K21+900 段根据设计和施工检测均为强硫酸盐盐渍化路段，公路沿线地表盐霜分布广泛，表层有 3～5 cm 蓬松土，地表 1 cm 以下为潮湿状态，口尝盐霜有咸味和苦味，地表生长的耐盐植物骆驼刺、梭

梭、盐蒿等生长茂盛。据调查，原路修建时因投资较低，直接将路边林床土推填而成路基，在2000年进行改造时受到投资影响，本路路基未进行处理，只是对原土路基进行整平碾压后直接填筑20 cm左右的砂石料结构层后，顶部洒铺3 cm沥青面层。因公路等级低、路面结构层薄，而此路不仅是连接农八师莫索湾垦区公路的主要干线，而且还是石西油田和气田的载重车辆通行的必经之路，加之路基盐胀病害严重，致使此路破损严重，到2005年重建时此段道路已经破损不堪，处处均是翻浆、变形，很难看到完好的沥青面层。经调查本段路原路基填高在1~1.5 m，两侧均为林床，林床一般在夏、秋季节灌水，而土质为粉土和红胶泥土，也会对公路产生冻胀提供条件；但是通过开挖部分段面可知，此路原路基填土含盐量较大，口尝味道极苦、极咸，取样进行了化学分析（见《工程实践与调查报告》），最终判断为硫酸盐和亚硫酸盐盐胀性土质，因此综合分析此段路为盐胀和冻胀综合作用，但因林带灌水时间有限，地表水的补给相对较小，因此此段路表现以盐胀为主，冻胀次之。

考虑到原路高1~1.5 m，砂砾石层厚20 cm左右，虽说路面已经破损严重，但铺设50~60 cm风积沙再结合路面结构层厚度48 cm，整个透水层在1.2~1.3 m，路基产生盐胀和冻胀后，其盐胀力和冻胀力在1.2 m左右的荷载下可以大幅度的消减，且满足防治冻胀深度的70%要求，可以达到治理盐胀和冻胀的目的，因此从经济角度考虑直接在原路面上铺筑风积沙层50~60 cm，并且全路幅铺设，以利于路基内的水分外排。

本试验路段2005年10月初完工，随后课题组对路面的弯沉和平整度进行了检测，市政道路段路面代表弯沉值为82.14×10^{-2} mm（286个值）。路面平整度，按5 mm为合格指标，合格率均为100%。路面无翻浆迹象，2006年3月、2006年11月、2007年4月上旬进行路面调查，未发现任何胀起现象和翻浆迹象，可以说该段试验路在防治盐胀和冻胀综合病害方面是成功的（图6-5、图6-6）。

结论：① 全幅填筑风积沙层可以作为路面垫层使用，充分发挥风积沙的透水性能，将路面上层来水排出路基，保持路基的干燥性，减少路基含水量，从根本上解决产生冻胀和盐胀病害的水源因素；② 因风积沙隔断层的存在，很大程度上减小了原路基含水量通过毛细水的上升或蒸腾作用过程中携盐上升的速率，达到有效防治路基次生盐渍化，从而起到防治盐胀的目的；③ 风积沙是不含盐分的不冻胀性土质和非盐渍土土质，由于其良好的透水性、较高的强度，作为路面垫层起到了加大路面结构层厚度，从而抑制路基中冻胀和盐胀的产生，这一点是所有采用风积沙层的主要原因，也是关键因素。

图 6-5 新西线公路现状（2007.4）　　图 6-6 新西线公路风积沙路基及边坡

6.2.2.3 非冻胀性及非盐胀性土——风积沙防治盐胀在玉阿新支线公路中的应用

农一师玉阿新支线公路起点为阿塔公路（S207）K76+000，向北穿越农一师 20 世纪 90 年代开荒的几个居民点后到达阿拉尔市，全长 53.8 km。主要为农一师五团（玉尔滚镇）通往阿拉尔市及其周边 10 个农业团场的另一条主干道的下半段，它可改变原一市 10 个团场仅有阿塔公路一条对外交通道路现状，并可缩短该区域对外交通的里程。该公路等级为三级路宽 7 m 沥青面层+2×0.75 m 路肩。公路位于阿克苏河流域冲积细土平原中下游，基本走向与塔河平行，部分路段穿越盐碱沼泽区，因此设计上有土工膜布铺设。工程于 1998 年动工，1999 年全线通车。

工程自起点穿越盐碱沼泽区，原设计在路面下 1.0~1.2 m 处铺设一层塑膜，其上填筑风积沙，分层压实至底基层底面。但施工中由于多种原因从 K0+000 至 K1+800 段以及 K3+000 至 K3+500 膜上没有填筑风积沙，而是从路旁土甩方填筑，K1+800~K2+900 段按设计施工。完工后的第一个秋冬季，便在没填风积沙路段出现了路面纵向裂缝。经过这四年的运行裂缝年年秋季发生，并随时间裂缝加宽，裂缝范围加大，入春后回落，入夏后大部分恢复，但裂缝及其周边沥青面层松弛、脱落，逐年加重，而填筑风积沙段完好无损。在 K32+000 至 K41+000 段也完全用风积沙填筑路床，目前通过四年的运行凡在结构层下填有风积沙（0.5 m 以上的厚度）的路段，均无路面破坏（图 6-7）；而未填风积沙的路段或多或少都有路面损坏（图 6-8）。

两段（K0+000 至 K1+800，K3+000 至 K3+500）未填筑风积沙铺设了土工膜布的路段，虽然膜布防止了其下部的水分上升，保证了其上部的路面在干燥和潮湿状态下运行，对其上部的路基起到了很好的防止次生盐渍化的可能。但同时也阻止了其上部水分的散失和盐分的下排,其上部在施工中的最佳碾压含水量(14%左右)可较长时间保持在较高含水量的水平,从现场取样(2002年秋季),其路肩下0.8 m的含水量在10%~12%。这一含水量足以使膜上含一定量的Na_2SO_4盐渍土发生胀裂的路面破坏,而且由于施工中的错误,恰好形成了上下路段的对比,两段未填风积沙的路段,恰好一前一后将填筑风积沙的路段夹到了中间。如此路面反映出的差异,应该归结为土工膜上的填料不同所致,路段胀裂的时间以及当时的温度又说明这不可能是由于冻胀。膜的存在使得膜上土只能靠蒸发才能减少其中的含水量;而路面黑色面层的存在,使得原路基膜上回填土中的盐分随着蒸腾作用提升到路面或路基上层,形成路基土上层次生盐碱化加重,如此盐胀年年重复、累积,使得路面逐年破坏,并且趋于加重。此段水分的供给主要为降水,虽然降水小,但是降水可通过路面破坏进入路基,并贮存,到了冬季降温时足够其产生盐胀。

图6-7 膜上填风积沙段路况

图6-8 膜上未填风积沙段路面裂缝

结论:① 在中强硫酸盐盐渍土地区,路面以下铺设土工膜,虽然可以阻止水分的上升以及路基填土的次生盐渍化,但是膜上土的含盐,尤其是Na_2SO_4等盐胀性盐类的含量必须有所限制,否则可造成膜上路基盐碱化的产生,从而引起盐胀破坏;② 在膜上采用风积沙填筑,可以保证膜上水流和过多含水的排出,保证路基处于干燥状态,从而达到有效治理公路盐胀以及次生盐碱化盐胀的发生。

6.2.2.4 风积沙隔断层治理高水位地区盐胀及冻胀病害的应用

农一师阿(阿拉尔市)科(科克库勒镇,10团团部)公路主线起点位于阿拉尔市塔里木大道至十团道路起点处,终点为10团团部东西向城镇路起点处,全长 9.83 km。阿科公路位于新疆阿克苏地区阿克苏河河谷形成的冲洪积平原中下部,属典型的干旱盐渍荒漠地区。该地区降水量少,日照长,年平均气温 10.8 ℃,极端最低气温-27.6 ℃,极端最高气温 40.7 ℃,年降水量 47.3 mm,年蒸发量 2044.6 mm,最大冻土深度 0.8 m,地下水埋深一般在 2.2 ~ 3.5 m。

由于该地区降雨少、蒸发强烈,每年季节性暴雨洪水期,上游地区易溶盐淋溶于流水中,按地球化学迁移规律向平原区聚积,在强烈的蒸发浓缩中使地表土壤朝盐渍化方向发展。故本区地表盐分和地下水水质均有明显的垂直分带性。因此勘测结果显示沿线土质的具有盐胀性,据土壤盐分分析,其中主线 K7+500 至 K8+000 段土中硫酸盐含量大于 2%,属强硫酸盐盐渍土地区。区域地下水水位主要受周围农田灌溉水的影响,一般情况下,农田灌溉期间达到最高水位,春季非灌溉期水位处于低水位,水位年变化幅度 0.8 ~ 1.2 m。在地表 3.0 m 范围内为粉土和粉质黏土,其细粒含量大于 15%,属冻胀土路基。尤其以沿渠伴行的 K6+500 至 K9+095 段受总干渠的影响,此段水位埋深较高,两侧密生芦苇,路基含水量较大,表层聚盐较为明显,局部地面表层有盐斑存在,属于典型的氯盐、亚氯盐和硫酸盐盐胀及冻胀区。由于该公路以亚氯盐盐渍土、氯盐盐渍土为主,个别路段呈强硫酸盐盐渍土,原土基翻浆严重,为此在 2003 年改建时设计单位采取清除表层盐渍土 30 cm,再回填风积沙 50 cm 作为隔断层进行处理。

该工程于 2004 年 10 月通车,经过 3 个冻融循环后,路况良好,说明此段路在防治强硫酸盐盐胀和冻胀方面是成功的(图 6-9、图 6-10)。

图 6-9 阿科公路路况　　　　　图 6-10 公路产生的微裂缝

结论:① 地表水,特别是较高水位的地表水对公路路基的影响是垦区公路的冻胀的主要特征,具有普遍性,该公路充分利用风积沙的透水性好以及不冻胀的特征,利用地形条件,通过风积沙层将路基以及渠道的渗流水分排出到路基林床或田地间,达到有效减少路基中水分的目的,隔断了水分上升,解决了冻胀病害问题(这一点可以通过路况调查报告中尉犁农场通团公路中采用防渗渠道,但路基是黏土或粉土,而造成路基冻胀以及盐胀问题的产生例证)。② 在这条路上显示较为特殊的是通过风积沙层的隔断及排水性能,起到洗除路基盐分,降低路基土中的含盐量,达到防治盐胀的目的(图 6-11)。③ 本路修筑过程中显示,在盐碱较重的区域新建或改建道路时,清除路基或底面表层内积聚的超标盐渍土,有利于降低了路基产生次生盐碱化,从而达到防治盐胀之目的。④ 本段路属路基及路面加高,抬高路基达到提升路面冰冻线,相对降低了地表水和地下水对路基的影响,从而达到有效治理公路冻胀的目的。

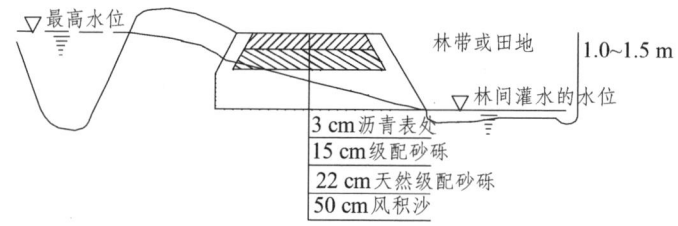

图 6-11　风积沙隔水层的排水、洗盐作用示意图

6.2.3　风积沙防治冻胀和盐胀病害的要求

6.2.3.1　细颗粒含量(0.074 mm 以下颗粒的含量)

关于公路冻胀而言,吉林省交通厅主编的《公路工程抗冻设计与施工指南》中认为:对于含细粒土砾(砂),粒径小于 0.075 mm 含量(细颗粒含量)不大于 15%的土质,属于不冻胀性土,在应用中可以不考虑含水量和地下水的影响,换而言之,即这类土在任何条件均可以用于防治公路冻胀病害。

现行《公路路基设计规范》《路基施工技术规范》以及新疆公路学会主编的《盐渍土地区公路设计与施工指南》中均显示只要土质中的含盐量(特别是 SO_4^{2-}、Cl^-、CO_3^{2-})不超标,就属于非盐渍土,可以用于公路施工中。

在前面章节中对于风积沙的化学成分分析研究中可知,风积沙是非盐渍土。因此,只要风积沙细颗粒含量小于 15%均可用于冻胀和盐胀路段,并且能够达到防治冻胀和盐胀的目的。但是通过对阿拉尔市政道路应用风积沙其细颗粒含量在 11%~16%,就造成了林床水分汇集在路基中,在强烈的毛细水上升作用下造成路面靠近绿化带处的大幅度冻胀隆起变形破坏。而在阿科公路中，地表水位的影响较大，从而造成地下水位的波动，致使地下水位和地表水均对路基影响比阿拉尔市政道路大，但是没有出现盐胀和冻胀破坏，究其原因主要是风积沙中细颗粒含量小（在 1.9%～3.7%），因此，课题组分析研究认为：

（1）在地下水位高、地表水影响大的地区或路段，宜采用细颗粒含量小于5%的风积沙防治冻胀和盐胀病害的破坏。

（2）在较为干旱、路基填筑高度大的部位，采用细颗粒含量稍大（小于15%）的风积沙防治冻胀或盐胀破坏是可行的。

（3）在垦区内有条件时应尽可能采用细颗粒含量小的风积沙处治冻胀或盐胀病害。

（4）如果风积沙中细颗粒含量过大（即 SM 类风积沙），细粒土之间的薄膜水或自由水通道会使路基底层的盐分在毛细水作用或蒸腾作用下转移，导致路基、路面次生盐渍化，发展下去会致使隔断层失效，因此不宜用于冻胀或盐胀的防治。

6.2.3.2　风积沙隔水层的厚度

在工程中治理冻胀和盐胀破坏采用透水性隔水层的目的在于隔断毛细水的上升，防止水分和盐分进入路基上部，从而保持路基干燥，避免路基或路面遭受冻胀或盐胀破坏。在采用隔断层时，隔断层的位置若设置不当，往往达不到预定的目的或者不经济；另外，隔断层材料的厚度涉及运行和使用的安全。因此，对于风积沙隔水层而言，应当确定合理隔断层厚度及其位置是至关重要的。

防治盐胀的路堤填土高度应根据盐渍土的类型、公路等级，结合毛细水强烈上升高度、冻胀深度（或盐胀深度、蒸发深度）和安全高度等因素确定。

1. 风积沙毛细水上升高度的确定

对于毛细水强烈上升高度，参照《公路路基设计规范》，如表 6-4 所示。

表 6-4　毛细水强烈上升高度

土质类别	砾类土	粗、中砂	风积沙	粉质土	粘质土
毛细水上升高度/m	0.40	0.60	0.80	3.00～4.00	2.00～3.00

防治公路冻胀病害首先应该考虑冻胀土路基的临界高度，也就是说冻胀土路基距地下水位或地表常年积水水位的高度不小于冻胀土路基临界高度。

吉林省交通厅在《季节性冻土地区路基设计与施工技术指南》中对冻胀土路基的临界高度给出下列计算式：

$$h_x = Z_{max} + h_\varepsilon$$

式中　h_x——冻胀土路基临界高度，m；

　　　Z_{max}——道路多年最大冻深，m；

　　　h_ε——冻结水上升高度，m，如表 6-5 所示。

表 6-5　不同土质冻结水上升高度

土质类别	含细粒土砾、含细粒土砂	细粒土质砾、黏土质砂	粉土质砂	粉质土	黏质土
冻结水上升高度/m	0.6~0.8	0.7~0.9	0.8~1.0	1.2~1.5	2.0~2.5

通过以上研究成果的分析，课题组认为当风积沙细颗粒含量小于 15%时（类别为砂 SP 和含细粒土砂 SF），采用土质冻结水上高度 0.5~0.8 m 更能反映实际情况。因为 SP 类风积沙细颗粒含量小于 5%，其冻结水上升高度应该小于含细粒土砂，并且通过农八师新西线风积沙隔水层厚度 50~60 cm，农一师阿科公路受到较高水位的地表水影响下风积沙隔水层厚度也为 50 cm，其他道路如农一师 14 团通连公路、塔南公路等均采用细颗粒含量小于 5%的风积沙，填筑厚度也为 50 cm 左右，道路经过 2~3 个的冻融循化也未发生冻胀破坏，因此课题组认为对于 SP 类风积沙土质冻结水或强烈毛细水上升高度在 50~60 cm 考虑为宜。

至于表 6-4 中的风积沙的强烈毛细水上升高度中的值，课题组认为比较简单、不严密，趋于保守，因为风积沙因细颗粒含量的不同分为三种类别，这三种类别的风积沙细颗粒含量不同，而决定毛细水上升高度的主要因素为粉黏粒含量及颗粒组成，既然细颗粒含量不同，也就反映其毛细水上升高度不同，所以课题组认为并经现场实际工作论证，对于 SP 类风积沙应采用毛细水上高度为 50~60 cm 是较为切合实际的，SF 类风积沙为 60~80 cm，SM 类风积沙为 80~100 cm，也符合规范中关于土质分类的要求。

2. 风积沙隔水层厚度的确定

按照吉林省交通厅主编的《公路工程抗冻设计与施工技术指南》的规定，对于冻胀地区采用风积沙防治冻胀的路基填筑高度为道路最大冻深+毛细水上升高度；新疆公路学会在采用风积沙隔断层防治盐胀中表明风积沙隔断层的厚度根据毛细水上升高度计算而定，最小厚度不宜小于 60 cm，砂中的粉黏粒含量应小于 5%，含盐量符合规范要求，并且要求设置隔断层的路堤，其最小高度应满足隔断层埋设位置的要求，同时隔断层底面应高出底面不小于20 cm。这两种方案如果只针对单纯的冻胀或盐胀病害的防治应该是可行的，而且是比较安全的。但对于垦区内公路等级低（三级或以下等级公路为主）、造价低且地处冰冻盐渍土地区的公路，对其病害的防治不能仅从单纯的冻胀或盐胀方面采取措施，应该将二者综合考虑，选取既能防治病害又可节省工程造价的方法或措施。

从气候角度讲北疆垦区内冬季气温相对较低，且低温持续时间长，最大冻深一般在 1.4~1.8 m，在阿勒泰地区达 2 m 以上；南疆地区相对暖和，最大冻深在 0.7~1.0 m，焉耆盆地为 1.0~1.2 m。从盐渍土地区来看，由于盐渍土形成的特殊垂直分布性，南北疆各地均有程度不同的盐渍土病害，两者相差不大，但是以焉耆盆地为最重。因此，对于盐渍土地区冻胀和盐胀的防治，北疆以冻胀和盐胀并重，南疆以盐胀为主，但是根据当地的地理环境具体对待。

课题组通过对农八师新西线的工程实践表明，在地下水影响较为严重的149团过境段，防治冻胀采用最大冻深 70%的风积沙隔断层，效果很好；另外在该公路中硫酸盐盐渍土和冻胀并重路段也采用最大冻深 60%~70%的隔断层达到有效治理的目的，因此课题组通过总结认为：在解决冻胀或盐胀病害问题，首先必须考虑路基土质的盐渍化程度和冻胀的影响深度，在此基础上对于三级及以下等级公路从盐胀有效影响深度的 60%（80~100 cm）和最大冻深 70%中选取最大值进行防治，才能较为经济和实用，且适用于垦区内道路等级低、造价低的现状。因垦区三级道路一般结构层厚度为 30~48 cm，最大冻深的 70%为 0.98~1.26 m，这样风积沙隔水层厚度就达 50~100 cm，基本满足盐胀的防治要求。

在南疆地区，如果按照上述防治冻胀的深度则很难保证防治路基盐胀的产生，因此，首先应该保证路基填筑风积沙隔断层满足防治盐胀要求 50~60 cm 后，再考虑冻胀问题，选取较大值。

以上致使针对垦区三级及以下等公路分析研究的，而对于其他较高等级公路应该提高标准，因此课题组通过研究分析认为：在满足强度和结构功能的前提下，对于二级公路采用盐胀量占总盐胀量 70%的深度（120~140 cm）和最大冻深 80%中选取最大值进行防治；对于一级及高等级公路采用盐盐胀量占总盐胀量 80%的深度（160~180 cm）和最大冻深 90%~100%中选取最大值进行防治，可以保证公路运行质量。

当然了，因为工程现场的实际情况千差万别，在具体应用时根据实际情况选取风积沙隔断层的厚度，尤其在重盐碱、蒸发量大的地区更应注意蒸腾作用的影响，据其确定风积沙隔断层的厚度。

6.2.3.3 风积沙隔水层的施工方法

对于冻胀和盐胀而言，土质中水分的含量对其影响较大，合理的施工方法，既能够保证风积沙隔离层的强度、稳定性和压实性，又能最大可能的降低含水量，增加透水性，减小冻胀以及盐胀产生的概率，应引起采用风积沙隔水层施工的足够重视。

目前成熟的风积沙碾压方式主要分为干压实和湿压实两大类别，仅从考虑减少隔水层中的水分含量而言，采用干压实方法是最好的，但是这种压实工艺造成在施工路面结构层时应设土工布或砂砾石料隔离层以防底基层砂砾石料嵌入路基而降低路面强度，从而影响整个路面的结构稳定。这种方法势必会造成公路筑路成本的增大，不利于垦区三级或三级以下低等级公路中的广泛采用。湿压法的优点：压实后采取特殊的施工工艺，可以防止砂砾石料嵌入风积沙层，达到降低工程造价的目的；另外，在运行过程中随着水分的散失，整体强度提高较快。其缺点：路基压实后风积沙中的含水量大，对防治冻胀病害不利，可能会造成风积沙自身产生冻胀，特别是在排水不畅的路段更是如此。

对土质而言不是只要有水就能引起冻胀，必须在含水量达到一定的限度之后才能引其冻胀的产生。吉林省交通厅的研究成果如表 6-6 所示。

表 6-6　不同土质的起始冻胀含水量

土的名称	黏质土	粉质土	粉土质砂	细粒土质砾、黏土质砂	含细粒土质砾（砂）
起胀含水量/%	12~17	10~14	9~11	8~10	6~8

从表 6-6 可知，对于风积沙细颗粒含量在 5% 以下的砂（SP）以及细颗粒含量在 5%~15% 的含细粒土质砂（SF）类风积沙，其起胀含水量在 6%~8%，含水量愈大，冻胀量也愈大。

根据有关文献的研究表明，对于盐胀含水量在一定的范围内（6%至最佳含水量与塑限之间的峰值）随着水量的增大而增大，超过此范围随着含水量的增大而减小。

综上所述，对于风积沙而言产生冻胀和盐胀的起胀含水量基本相同。因此，要从根本上解决冻胀和盐胀病害的破坏，就必须对含水量进行严格的控制。而风积沙的最佳含水量一般在 11%~14%，采用湿压法无疑会造成产生冻胀和盐胀因素，但是采用干压法有会造成工程成本的增加，不能达到降低工程成本的目的。为此，课题组认为采用课题组曾经承担的西部交通科技建设项目"风积沙在兵团垦区公路垫层中的应用"研究成果——干湿混合碾压法施工，即：底部采用干压法施工、顶层采用湿压法施工。这种工艺充分利用风积沙透水性好的特性，在施工过程中可以解决路面底基层砂砾石料的嵌入问题，并在运行过程中利用风积沙透水性好的性能，将上层较高的含水量渗入下层，降低上层风积沙含水，而且又能使底部的含水量不会过大，从而有效达到从水源角度防治冻胀和盐胀病害的发生。这种干湿混合压实的施工工艺课题组曾经在农八师古新线做过含水量检测试验，试验结果见表 6-7。

表 6-7　农八师古新线风积沙干湿混合压实法含水量试验结果

深度/cm	5	20	40	60	80
含水量/%	14.023	10.334	7.362	4.382	2.014

由检测结果可知，在 80 cm 内含水量的平均值为 7.6%，大幅度降低了风积沙中的含水量，而土中的含水量在运行过程中会进一步均匀分散，并且部分水分会蒸发或流失，这样使得风积沙中的含水量进一步降低，从而达到有效防治冻胀和盐胀病害的目的。

6.2.3.4　风积沙适用条件

风积沙隔断层作为防治冻胀或盐胀的材料，其主要作用是隔断毛细水进入路基上层，也可使上部渗水下渗，但是所需的厚度相对较大，材料的用量多，因此适用于路基填土高度较高的且材料运距较近的路段。

在盐碱较重、蒸发量较大的路段，如果隔断层受到填筑高度的影响，不能满足要求时，不能使用。

6.2.4　小　结

本节从风积沙颗粒组成、化学特性、力学特性等方面系统地对风积沙用于冻胀和盐胀病害防治的可行性进行了分析研究，提出了细颗粒含量小于 5%的风积沙可用于各种道路的盐胀和冻胀病害防治，5%~15%类风积沙可用于地质水文状况稍好的路段。

并通过南北疆多条公路工程采用风积沙隔断层防治技术的实际应用，阐述了风积沙作为隔水层、透水层以及提高路面强度的应用，提出了各类风积沙的毛细水上升高度以及风积沙隔断层的填筑厚度确定原则，并给出了建议填筑厚度。

总之，利用风积沙隔断层防治公路冻胀病害是可行的，且其换填深度在 50～60 cm 及以上时可以达到防治要求；在兵团垦区特别是沙漠周边的垦区都普遍存在着整个沙丘，其粉、黏粒含量（0.074 mm 以下颗粒含量）大部分都小于 5%，符合防治冻胀及盐胀病害的土质要求，要为防治冻胀及盐胀病害提供了就地取材和推广的便利；另外利用风积沙进行公路冻胀病害的防治，对充分利用风积沙资源，实现降低造价和改造自然环境提供了条件。

6.3 土工布隔断层在垦区公路冻胀及盐胀防治技术的应用研究

前面章节已经对冻胀的影响因素做了较为详细的阐述，要解决冻胀病害的产生，就必须解决冻胀产生的主要原因：土质、水分和温度，这三者中解决一种就可以从根本上达到处理冻胀的目的。盐渍土中水分的多少也对盐胀病害的产生作用影响很大，因此在上一节中对风积沙隔断层的应用已经进行分析研究，本节主要从隔水角度对土工布防治冻胀和盐胀病害的应用进行研究总结。

6.3.1 土工布的性能

土工膜是由聚合物与土工织物加热压合或用胶黏剂黏合而成，有一布一膜、二布一膜、三布二膜等。膜可以完全隔断水分，土工织物可以保护土工膜，防止膜被接触的砾碎石刺破，防止铺设时被人为或机械损坏，也可以防止运输时的损坏，即使膜发生小的破损，由于土工织物的阻水能力，仍能限制渗漏。

土工织物又可以起到一定的排水层作用，可以排出膜上下的渗透水或孔隙水，防止膜被水和气抬起而失稳，并可提高与土、砂砾等接触面的摩擦系数；另外，复合土工膜能够承受一定的拉力和伸长变形，可以扩散土体的应力，限制土体的侧向位移，对路基有一定的加固和稳定作用。

因此，可以认为，复合土工膜是目前较为理想的隔断层材料，在盐渍土地区以及冻胀地区筑路时，做经济比较分析后，优先采用二布一膜土工布。

6.3.2 土工布防治冻胀和盐胀的应用实例

6.3.2.1 土工布防治冻胀和盐胀综合病害的应用

芳马公路（X194）是芳草湖总场通往106团（马桥镇）的通县（团）公路，公路全长约40 km。工程地域属呼图壁河流域冲积细土平原下游，马桥镇北部为古尔班通古特大沙漠的南缘，该地区极端最高气温43.8 ℃，极端最低气温-42.8 ℃，最大冻土深度140 cm。

工程区域地质状况较为复杂，地下水位较高，公路经过的一些地段含盐量较高，盐性有亚硫酸盐渍土、硫酸盐渍土、亚氯盐渍土、氯盐渍土，其中不乏强盐渍土，现场探坑取样1 m内的平均含盐总量达1.8%以上，公路盐胀问题较为严峻。公路西侧有一条未防渗的芳草湖西干渠相伴，渠边距路边不足8 m，最近处路边边坡下就为水渠，水面与路面高差0.5~2.10 m不等。部分路段（主要是K14+500至K20+500）由于渠道地表水的渗漏，路基土水分较大，其次雨水渗入和雪水融化使土基呈潮湿甚至过湿状态，且该段化学分析以硫酸盐和氯盐盐渍土病害为主，该路此前经多次修筑，翻浆和盐胀等盐渍土病害始终得不到控制，冻胀和盐渍病害依旧（图6-12、图6-13）。

图6-12 芳马公路盐胀路况　　图6-13 芳马公路冻胀翻浆状况

2002年4月在该路动工前，我西部课题组前往现场勘察分析后认为，从试坑盐分沿垂直方向的分布看：表层0~5 cm的含盐量相对较小的原因是在砂砾石料中取样，已经含有盐分，证明已经被路基盐渍土的蒸腾作用次生盐渍化了；设防应该在原地面下0~0.50 m，而且重点防的是硫酸盐盐胀和氯盐盐渍土加重的翻浆（从旧的路况看也是如此），兼顾防治盐胀引起的破坏；并且此段路路基含水量高的问题也不容忽视，因此应从治水开始，欲保证路面下0.8 m的范围较干燥，采用塑膜是安全和较经济的方案，决定采用较为保守的铺膜加换填的处理方案以解决该公路的冻胀以及盐胀病害。

通过综合考虑从 K14+500 至 K20+500 全部下挖至设计路面高程下 90 cmm 处，然后铺设风积沙类土 10 cmm，随后满槽铺设塑膜（0.2 mm 的黑色聚乙烯防渗膜），槽宽 10～11 m。膜上先填 10 cmm 的风积沙类土和 27 cmm 的合格（盐分）粉质和黏质土，上部铺 25 cm 的天然砂砾底基层和摊铺 18 cm 的水泥稳定砂砾基层，后铺筑 3 cm 沥青混凝土路面。实施时下挖的有超挖现象，在合格土料上找平（纵、横坡），控制好含水量、压实度。

工程在 2002 年完工后实测回弹弯沉值符合设计要求。完工后的第一个秋季后，路面纵横裂缝均少于同条公路的前后路段的纵横裂缝数。2002 年与 2003 年实测回弹弯沉值均有一定的增加。虽然自 2003 年 9 月路旁的芳草湖西干渠废弃改用路西约 20 m 的新防渗渠，但渠路共同运行 1 年和后期运行 3 年多时间，公路未发现翻浆，并在 2005 年、2006 年直至目前对农六师同期公路调查结果显示，该路况均优于其他公路（图 6-14、图 6-15）。

图 6-14　芳马公路路况　　　　　图 6-15　芳马公路路况

结论：① 铺设的塑膜起到了防水的作用，加之换填的土质含盐少，使得路面下 80 cm 范围的路基保持在一定的干燥或中湿状态，形成了路面结构的板块。塑膜的隔水作用，使得新填筑的土不被次生盐渍化侵袭，加之路面下 80 cm（约为原地面下 40 cm）以下的盐分含量已大为减少（挖路槽处理掉了上层路基中的含盐土），以及土工布上层 80 cm 的上覆荷载，无论是小的盐胀和盐渍恶化翻浆的现象得到了有效的控制。② 由于塑料薄膜的铺设隔断了地下水和地表水的渗入问题，更主要是由于渠道的外移，原先的渠道起到排水沟的作用，使路基中的水分逐渐排出，路基保持干燥状态，从而隔断了产生冻胀破坏的主要因素——水的补给，达到有效治理冻胀的目的。③ 路基的抬高在一定程度上起到增加路面结构层的作用，使原先的冻胀线上移，而在此部位由于换填合格土质，路基冻胀和盐胀得到充分抑制，达到有效治理冻胀和盐胀的目的。④土工布的铺设隔断了地下水的上升,并且将路基底层的盐分隔断在土工布下部,使盐分缺少上升的通道,即使蒸发量很大,也无法使底层的盐分上升到路基上层,从根本上解决了盐胀和冻胀病害的发生。

总之,采用排沟和铺设土工布在一定的深度(80 cm),可以有效地抑制冻胀和盐胀病害。

6.3.2.2 土工布防治盐胀病害的应用

1. 古新线 2#洼地土工布防治盐胀以及高水位冻胀破坏工程应用

农八师古新干线公路 2#洼地段地处古新干线末端,该地区气候属大陆性中温带干旱气候,夏季炎热,冬季长且寒冷,春季升温急剧,秋季降温迅速,垦区多年平均气温 6.5 °C,月较差 17.2 °C,年较差 75.01 °C,极端最高气温 43.1 °C,极端最低气温 42.8 °C。平均年降水量 142.89 mm,平均年蒸发量 1829.4 mm。最大冻土深度 145 cm。2#洼地——142 团段的 K89+800 至 K104+000 路段,该段浅层滞水水位较高,距地面 0.5~2.7 m 不等,土中盐性以硫酸盐和亚硫酸盐为主,其中不乏亚氯盐渍土,而且总盐含量较高,工程沿线半径约 20 km 内除农田外极难寻找到含盐合格可用的料场;地下水位距原地面 0~210 cm 不等,路段受到较为严重的冻胀破坏威胁。

由于 2#洼地筑路条件极差,盐渍十分的严重,且盐分沿路线分布不均,加之周边可用的筑路材料十分的匮乏,旧的路基挖弃不经济,盐渍土分布范围较为广泛。因此我公司西部课题组 5 月份入驻工地现场后经多方比较,决定采用土工布使路面结构形成相对柔性的板体。在设计方大力协作的基础上,依据盐渍土盐分及数量的不同分六段,用四种路基标准断面方案对不同盐渍土路段进行处理:① 线路 K89+800 至 K90+700 段两侧为居民区,路基较低,地下水埋深 2.2 m,为硫酸盐渍土,路基换填深度为 89 cm,用加筋土工布包裹砂砾,土工布上下铺 10 cm 中粗砂。② K97+100 至 K97+900、K98+060 至 K98+300、K99+950 至 K100+700 段受居民区的影响,路基较低,地下水埋深 1.8~2.5 m,为硫酸盐渍土,路基换填深度为 80 cm,用土工布包裹砂砾,加筋土工布上下铺 10 cm 中粗砂。③ K102+000 至 K104+000 段为硫酸盐强盐渍土段,根据原路基盐渍化的强弱程序分两段进行处理,K102+000 至 K103+000 段,硫酸钠含量在 0.8%~1.23%,路基换填深度为 100 cm,用土工布包裹砂砾,加筋土工布上下铺 10 cm 中粗砂。K103+000 至 K104+000 段,硫酸钠含量在 1.23%~2.33%,路基换填深度为 100 cm,用双层土工布包裹砂砾,加筋土工布上下铺 10 cm 中粗砂。

2#洼地于 2004 年 10 月于工程完工后,监理、施工单位进行检测验收,各项指标均符合设计要求。证明该方案运行可靠。工程经过 2 年多的运行,在 2006 年 11 月和 2007 年 3 月进行的路况调查结果显示,路面状况良好,未出现破损、隆起、翻浆等公路病害(图 6-16、图 6-17)。说明采用土工布隔断法处理方案是可行的、成功的。

图 6-16　古新线 K96 段路况　　图 6-17　古新线 K102 至 103 段路况

结论:本段路防治盐胀的主要成功之处在于针对不同的土质含盐量采用了不同的防治措施,主要体现在土工布的铺设位置:对于同等硫酸盐土质,根据地下水位的不同采取了不同深度的铺设位置,既降低了造价又达到了保证工程质量之目的(如①②);对于同种地下水位的路段,根据含盐量的不同,采取了不同方式和埋置深度的土工布铺设方案,取得了很好的效果(如③)。另外,按照设计修筑道路时挖了排碱渠,这对降低路基水位和使路基底部的盐分排出起到了很好的作用,从而保证了路基上层的干燥以及减轻和隔绝路基次生盐渍化的产生,达到防治冻胀和盐胀的目的。

总之,在不同的路段根据地下水位和土壤盐渍化的程度选取方案是至关重要的,对于中硫酸盐盐渍土路段,土工布铺设位置在 80~90 cm 可解决地下水较高的冻胀和盐胀破坏;在中、强硫酸盐盐渍土路段采用土工布铺筑 100 cm 深度处,强盐渍土路段、高水位路段,采用双层土工布处理盐胀和冻胀是可行的。

2. 农八师下干线设置土工膜防治冻胀应用

农八师下干公路 2000 年动工,2001 年完工通车,全线横贯巴音沟河,金沟河,奎屯河三个流域的细土平原中下游。该工程沿线均有不同程度的盐渍土分布,旧路面严重翻浆、隆起,经调查属于硫酸盐盐渍土中、强盐胀性土类。

施工中在奎屯河流域冲积细土平原中下游段的省道 S312(K71+300 至 K71+750)段,旧的四级砂石路面翻浆严重,经现场取样化验发现 K71+500

探坑土样盐分较多,属亚硫酸盐渍土(强盐渍土类)。通过在路面下 80~90 cm 设置一道土工膜(一布一膜),至今公路运行完好。具体做法如下:

将 K71+300 至 K71+800 全断面开挖,挖弃原路基土料。深度从设计路面高度下推 90~100 cm 作为开挖高程,目测开挖土的含盐大于探坑土的含盐量,开挖后的路槽下部翻晒 23 d,待含水量适宜时,回填调运方 10 cm 后下碾进行压实。而后满槽横向铺膜,膜布沿槽沿上至地面上 30 cm,膜上调土两层,分层压实,后填筑结构层 45 cm(22 cm 天然级配+20 cm 人工级配+3 cm 沥青表处)。2001 年 10 月份通车至今,结构层未发生病害(图 6-18、图 6-19)。

图 6-18　下干线 K71+500 路况　　图 6-19　下干线 K71+500 段路况

从试坑样知,此段路为强盐渍土路段,天然含水量较大;从钻孔知这是上层滞水所致。地面下 2~3 m 处有一相对不透水层,周边无通畅的排碱渠,故该部分水极难排出,欲保证路面下 80 cm 的压实度,施工几乎不可能;若采用翻晒后快速施工的方法,则很难保证公路在运行期间路基土的次生盐渍土化不发生。由于原路基土有一定的盐胀性,对公路运行品质构成威胁,故通过换土去除了土中的盐分,土工布的应用彻底隔断了原基底部盐分的上升,避免了路基填土的次生盐渍化,从而保证了路基不受盐胀破坏,达到了防治之目的。

6.3.2.3　土工布防治次生盐渍化盐胀病害的应用

S306 线是从 24 团经过 223 团、八棵树乡到 23 团的主要道路,这条公路地处天山南麓的焉耆盆地北边缘,该地区公路沿线盐渍土盐胀问题特别严重,尤其是硫酸盐盐渍土的盐胀问题一直困扰着公路建设者。垦区内的对外主要通道(特别是 24 团对外的唯一通道)S306 线,始建于 20 世纪 70 年代,刚开始修建时只将路边的盐渍化土质直接推筑而成的土路,其后随着团场经济建设的发展，逐渐铺了一层层戈壁（含土量较大的砂砾石料），在这期间于2000年曾经大修一次，铺筑了50 cm左右的砂砾石料后直接铺筑了沥青面层，但是由于公路盐胀较为剧烈，运行2年后该公路已经严重变形；为此，在2002年再次对其进行了改建，这次是在原路面上有直接铺筑了50~60 cm的砂砾石料，在局部盐胀较为严重的路段铺设了土工布。从地表状况观察，因从K7至K29段路基填高均在2.5 m以上，地表干燥，地下水和地表水均不会对公路产生影响，路面破坏主要表现为盐胀破坏。

实施效果，在K7至K18段（处于24团境内），经过多年、多次改造，并在2002年铺设了土工布，土工布铺设在路面下50~60 cm，路基整体填高在3.0~3.5 m，该段路在2007年3月调查时未发现有严重的盐胀变形或裂缝产生（图6-20、图6-21）；

图6-20　K15至K16段路况　　　　图6-21　K15至K16段边坡及盐碱

K18至K29段未铺设土工布，路面在运行了4年后，局部已经大面积的开裂，并且在路面的局部微裂缝处出现了盐渍土返碱现象，这说明此段路是严重的盐胀病害（图6-22、图6-23）。

图6-22　K20+500处路面破损、变形状况　　图6-23　K20~K21段路面破损及返碱现象

由以上对比可知，前半段路况较好的原因是采用了土工布，起到了隔断地下水的上升携盐作用，并且将路基中的蒸汽含盐上升的通道被土工布隔断，从而彻底根除了路基、路面的次生盐渍化，达到了治理盐胀的目的；而后半段因未设土工布隔断，而对于这种在蒸发量大的、盐渍土较重地区，虽说地下水和地表水对其影响不大，但是依靠蒸腾作用的携盐上升也是不可忽视的，从而引起了上层路基、路面土质的次生盐渍化，并产生了盐胀破坏。

结论：采用土工布隔断层可以有效地隔断路基底部的盐分上升，防止上层土质的次生盐渍化，达到有效治理盐胀之目的。

6.3.3 土工布隔断层在防治盐胀和冻胀应用中的要求

6.3.3.1 土工布隔断层的应用指标及技术要求

1. 土工布隔断层的技术指标

对于冻胀性路段应用土工布进行隔水时，宜采用具有不透水性的土工布；而对盐胀路段根据工程现场需要选用透水性或不透水性土工布，一般有土工膜布、聚乙烯防渗膜、复合土工膜等。主要技术指标按照 JTJ/T019—98《公路土工合成材料应用技术规范》以及《盐渍土地区公路设计与施工指南》执行。

2. 土工布隔断层施工的技术要求

（1）所选土工布主要为加筋、过滤和排水作用，应选用有纺土工织物，宜选用抗拉强度高、变形量小、粗糙度大的产品，其应达到的主要技术指标详见表 6-8。

表 6-8 用于隔断层的土工合成材料物理力学性能指标

技术指标	单位	渗水性土工织物	复合土工膜（二布一膜）	土工膜	聚乙烯防渗薄膜
膜厚	mm		≥0.3	≥0.3	0.18
总厚	mm	≥2.4			
单位面积质量	g/m^2	≥300	≥600	≥300	
渗透性		透水 O_{95}≤0.21 mm	耐静水压力 ≥0.6 MPa	耐静水压力 ≥0.6 MPa	（不透水）
断裂强度	kN/m	≥9.5	≥10	≥12 MPa	≥10 MPa
顶破强度（圆球）	N			≥250	≥50

续表

技术指标	单位	渗水性土工织物	复合土工膜（二布一膜）	土工膜	聚乙烯防渗薄膜
CBR 顶破强度	Kn	≥1.5	≥1.9		
撕裂强度		≥0.24 kN（梯形）	≥0.32 kN（梯形）	≥40 N/mm（直角）	
断裂伸长率	%	≥50	≥50	≥300	≥300
剥离强度	N/cm		>6		
经纬密度	根/100 mm				

（2）所用产品应具抗老化性能（抗紫外线），要具有抗强酸、强碱特性，最好采用聚丙烯类材料。

（3）土工布之间应采用缝合法连接，连接处的强度不应低于材料设计抗拉强度。

（4）做好横向排水，避免膜上、下积聚水分，即除做好路基横坡外，铺设在细粒土中的复合土工膜布应用渗水性土做上、下排水层。

（5）用土工膜做隔断层，必须设置砂或砂性土的上、下保护层，以防顶破；保护层兼起排水层的作用，故必须严格控制其粉黏粒含量不超过15%。

（6）其他施工要求详见 JTJ/T019—98《公路土工合成材料应用技术规范》中第3章、第5章。

6.3.3.2　土工布隔断层在公路中的铺设位置

（1）对于冻胀路段，根据地下水位的变化，按照经济、安全、适用的原则，确定防渗土工布的铺设深度，对于垦区内三级及以下等级公路一般按照当地最大道路冻深的70%（即从路肩以下70%的最大冻深）处设置土工膜布。二级公路为最大冻深的80%，一级及高速公路为最大冻深90%~100%作为土工膜布铺位置。

（2）对盐胀路段按照盐渍土的盐渍化程度，一般铺设深度三级及以下等级公路为 80~100 cm；对于二级公路取 120~140 cm，高级公路及一级公路取 160~180 cm。但是对于路基含盐量较高的路段根据实际情况加大防范深度 20~30 cm。

（3）对于盐胀和冻胀问题均较为严重即并发路段，在满足道路功能、结构和强度的前提下分别按照不同的方式确定各自的铺设深度，最后取最大值作为防治冻胀和盐胀的土工布铺设位置。

6.3.3.3 土工布隔断层的使用条件

（1）地下水位较高，路基抬高受到限制的冻胀路段。

（2）抬高路基所需材料的费用远大于使用土工布防治冻胀和盐胀的路段。

（3）路基高度受到限制，但地下水位高、原路基毛细水上升高度大、土质盐分含量大的路段，防治盐胀和冻胀病害。

（4）毛细水上升高度大、蒸发量大致使蒸腾作用严重，采用其他隔断措施无法有效根除路基、或路面的次生盐渍化的路段。

6.3.4 小 结

本节从土工布应用于盐胀和冻胀病害防治的性能论述了其防治两大病害的可行性，并通过实体工程的应用以及对比验证，总结出土工布防治盐胀及冻胀病害不但可以组织水分的上升和排出路基含水，保持路基干燥，又可以起到防止路基或路面上层次生盐渍化的产生，达到防治冻胀和盐胀之目的。

并对土工布防治冻胀和盐胀的技术指标、应用要求、埋设深度、使用条件等进行了阐述，对垦区内推广应用土工布防治冻胀和盐胀提供借鉴。

6.4 降低路基水位法在防治冻胀、盐胀病害中的应用研究

众所周知，路基土不论是冻胀还是盐胀，均与土中的含水量有密切的关系，前面章节已经对冻胀和盐胀的起胀含水量作了叙述，此处不再赘述。对于降低路基土中的水分，一般有两种方法：隔断水分上升路基和降低路基水位。至于隔断水分进入路基常用的方法是采用土工布隔断和透水性材料隔断两种方法，已经在6.2节和6.3节中论述过了，此处也不再赘述。

降低路基水位法就是采取措施将路基的地下水位降低，以减少路基中的含水量和含盐量，保持路基干燥，达到治理冻胀和盐胀的目的。这也是较为常用的方法之一。一般来说降低路基水位可分为两种：

（1）降低路基绝对水位，即直接采用排沟、排碱渠、渗沟、渗井等方法将路基地下水位或地表水引出，直接降低地下水位。这种方法在垦区内应用较多，一般在平原盐渍土地区的排碱渠、排沟和山区挖排水沟等。

（2）降低路基相对水位，即在原地下水水位不变的情况下，采取加高路基高度，增加路基顶面到地下水位的距离，增长毛细水或蒸腾作用的上升高

度,从而减少进入路基上部的水分和盐分,达到治理冻胀和盐胀的目的。这种方法也在垦区内防治冻胀和盐胀中应用较为广泛,这是垦区内改建道路常用的方法之一。

6.4.1 抬高路基法防治冻胀病害的应用

这种方法在垦区内改建道路中应用较为广泛,因原道路是经过多年多次的修建累加而成,但是由于修建时是只是简单的铺土叠加,路基高度相对较高,在最近几年的改建中,为了进一步彻底防治公路病害,基本上均是对其进行加高处理。

(1) G217 段:道路改建升级为二级公路,是在原公路的基础上揭除沥青面层后,按照设计高程增加了部分路基和处理防治盐胀措施,并在其上填筑路面结构层。通过调查发现,仅在 K531 至 K503 段,提高路基高度达 1.2～1.4 m,整体高度的提高对于防治强盐渍土盐胀起到了很好的抑制作用;特别是在该段范围内路基总高度达 3～4 m 的部位,盐胀明显减少,效果相对较好。

(2) 在农一师 7 团至 16 团公路,该路全线主要为亚氯盐渍土、亚硫酸盐渍土、氯盐渍土,经对 1.0 m 以上土层盐分样化验分析,土层盐分主要集中在 0～0.3 m 的表层土壤中,土壤盐分随着深度的增加迅速降低,因此在筑路时对地表清除 30 cm 后修建路基,基本盐胀问题不存在;该地区受到灌区农田用水的影响,局部地下水位较高,地下水埋深一般在 2.0～3.0 m,在 K15+000 至 K17+000 段,公路左侧有一条渠道,常年有水,在春灌和秋灌期间,渠道水位高于路面约 2 m,由于渠道渗漏,该路段地下水一般埋深在 0.5～1.5 m,因此该段路受到冻胀的影响较大。在该段路中采用路基平均填筑 35 cm 风积沙以抬高路基治理冻胀,施工完毕后经过 4 年 5 个冻融循化,路况较好,治理效果明显。

(3) 农一师 12 团至 14 团公路在 K4+000 至 K6+000 左侧为灌溉农渠,常年流水,最大水位略高于老路面,在未改建前,道路的冻胀比较严重维护费用很高。为防治冻胀,在 K4+000 至 K6+000 段适当的抬高了风积沙路基 50～70 cm,风积沙能够有效地降低地下水的毛细上升高度,使公路能够保持在干燥的状态,有效地防治了冻胀问题。

(4) 农一师塔南公路 K30+000 至 K32+00 段和 K36+000 至 K38+000 段对比调查:

在 K30+000 至 K32+00 段道路两侧为弱盐渍土,地下水位较高。原路基翻浆、鼓胀现象严重,对原路基开挖后,路基含水量较高,在 15%～18%,施工中换填了 80 cm 厚风积沙,并铺塑料膜,塑膜铺设距路面以下 80 cm 的位置。该路段路面基本没有破坏，运行状况良好。而 K36+000 至 K38+000 段在路面下 80 cm 位置铺设了塑膜，以防止地下水对公路的影响。但公路两侧为林床，林床距路面的高度只有 30~40 cm，在春秋两季林床灌水，水面仅低于路面 10 cm 左右，对公路影响非常大，在公路建成后的第一个运行期，道路就出现了较严重的纵向裂缝，在 2006 年冬季调查中裂缝宽度有所开展。综上所述，防治盐胀、冻胀对公路的破坏，主要是控制好路基内的水分，而对水的控制不能仅仅考虑地下水对公路的影响，道路两侧来水对路基的影响也至关重要，垦区公路大多穿过灌区，公路两侧来水较多，因此适当的应当考虑抬高路基，以减少灌溉水对公路的影响。

（5）其他工程：如农八师新西线 K17+950 至 K21+900 段也是采用风积沙隔断层提高路基法，效果很好。

6.4.2 深挖排沟或林床降低水位法防治盐胀的应用

（1）建工师红旗农场地处新疆天山北坡金沟河冲洪积细土平原的中下游，地层地表下平均 4.5 m 厚的灰漠土，浅层滞水埋深为 1.5~3 m。20 世纪 60 年代初修筑的省道 S219 横穿农场，由于盐胀及翻浆，虽经多次大修，在 2000 年改造之前，盐渍病害仍十分严重。该路段土质经检验分析为亚硫酸盐强盐渍土，盐胀问题表现突出。2003 年修筑前，红旗农场的主干道多为田间机耕道，降水多或田间跑水以及春季融雪后，翻浆现象时有发生（设计勘察时发现），每年入秋后部分路段起胀变形时有发生（调查）。2003 年 10 月修筑完毕，至 12 月未发生盐胀和翻浆，工程措施是深挖路旁的林床 1.6~1.8 m（已有部分林床这样成型），路基自原地面又垫高 0.7~1.0 m，如此形成路基高 2.3~2.8 m。该公路于 2003 年 4 月施工，2003 年 10 月竣工，通过 3 年多的运行，效果良好（图 6-24）。

（a）

（b）

图 6-24 建工师红旗农场主干公路深挖林床路况

（2）农九师边防公路位于山区，该地区地下水和地表水对公路路基影响较为严重，通过调查中发现，在路基修建时开挖边沟的部位路面状况较其他路段较好，应用效果明显。

6.4.3　降低水位法在防治冻胀和盐胀工程中的应用

降低水位法的两种方法不是绝对孤单的，应该根据公路现场的实际地质情况，采取相应的措施，也可根据需要两种方法综合应用防治重盐碱地区的盐胀和冻胀病害。这种方法如农八师下干线工程的对比应用可以说明。

农八师下干线是典型的盐胀多发区，该公路沿线地质情况复杂，调查中发现在 K53 至 K54 段路况变形较为严重，出现了坑洼和波浪（图 6-25）；而在 K54 至 K59 段，路面状况良，特别是平整度较前段好得多，未出现变形现象（图 6-26）。这两段施工中采用的方法相同，均在原路基上直接填筑路面结构层，也未采取其他的工程处理措施。

图 6-25　K53 至 K54 段路况

图 6-26　K54 至 K61 段路况

调查中发现 K53 至 K54 段两侧路基填高较小（在 50～70 cm），一侧反映盐碱较大，一侧为芦苇，这充分证明此段路基中具有较大的盐分和充足的水分供给，致使路基在冬季降温的条件下产生冻胀以及盐胀破坏。在 K54 至 K61 段路基填筑厚度较高，达 90 cm 以上，并且部分路段在左侧还挖了排碱沟，这种路基高度加高和部分路段排碱沟的开挖，有利于排除路基中的水分和盐分，抬高路基的冻胀深度，降低了毛细水上升的速率及数量；并且由于排碱渠的存在，路基中的盐分随着自由水逐渐排除，另外排碱沟起到降低路基中地下水位线的作用，使得路基中的地下水位线下移，从而增大了毛细水上升的距离，延缓了毛细水上升而产生冻胀现象；由于路基中的水分散失，即使在非常强的蒸腾作用下，路基中的盐分向上层携带大大减弱，从而有效防治了盐胀和冻胀。

结论：抬高路基或挖排碱渠也可以较好的防治公路冻胀和盐胀病害。

6.4.4 降低水位法的适用条件

1. 抬高路基法

抬高路基以减少进入路基上部的水分和盐分，因为施工简便，也是常用的措施。但高度不足时效果多不显著，需要很大的高度才有较好的效果。这是因为硫酸盐渍土在很低的含水量时即可产生盐胀。该方法要经过充分论证也是十分有效的：①施工中的含水量，在路面结构铺筑之前或降温前路基含水量已降低在6%以下，这可采取两年施工，第一年土路床完全成型，闲置一个秋冬，第二年碾压后施工路面。如此在含盐不十分大（Na_2SO_4含量小于1.2%）时，可消除大部分盐胀。② 必须保证地下水埋深较大，以至在公路最恶劣的工况下，填筑土基的含水量可保证在6%以下。

该方法占地宽度较大，有可能使农区原有林木砍伐较多；穿越居民区时不宜采用提高路基；若路基产生盐胀的水分中气态水占有较大的比重，则不宜采用。

2. 降低地下水位

降低地下水位以减少进入路基上部的水分和盐分，其效果和原理与提高路基类似，可采用深挖排碱渠或排沟。排碱渠设在地下水的上游一侧为宜，渠的坡顶线与路床之间预留 2 m 宽的护坡道，这可以加强路基的稳定性，同时又给盐分和水分一个出路，进一步保护路基土少受盐分和水分的侵害。但目前排碱渠（公路）能与农田排渠结合的不太多，而且有可能增添圬工较多，提高造价。在地下水位较低的地区，可在护坡道外深挖林床（1.5～1.8 m），如此一来可增加林木的成活率（林床较湿，栽树后可少浇或不浇水，树木便可成活）；二来可旁路形成一个天然和生物的排水带。由于目前节水农业的大力推广，地下水位（浅层滞水）不升或下降，该方法一举几得，值得因地制宜地总结推广。

6.5 加强路面强度在防治冻胀、盐胀病害中的应用研究

在不改变道路运行环境的条件下，增强道路结构的强度和稳定性，保证

道路保持良好状态的目的，目前在国内外得到了较为广泛的应用，该种措施适用于一般公路、老路中轻度盐胀及冻胀的防治。该种处理措施目前采用较多的半刚性基层或与加铺厚垫层并用较多。

增加路面结构的整体强度，抑制冻胀和盐胀的产生，在治理盐胀和冻胀病害中较为广泛的应用。

6.5.1 半刚性基层的作用

1. 路面结构层在盐胀和冻胀作用下的受力特性

在冰冻盐渍土地区，降温过程中，路基发生冻胀或盐胀，由于受到上部荷载的抑制作用，不能自由膨胀，从而产生盐胀或冻胀土基上部结构层的作用力，即盐胀力或冻胀力，可谓之主动盐胀力或主动冻胀力。当温度回升，一部分易溶盐被溶解、冰体融化，路基土的孔隙率增大，路基土密度减小，在上覆荷载和行车荷载作用下，路基发生沉陷，表现出类似于软土的某些特性，此时路面主要承受上部荷载给予的压力。此时的盐胀力可谓之被动盐胀力。

2. 路基冻胀、盐胀的必要条件

路面抵抗盐胀和冻胀变形，有路面材料的自身固有的抗弯强度，以弯曲力矩 $M_{材}$ 表示；路面材料自重作用力而产生的抗盐胀、冻胀力矩，以 $M_{自}$ 表示。由于主动和被动盐（冻）胀力的不均匀性，因此路面欲抵制盐（冻）胀变形，路面材料的抗弯强度（固有），就是一个极其重要的设计参数，由于结构层形成的特殊工艺，其固有的上凸弯和下凸弯的抗弯强度不尽相同。若主动盐胀力产生的弯矩以 $M_{主胀}$ 表示，被动盐胀力产生的弯矩以 $M_{被胀}$ 表示，而结构层上凸弯的抗弯强度的 $M_{上}$ 表示；下凸弯的抗弯强度以 $M_{下}$ 表示，则路面不产生胀裂破坏的必要条件为：

$$M_{主胀} \leqslant M_{上} = M_{材} + M_{自}$$

$$M_{被胀} \leqslant M_{下} = M_{材}$$

不等式左边由路基土中盐渍土、含水量及温度变化等因素决定，而右边由结构层的材料决定，即路面结构层的抗弯强度是一个极其重要的人为可调因素。砂砾等松散材料抵抗弯曲变形（不均匀盐胀）能力较差，相比较而言，半刚性基层材料的板体性好，可以提高路面的抗变形能力。尤其是对交通量大、重载车多的盐胀道路，采用半刚性基层治理的方案是较为合理的。

6.5.2 加强路面强度防治盐胀的工程应用

1. 安下线（S224）

安下公路（S224）是连接国道 G312 和省道 S312 的一条重要公路，交通量负荷较大。公路位于巴音沟河冲积细土平原的中下游，2002 年改造前，该公路的中下段，盐渍病害十分严重，盐胀及翻浆路段多有出现。此前虽经多年多次小修，但久治未愈。2002 年改造方案：拓宽并加高路基 38 cm。路面结构为：3 cm（黑色面层）+15 cm（水泥稳定层）+20 cm（天然砂砾）+23 cm（原路面结构）。增加 15 m 的水泥稳定层可较大地增强路面结构的板体强度，新增的 38 cm 路面结构增大了路基盐胀土的上覆荷载，同时拓宽和加高的路基，改善了路基盐渍土的温度条件。经 4 年多 5 个冻融循环后，在 2006 年冬和 2007 年春的路况调查中发现：在路基加宽的部位基本上未出现纵向裂缝，而在另一侧出现了纵向裂缝。分析原因：是由于本地区硫酸盐含量较大，原路基中的盐分含量较大，而在道路改建时，对于加宽路段采用挖台阶处理，再用砂砾石料回填，砂石料填筑高度达 100 cm 以上，这有利于防治盐胀，而原路基部位只是揭除原沥青路面，对原路砂石料层整平碾压后铺筑路面结构层，致使原路基中盐分汇集在了路基中，在冬季降温的条件下开裂，造成裂缝病害，未产生翻浆和隆起等不平整现象，由此说明，采用水泥稳定砂砾基层有利于抑制公路盐胀破坏的产生和发展，可以抵抗较强的盐渍土盐胀变形。

2. 农六师玛芳公路

该公路采用了水泥稳定砂砾半刚性基层，在该公路冻胀和盐胀的共同作用下，该公路出现了纵向裂缝，但是公路路面平整度等均较为良好，这也从另一方面说明水泥稳定砂砾基层的整体强度，有力的抑制了不均匀盐胀和冻胀变形。

这种现象在农七师奎车公路、G217、S217 等公路中均有体现，在此不再多做赘述了（详见调查报告）。

6.5.3 适用条件

增加路面强度，采用水泥稳定砂砾基层，即是减少路基盐胀深度、加大路基上覆荷载，上覆荷载对盐胀也有相当强的约束作用，它也可使得 $M_{主胀}$ 有所降低，而结构层的增厚又可使得 $M_上$ 和 $M_下$ 有所增加。最后含盐或冻胀性的路基土由于外包材料增厚,其温度区间减小,从而可以减小 $M_{主胀}$ 和 $M_{被胀}$,达到抑制冻胀和盐胀的产生及发展。虽然该方案有上述诸多优点,但也有不利的一面:① 三级公路采用水泥稳定层,造价相对较高;② 水泥稳定层在新疆,尤指北疆寒冷地区的适应性值得研究(特别是前面章节已经论述的冰冻盐渍土地区水泥稳定砂砾基层的裂缝防治);③ 太高的路基较难对周边环境相协调,尤其是穿越居民区的路段。

因此,对于垦区内的三级公路在采取半刚性基层整体强度防治盐胀是可行的,但必须考虑经济性因素和由此带来的负面影响(半刚性基层裂缝的防治等问题),以决定是否采用半刚性基层还是采用增加柔性结构层厚度以防治冻胀和盐胀病害。

6.6 综合措施防治冻胀和盐胀病害的应用研究

因新疆三山夹两盆特殊的地理环境,地下径流和盐分缺乏出路,加之气候干燥,盐分来源途经多样,因而盐渍土的分布范围十分广泛,新疆全境大约有 9.6 万平方千米的盐渍土地域。而新疆又地处干旱寒冷的季节性冻土地区,面积较大,占全国的 1/6,垦区又插花分布于区内,从而形成了垦区特有的季节性冰冻盐渍土产生的冻胀和盐胀综合病害现象。另外,垦区内盐渍土分布广泛,加之垦区人为因素的影响,使得盐渍土的类型呈多样、多变和复杂化,对公路工程产生了不同状态的破坏,导致垦区内的冻胀和盐胀病害的表现形式也呈多样化,使得垦区内采取单一的措施治理盐胀和冻胀病害,显得有些不足或者难度很大。因此根据不同的地理环境和地质条件,选取不同的综合处理方案进行冻胀和盐胀的防治显得尤为重要。下面结合垦区内已经修建和应用的实例做一阐述。

1. 土工隔栅、隔断层及抬高路基、加强路面强度法在农一师阿塔公路(S207 线)盐胀和冻胀病害中的应用

农一师阿塔公路(S207 线)地处塔克拉玛干沙漠北缘,是连接农一师阿拉尔垦区的主要干线,该公路始建于 20 世纪 50 年代,经过几代兵团人的建设于 80 年铺筑了沥青路面,因为该路修建时只是将路旁的土质直接推筑而成,造成路基中盐分含量较大,加之公路沿线地下水位较高,致使该公路盐胀和冻胀破坏问题极为突出。在 90 年代后,农一师多次组织大修,虽说取得了一定的成果,但是只达到了治标不治本的作用,公路运行几年后,其盐胀和冻

胀病害问题仍然存在，直接影响到公路的正常运行和垦区经济的发展。为此，农一师交通局和兵团交通局在 2004 年决定对此路进行升级改建。在公路改建中主要针对盐胀和冻胀比较突出的问题进行彻底防治，取得了较好的效果（详见第 7 章试验路研究报告）。在此将采用的方法做一简述。

因该路的第二、三合同段公路盐胀和冻胀问题较为突出，因此课题组将这两段作为试验路进行研究。考虑到 K30+000 至 K69+300、K72+800 至 K75+000 段地下水位相对较高，地表水对路基产生的影响不是太大，但是公路盐碱较重的现实情况，采取的路基、路面试验方案为 5 cm 沥青混凝土面层+20 cm 5%水泥稳定砂砾基层+20 cm 级配砂砾底基层+55 cm 天然砂砾+50 风积沙+土工格栅+土路基（或原基）；而针对 K69+300 至 K72+800 段线经过多浪水库，地下水位极高且地表水对路基的冲刷的渗漏较为严重，故在此段采取的措施为：5 cm 沥青混凝土面层+20 cm 5%水泥稳定砂砾基层+20 cm 级配砂砾底基层+105 cm 天然砂砾+土工格栅+土路基（或原基）。并在迎水面设置了反压护道和铅丝石笼防护措施，以有效治理地表水和地下水对路基的影响。

从处理措施中可以看出：采用水泥稳定砂砾基层是应用了增强公路路面整体强度，抑制公路产生不均匀冻胀和盐胀病害的有效措施；应用风积沙隔断层初步隔断地下水后，再采用砂砾石料在此隔断地下水的上升和防治路基以及路面的次生盐渍化，并起到增强路基强度的作用；采用土工格栅和风积沙或砂砾石料一起达到增强路基整体强度的作用，以抑制盐胀和冻胀的产生及发展；施工完毕后，该公路路面整体提高了 1.5 m 左右，公路的冻胀和盐胀病害被压制在了 2 m 以下，致使盐胀和冻胀病害在 2.0 m 的路面结构及隔断层的压制下得到有效控制。

本工程采取防治措施的突出点是针对了不同的地质情况选取了相应的方案，特别是采用砂砾石料隔断代替风积沙隔断及反压护道和铅丝石笼防护的综合使用，达到了防治的目的。

本工程采取的防治措施虽然综合力度大，工程造价也相对较高，但是其对垦区内地质情况较为复杂的路段修建较高等级公路，提供了防治盐胀和冻胀病害的实例，有很大的借鉴意义。

2. 土工布隔断和抬高路基、增强路面板体强度法在芳马公路盐胀和冻胀病害中的应用

芳马公路是 106 团进出的唯一道路，该公路在 2002 年改建前路面表现为严重的盐胀和冻胀病害，经调查特别，在 K14+500 至 K20+500 段由于路右侧

的未防渗干渠的渗漏以及该段路硫酸盐、氯盐盐渍化程度高，是本路出现病害的主要因素。

针对这种现象，采取土工布防渗以及换填 80 cm 的合格土质加高路基，并在上层铺筑了水泥稳定砂砾基层措施，另外值得一提的是，该伴行渠道在 2003 年移往 20 m 外的新防渗渠，从而使该渠道起到排水作用。在以上措施的应用下，该公路经过了 5 年多的运行，至今效果良好，未出现公路冻胀或盐胀病害。

总之，由于兵团垦区特殊的地理位置环境和特殊的气候条件，垦区内公路病害的表现形式差异很大，有的在同一条路中也会出现相差较大的情况，因此必须做好地质调查，针对病害采取相应的处理措施。在一般的单纯措施处理盐胀和冻胀问题不能很好地解决时，应根据"因地制宜、就地取材、降低工程造价"的原则，采取综合治理措施，以达到从根本上解决冻胀和盐胀的目的。

6.7 本章小结

本章通过对垦区公路防治冻胀和盐胀病害措施的系统应用研究，结合垦区特点和试验路段、调查路段的应用对各类防治措施进行了系统分析，得出了一些很有价值的成果：

（1）从风积沙颗粒组成、化学特性、力学特性等方面系统地对风积沙用于冻胀和盐胀病害防治的可行性进行了分析研究，提出了细颗粒含量小于 5% 的风积沙可用于各种道路的病害防治，5%~15%类风积沙可用于地质水文状况稍好的路段。

（2）通过南北疆多条公路工程采用风积沙隔断层防治技术的实际应用，阐述了风积沙作为隔水层、透水层以及提高路面强度的应用，提出了各类风积沙的毛细水上升高度 SP 类风积沙为 50~60 cm，SF 类风积沙为 60~80 cm，SM 类风积沙为 80~100 cm，也符合规范中关于土质分类的要求。

（3）对于盐渍土地区冻胀和盐胀的防治，北疆以冻胀和盐胀并重，南疆以盐胀为主，但是根据当地的地理环境具体对待。一般情况下在解决冻胀或盐胀病害问题，首先必须考虑盐胀或冻胀的影响深度，在此基础上三级及以下等级公路从盐胀量占总盐胀量 60%的深度和最大冻深 70%中选取最大值进行防治，才能较为经济和实用，且适合于垦区内道路等级低、造价低的现状。

因垦区三级道路一般结构层厚度为 30~48 cm，最大冻深的 70% 为 0.98~1.26 m，这样风积沙隔水层厚度就达 50~100 cm，基本满足盐胀的防治要求。

（4）风积沙隔断层作为防治冻胀或盐胀的材料，其主要作用是隔断毛细水进入路基上层，也可使上部渗水下渗，但是所需的厚度相对较大，材料的用量多，因此适用于路基填土高度较高的且材料运距较近的路段。

（5）提出了垦区公路土工布防治冻胀和盐胀的铺设位置

① 对于冻胀路段，根据地下水位的变化，按照经济、安全、适用的原则，确定防渗土工布的铺设深度，对于垦区内三级及以下等级公路一般按照当地最大道路冻深的 70%（即从路肩以下 70% 的最大冻深）处设置土工膜布。二级公路为最大冻深的 80%，一级及高速公路为最大冻深 90%~100% 作为土工膜布铺位置。

② 对盐胀路段按照盐渍土的盐渍化程度，三级及以下等级公路采用盐胀量占总盐胀量 60% 的深度作为铺设土工膜的最小深度（80~100 cm）；二级公路采用盐胀量占总盐胀量 70% 的深度作为铺设土工膜的最小深度（120~140 cm）；一级及高速公路采用盐胀量占总盐胀量 80% 的深度作为铺设土工膜的最小深度（160~180 cm）。

③ 对于盐胀和冻胀问题均较为严重即并发路段，分别按照不同的方式确定各自的铺设深度，最后取最大值作为防治冻胀和盐胀的土工布铺设位置。

（6）土工布防治冻胀和盐胀病害的适用条件：地下水位较高，路基抬高受到限制的冻胀路段；抬高路基所需材料的费用远大于使用土工布防治冻胀和盐胀的路段；路基高度受到限制，但地下水位高、原路基毛细水上升高度大、土质盐分含量大的路段，防治盐胀和冻胀病害；毛细水上升高度大、蒸发量大致使蒸腾作用严重，采用其他隔断措施无法有效根除路基或路面的次生盐渍化的路段。

（7）降低地下水位法，分为抬高路基以相对降低地下水位和深挖排沟（排碱渠）、林床等直接降低地下水位法两种，这两种措施可以从降低水位，增大毛细水上升的距离，避免路基受到冻胀和次生盐渍化，达到防治之目的，也是比较简单和直接的方法。适用于条件有条件挖排沟和抬高路基的路段，且要相对经济时使用较好。

（8）采用水泥稳定砂砾基层增加路面强度，即是减少路基盐胀深度、加大路基上覆荷载，以其自重和板结强度抑制路基的不均匀盐胀和冻胀病害，效果相对较好，但是针对垦区道路其造价相对较高，因此应用时必须考虑经济性因素和由此带来的负面影响（半刚性基层裂缝的防治等问题）。

（9）由于垦区内地理位置和气候条件的差异性较大，采用一种单纯的防治措施有时很难达到防治效果，应根据"因地制宜、就地取材、降低工程造价"的原则，采取综合治理措施，以达到从根本上解决冻胀和盐胀的目的。

7 依托工程试验研究

新疆地处亚欧大陆中心,由于"三山夹两盆"的特殊地形特点,夏季炎热、冬季严寒,大量河流的内陆性决定了盐分没有出路,只能在新疆境内重新分布,从而形成了典型的干旱、冰冻、盐渍土地区的特殊环境。因天山横贯中部,南北疆气候差异性较大。为了使研究成果更具代表性,适合兵团垦区分布范围较广的特点,2005—2006年分别在北疆农八师新西线和南疆阿塔(S207线)公路进行了冻胀及盐胀防治技术应用研究。试验工程研究目标为:

(1) 针对三级公路采用风积沙作为隔断层防治盐胀和冻胀的可行性。

(2) 针对北疆特殊冻深较大地区防治盐胀和冻胀的风积沙隔断层厚度的确定。

(3) 风积沙防治盐胀和冻胀的经济性。

(4) 针对盐渍土盐胀较为剧烈、地下水位较高、公路等级较高的道路,防治盐胀和冻胀的技术措施及其应用。

7.1 农八师新西线试验工程研究

7.1.1 试验段概况

1. 试验段自然条件

农八师新西线(新湖界至西古城镇)公路改建工程地处准噶尔盆地南缘、天山北麓中段、古尔班通古特沙漠南缘,属玛纳斯河冲积细土平原中下游的河套边缘,地势由东南向西北倾斜,地形较为平坦、微有起伏。公路沿线所分布的微地貌类型为小型洼地和风积沙堆,线路高差1~2 m,地下水位埋深大于3 m。风积沙堆呈斑点状,沙堆高度1~5 m,并有发育的冲沟,地表多为细粒土沉积物,此段地貌表现为沙堆、垄断沙地,岩性为粉细沙,沿线多为荒地,局部为耕地。该公路全长59.466 km,大部分路段基本沿林带或田地灌溉渠系并行走向，路基含水量较大，地层土质大多为淤泥质土和红黏土；另外，公路沿线均有盐渍土分布，原建道路冻胀翻浆和盐胀频发，多年不得根治。

公路沿线属典型的大陆性干旱气候，由于受古尔班通古特大沙漠的影响，冬季寒冷、夏季炎热，日温差大，干燥多风、降雨量少，蒸发量大。多年平均气温 6.2 ℃，极端最高气温 43.1 ℃，极端最低气温-42.8 ℃，最大冻土深度 1.80 m，属典型的冰冻性季节气候。降雨量多年变化在 72.4～204.2 mm，多年平均 121.43 mm；蒸发量多年变化在 1319.1～2166.5 mm，平均 1651.2 mm。封冻期在 10 月中旬至 11 月上旬，解冻期在次年 3 月下旬至 4 月上旬。

2. 工程破坏现象以及病害分析

在本段路修建过程中，我课题组人员经过调查发现，以下两段路极具代表性，故对此进行了专题研究和试验分析：

（1）在 K17+950 至 K21+900 段根据设计和施工检测均为强硫酸盐盐渍化路段，公路沿线地表盐霜分布广泛，表层有 3～5 cm 蓬松土，地表 1 cm 以下为潮湿状态，口尝盐霜有咸味和苦味，地表生长耐盐植物骆驼刺、梭梭、盐蒿等生长茂盛。据调查，原路修建时因投资较低直接将路边林床土推填而成路基，在 2000 年进行改造时受到投资影响，本路路基未进行处理，只是对原土路基进行整平碾压后直接填筑 20 cm 左右的砂石料结构层后顶部洒铺 3 cm 沥青面层。因公路等级低、路面结构层薄，而此路不仅是连接农八师莫索湾垦区公路的主要干线，还是石西油田和气田载重车辆通行的必经之路，加之路基盐渍土盐胀病害严重，致使此路破损严重，到 2005 年重建时此段道路已经破损不堪，处处均是翻浆、变形，沥青面层很难看到完整现象（图 7-1）。经调查，本段路原路基填高 1～1.5 m，两侧均为林床，林床一般在夏、秋季节灌水，而土质为粉土和红胶泥土，也会对公路产生冻胀提供条件；但是通过开挖部分段面（图 7-2）可知，此路原路基填土含盐量较大，口尝味道极苦、极咸，表现为盐胀性土质，取样做盐分试验分析（表 7-1）。因此综合分析此段路为盐胀和冻胀综合作用，但因林带灌水时间有限，地表水的补给相对较小，因此笔者认为此段路表现以盐胀为主，冻胀次之。

（2）在 149 团过境段（K21+900 至 K23+500）原路面翻浆、胀起部位较多，且大部分集中在原路面两侧车行道处（图 7-3）。原设计路面结构层为 3 cm 沥青表处+10 cm 级配砂砾基层+35 cm 天然砂砾底基层+原路基。由于此段是市政道路，必须进行开挖换填处理，但开挖后发现路基含水量较大，开挖断面放置 7 d 后，局部路面就出现渗水积水（图 7-4），且路基极软，无法满足设计路基 35 MPa 的强度要求。根据断面考察，土基从上至下为：20～30 cm 淤泥质土+20～30 cm 的砂性土+其下在 50 cm 内皆为红黏土（图 7-5）。另外在涵洞开挖超过 2～2.5 m 时地下水外露而渗出地表；含水量检测发现在原路面以下 1.2 m 范围内，含水量达到 20%～27%，对所开挖断面进行含水量试验结果见表 7-2。由路面破坏形式和原路基开挖断面土质鉴别、含水量测定，种种现象表明此段原路具备了产生冻胀的多个条件：冬季气温极低，且低温持续时间长；路基土质是极易产生冻胀的腐殖质土和红黏土，具有很大的冻胀性和毛细水上升高度；地下水位较高，路基含水量较大。因此，综合判断此段路表现为冻胀破坏。

图 7-1　K17+950 至 K21+900 段改建前路况

图 7-2　K17+950 至 K21+900 改建前原路基土质

表 7-1　新西线公路盐渍土取样分析表

试坑号	含水量/%	干密度/(g/cm³)	取样深度/cm	总盐含量/%	按总盐含量分类	Cl^-/SO_4^{2-}（mmol/100 g 土）	按含盐性质分类
K18+250	14.27	1.89	0～5	2.475	强盐渍土	0.26	硫酸盐渍土
	15.26	1.76	25～50	3.079	强盐渍土	0.28	硫酸盐渍土
	17.43	1.68	75～100	1.986	中盐渍土	0.19	硫酸盐渍土

续表

试坑号	含水量/%	干密度/(g/cm³)	取样深度/cm	总盐含量/%	按总盐含量分类	Cl^-/SO_4^{2-} (mmol/100 g 土)	按含盐性质分类
K18+250	14.27	1.89	0~5	2.475	强盐渍土	0.26	硫酸盐渍土
	15.26	1.76	25~50	3.079	强盐渍土	0.28	硫酸盐渍土
	17.43	1.68	75~100	1.986	中盐渍土	0.19	硫酸盐渍土
K20+100	16.54	1.82	0~5	1.965	中盐渍土	0.24	硫酸盐渍土
	17.23	1.77	25~50	2.977	强盐渍土	0.88	亚硫酸盐渍土
	20.08	1.72	75~100	2.224	强盐渍土	4.32	氯盐渍土
K22+100	15.36	1.77	0~5	0.202	非盐渍土	2.19	氯盐渍土
	21.45	1.68	25~50	0.382	弱盐渍土	1.56	亚氯盐渍土
	21.97	1.59	75~100	0.129	非盐渍土	1.67	亚氯盐渍土
K23+200	16.02	1.81	0~5	0.154	非盐渍土	0.42	亚硫酸盐渍土
	20.57	1.67	25~50	0.212	非盐渍土	2.78	氯盐渍土
	22.36	1.62	75~100	0.398	弱盐渍土	1.36	亚氯盐渍土

(a)

(b)

图 7-3　149 团过境段改建前路况

图 7-4　过境段原路开挖后的断面

图 7-5　开挖停留 7 d 后的表面

表 7-2　原路基含水量检测表

距原路面顶高度/cm	50～55	70～80	1.0	1.2
土质	淤泥质土	砂性土	红黏土	红黏土
含水量/%	20～22.5	19～24	22～23	25～27

7.1.2　试验方案

本工程原设计路面结构层为 3 cm 沥青表处+10 cm 级配砂砾基层+35 cm 天然砂砾底基层+原路基。原设计对于盐胀路段在原路基顶部铺设 30 cm 的天然砂砾+15 cm 中粗砂形成隔断层,以处理公路盐胀问题;对于冻胀在原路面顶部填筑 50 cm 砂砾+30 cm 中粗砂+土工布形成反滤土工布和砂石料隔断层,以防治冻胀翻浆问题。

以上技术措施实行应该是有效的,但是由于砂砾石料运距较远,约 120 km,运费较大、筑路成本高,而此段路按照三级标准修筑,每千米造价为 50 万元(7 m 宽沥青路面),这样换填会增加工程成本,由于工程造价限制方面的因素,此段路在开挖后方案问题始终得不到解决。因此为了根治此段路的冻胀破坏,必须对其进行路基路面的重新设计,在满足工程强度(路基承载能力)的基础上,按照"因地制宜、就地取材"的方针选取处理方案。在此过程中我们根据交通部西部课题"风积沙在垦区公路建设中的应用"研究成果,风积沙具有良好的水稳性、毛细水上升高度小、强度较高的特点,可以满足达到强度要求和阻断地下水的路基、路面的渗透,从而防治公路冻胀和盐胀且风积沙的料场运距只有 5.8 km,因此建议采用风积沙换填。

1. 对于盐胀和冻胀现象较为严重的 K17+950 至 K21+900 段

考虑到原路高在 1～1.5 m,砂砾石层厚 20 cm 左右,虽说路面已经破损严重,只要对原路面破损较为严重的部位进行换填风积沙,整体路面可以达到公路设计路基强度 30 MPa 的要求,并且铺设 50～60 cm 风积沙再结合路面结构层厚度 48 cm,整个透水层在 1.2～1.3 m,这样路基整个高度在抬高,地下水位以及地表水对路基、路面的影响相对减弱,次生盐渍化程度因填筑强烈毛细管上升高度小的风积沙而减弱,并且风积沙相对于黏土和粉土的最佳含水量小,其颗粒之间的自由水含量也相对小,由于是全断面铺筑风积沙,有利于路基中水分的外排,从而产生次生盐碱化路基的状况减弱,即使路基产生盐胀和冻胀后,其盐胀力和冻胀力在 1.2 m 左右的荷载下可以大幅度的消减,且满足防治冻胀深度的70%要求,可以达到综合治理盐胀和冻胀之目的。因此从经济角度考虑直接在原路面上铺筑风积沙层50 cm,并且全路幅铺设,以利于路基内的水分外排。即本试验路的路面结构为:3 cm沥青混凝土+10 cm(人工级配砂砾)+35 cm(天然级配砂砾)+50 cm风积沙层+原路基。

2. 149团过境段(K21+900至K23+500)冻胀病害段

本段路的主要特征是地下水位较高,路基开挖后原基承载力极差,不能满足设计要求(30 MPa),且本段路因是市政道路,路基不能抬高很大,只能进行换填处理,原路面结构的砂砾石料不能充分利用。因此,在保证公路路基强度的前提下结合防治冻胀确定换填深度,从而解决降低工程造价或增加工程造价不大,为此先开挖半幅150 m进行换填试验以确定换填深度。换填段按60~80 cm,均分为两层碾压,底层采用干压法施工,以减小路基含水量对换填部分的影响,第二层采用湿压法施工,确保顶层水量充足以解决顶部砂砾石料的嵌入。通过对换填部分的回弹模量检测,结果见表7-3。

表7-3 风积沙层回弹模量检测结果

换填深度/cm	回弹模量/MPa	压实度/%	含水量/%
60	29.67	100	16.6
65	34.54	99.3	17.3
68	38.26	98.6	16.8
83	40.10	99	15.8
83	45.15	99.9	16.7

通过试验结果分析,在保证换填深度70 cm以上时,可以达到路基要求的强度,但是考虑到本地的冻深在1.8 m,为了彻底解决冻胀问题,查阅有关文献显示必须达到冻深的70%,即和结构层一起深度要达到1.26 m,为此确定换填深度80 cm。

因本试验段地下水位较高且是市政道路,路旁的绿化带在夏季浇水频繁,有人建议在换填时采用防渗土工布将换填部位全部包起来,这样一来可以防止地下水的上升,二来可以解决路边林带灌水渗入路基,但是课题组经过认真考虑分析后认为不妥:

(1)使用土工布可以起到防止地下水的渗入,但是如果从水从路面或从绿化带渗入而无法排出,势必会积聚到土工布上形成冰层,从而为冻胀产生条件发生病害。这一点在阿拉尔市政道路——塔里木大道中已经得到充分体现(图7-6)。

（2）土工布铺设后使得路基边缘和林带形成天然隔断，而两边的压实程度不同（林带部分由团场修建），此情况会造成在路边缘部位形成裂缝产生病害，这同样在阿拉尔市政道路得到验证（图7-7）。

（3）土工布造价较高，从经济角度考虑不适用。

因此最后决定换填宽度同路面宽度，不铺设防渗土工布。即本段路的路面结构为：3 cm沥青混凝土+10 cm人工级配砂砾+35 cm天然级配砂砾+80 cm风积沙层+开挖地基。

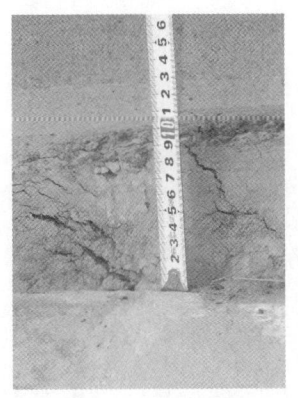 

图7-6　塔里木大道路边冻胀变形　　图7-7　阿拉尔市政道路路边裂缝塌陷

7.1.3　试验段施工

7.1.3.1　试验段风积沙材料试验

本方案是为了充分利用风积沙的工程特性对软弱路基和冻胀问题进行防治，特别是对于冻胀病害防治填料的粉、黏粒含量尤为重要，因此对换填风积沙进行了筛分试验，其结果如表7-4所示。

表7-4　风积沙沙样筛分结果

沙样编号	各级留筛（mm）质量分数/%						沙样代号
	2	2~1	1~0.5	0.5~0.25	0.25~0.074	<0.074	
Sy-1	0.010	0.012	0.094	0.850	95.650	3.384	SP
Sy-2	0	0.026	0.170	1.126	96.488	2.190	SP

由表7-4可知：所选用的风积沙粉、粘粒含量均小于5%，满足治理冻胀要求的粉黏粒含量小于5%的规定。另外为了对施工现场控制，根据重型击实

试验求得风积沙的最大干密度为 1.70 g/cm³、最佳含水量为 13.2%，干燥状态下最大干密度为 1.73 g/cm³。

7.1.3.2 试验段施工概况

本工程从 2005 年 4 月 10 日开工，于同年 10 月完工。在施工中这两段由于工程造价的限制，处理方案迟迟不能确定，直到 2005 年 8 月下旬最终确定采用风积沙填筑或换填，即按照原先确定的方案进行施工。

1. 过境段冻胀路段施工

149 团过境段因本试验段方案最终确定较晚，而试验段的挖方量及换填量较大，施工单位将换填部分按照一层施工以赶工期，采取边挖边换填，一次性回填完毕。风积沙施工如下工艺：开挖—填筑—推土机、平地机初平—灌水—静置 2~4 h—压路机碾压—平地机精平—压路机收光—填筑天然砂砾料。

但由于在 149 团城镇主要繁华地段施工，重车不能也不允许在其他道路中行驶，必须采取堆料进栈法施工，即施工中先在换填土槽内垫风积沙，料车倒车从前面堆料上行进至卸料处，推土机（履带式）平仓后用平地机初平至设计标高。洒水：由于换填深度较大，为了充分的压实必须对其进行洒水，用洒水车洒水远远不能满足需求，采取用 D15 的水管从 149 团公园水池中抽水，现将沙基围成埝块，以便水分充分下渗，洒水后静置 4~8 h，见图 7-8、图 7-9。碾压：采用 18 t 振动压路机静（2）+振（3~4）+静（2）进行碾压。在碾压完成后对试验段按照公路验评标准验收，符合规范要求；并进行压实度、含水量（图 7-10、图 7-11）和回弹模量检测（图 7-12、图 7-13），结果检测结果见表 7-5、表 7-6。

图 7-8 风积沙路基灌水

图 7-9 风积沙路基灌水后

图 7-10 压实度试验检测

图 7-11 深层压实度试验检测

图 7-12 野外回弹模量检测

图 7-13 平整碾压的风积沙层表面

表 7-5 试验段回弹模量试验结果

最大值/MPa	最小值/MPa	平均值/MPa
64.18	52.33	57.45

表 7-6 试验段压实度和含水量试验结果

深度/cm	5	20	40	60
含水量/%	9.2	13.5	13.6	18.4
压实度/%	99.6	99.1	97.3	96.4

注：表 7-5、表 7-6 中数据均为平均数据，样本数 15 个。

试验结果说明：

（1）所用机械对该风积沙具有良好的压实性，风积沙的压实度平均大于 95%，在 60 cm 深度处最小值也达到了 93.8%，满足三级路标准（大于 93%）。

（2）回弹模量值均大于设计路基要求强度值，证明风积沙在处理软弱路基方面具有较好的性能。

（3）由于施工正值夏末，地表温度较高、蒸发量大，顶部表面 5 cm 的含水量小；而从 40 cm 以下含水量出现增大趋势，这与风积沙洒水碾压的结果不一致，含水量检测结果显示出现反常（一般是上部大、下部小），通过对开挖探坑后的断面显示，在 60 cm 以下的风积沙层探坑成型不足 0.5 h，积水就达 5 cm 之多，见图 7-14。分析原因：这是由于原基的地下水在碾压重力的作用下通过毛细力的作用向上层运动而移至底层风积沙处，致使底层含水量大于顶部。

图 7-14　风积沙碾压完成后的探坑积水

2. 盐胀和冻胀现象较为严重的 K17+950 至 K21+900 段施工

本段公路是属于填方路段，因此首先对路基进行加宽和局部翻浆、胀起变形较为剧烈的部位换填。为了能够达到治理盐胀和冻胀之目的，节省投资，加宽和换填部位均采用风积沙。路基加宽施工严格按照路基施工技术规范挖结合台处理，并且压实到了路基顶面压实标准。挖方换填部位也按照路基施工技术规范分层碾压。在整个路基加宽和换填部位压实完毕后，再全断面铺筑风积沙进行碾压，由于填筑厚度在 50~60 cm，在重型压路机碾压下也可以满足压实度要求，并且因工期的限制施工单位采用一层碾压。碾压施工工艺和前段一样，不同之处此段碾压通过洒水车洒水。路基施工完成后只进行了压实度和含水量检测，压实度达到了 95%的设计要求。整体含水量小于最佳含水量。施工过程见图 7-15 至图 7-18。

图 7-15　风积沙路基加宽

图 7-16　路基加宽填筑风积沙

图 7-17　风积沙填筑路基

图 7-18　洒水碾压完后的风积沙路基

3. 底基层、面层施工

天然砂砾底基层施工前，先在风积沙层面上洒水，振动碾静压一遍，随即铺筑天然砂砾底基层，并平仓，由于风积沙水分容易散失所以洒水静压，以稳定沙层顶面，不至于使砂砾石料和风积沙两种料相互嵌入，使有效结构层减薄。因此洒水静压 40~50 m，紧接着填筑砂砾石料并平仓，解决两种料相互嵌入的问题发生，上部路面基层、面层同常规施工。

7.1.4　试验路段检测、路况调查及原因分析

7.1.4.1　试验路段检测、路况调查

本试验路段 2005 年 10 月初完工，随后课题组对路面的弯沉和平整度进

行了检测，市政道路段路面代表弯沉值为：78.06×10^{-2} mm（194 个值）、盐胀和冻胀段（K17+950 至 K23+500）路面代表弯沉值为：82.14×10^{-2} mm（286 个值）。路面平整度，按 5 mm 为合格指标，合格率均为 100%。路面无翻浆迹象，2006 年 3 月、2006 年 11 月、2007 年 3 月中旬进行路面调查，未发现任何胀起现象和翻浆迹象，可以说该段试验路在防治盐胀和冻胀病害方面是成功的（图 7-19 至图 7-21）。

图 7-19　过境段改建后路路面

图 7-20　过境段路边和路面交界处路况

（a）

（b）

图 7-21　K19+000 至 K21+600 改建后路况（2006 年 11 月）

7.1.4.2　原因分析

1. 过境段冻胀防治

利用风积沙的透水性大、毛细水上升高度小、强度高的特点，在保证路基强度的基础上，按照防治冻胀的最小隔断层填筑厚度——70%的最大冻土深度，应用风积沙作为隔断层，有效解决了在地下水位高、气候寒冷的区域公路冻胀病害的防治。

2. 盐胀、冻胀段

全幅填筑风积沙层可以作为路面垫层使用，充分发挥风积沙的透水性能，将路面上层来水排出路基，保持路基的干燥性，减少路基含水量，从根本上解决产生冻胀和盐胀病害的水源因素。因风积沙隔断层的存在，很大程度上减小了原路基含水量通过毛细水的上升或蒸腾作用过程中携盐上升的速率，达到有效防治路基次生盐渍化，从而起到防治盐胀的目的。风积沙是不含盐分的不冻胀性土质和非盐渍土土质，由于其良好的透水性、较高的强度，作为路面垫层起到了加大路面结构层厚度，从而抑制路基中冻胀和盐胀的产生，这一点是所有采用风积沙层的主要原因，也是关键因素。

7.1.5 经济性分析

7.1.5.1 基本情况

农八师新西线公路设计结构层为 3 cm 沥青表处+10 cm 级配砂砾基层+35 cm 天然砂砾底基层，路面结构层厚 48 cm。在工程设计中只对特殊路基进行局部处理，其中对于盐胀路段在原路基顶部铺设 30 cm 的天然砂砾+15 cm 中粗砂形成隔断层以处理公路盐胀和冻胀问题；对于过境段冻胀在原路面顶部填筑 50 cm 砂砾+30 cm 中粗砂+土工布形成反滤土工布和砂石料隔断层以防治冻胀翻浆问题。而在工程实施中对于盐胀问题段采用填筑 50 cm 的风积沙，对于冻胀段采用换填 80 cm 的风积沙。因此从两种处置方式看，有替换关系的风积沙换填与设计特殊路基不同的处理方案，不存在路面结构层的替换。因此，仅就风积沙换填或填筑对原设计特殊路基处理方案所产生的替换关系进行比较和分析。

（1）对于盐胀和冻胀现象较为严重的 K17+950 至 K21+900 段工程量计算

路面宽度 7+0.5×2=8（m）

路基处理天然砂砾：（8+0.43×1.5×2+8+0.43×1.5×2+0.3×1.5×2）×0.3×（21 900-17 950）÷2 =（9.29+10.19）×0.3×3950÷2=11 541.9（m³）

中粗砂：（10.19+10.19+0.15×1.5×2）×0.15×3950÷2=6170.9（m³）

风积沙：（9.29+9.29+0.5×1.5×2）×0.5×3950÷2=19 829（m³）

（2）市政路（K21+900 至 K23+500）段工程量计算

按照 16.5 m 挖槽处理。

天然砂砾：16.5×0.5×1600=13 200（m³）

中粗砂：16.5×0.3×1600=7920（m³）

土工布：（16.5+2×0.8）×1600=28 960（m²）

风积沙：16.5×0.8×1600=21 120（m³）

7.1.5.2　公路造价分析

材料运距：砂石料从石河子玛河料场，运距 102 km；挖方外运 3 km；中粗砂从六户地玛河料场，运距 43 km；土工布从石河子运送，运距 95 km；路基填土从沿线指定土场取土，平均运距 4 km；风积沙从 13 连连部旁沙丘取运，平均运距 5.8 km。

材料投标价格：砂石料价格：92.15 元/m³；土方挖方 6.50 元/m³，土方填筑 12.50 元/m³（运距 4 km）。中粗砂砂石料价格：55.20 元/m³，土工布 12.41 元/m²。

风积沙价格按照原土方价格的基础上进行调整，最后协商变更价格为风积沙填筑 15.40 元/m³。

（1）对于盐胀和冻胀现象较为严重的 K17+950 至 K21+900 段

原设计路基工程造价：11 541.9×92.15+6170.9×55.20=1 404 219.8（元）

换填风积沙造价：19 829×15.40 = 305 366.6（元）

因此造价降低：1 404 219.8−305 366.6 = 1 098 853.2（元）

每千米造价降低：1 098 853.2÷3.95=278 190.7（元）

（2）市政路（K21+900 ~ K23+500）段

原设计特殊路基处理造价：

13 200×92.15+7920×55.20+28 960×12.41 = 2 012 957.6（元）

换填风积沙造价：21 120×15.40 = 325 248（元）

因此造价降低：201 2957.6−325 248 = 1 687 709.6（元）

（3）计算结果

两段路工程造价降低：1 098 853.2+1 687 709.6 = 2 786 562.8（元），试验路段利用风积沙防治公路冻胀和盐胀病害，可降低成本 81.55%。

7.1.5.3　结　论

通过本试验段的应用效果和经济分析计算可知，采用风积沙防治公路冻胀和盐胀，对于在垦区沙漠周边地区是可行的，经济效益显著。因此从经济角度和工程应用角度综合考虑，在沙漠周边或腹地缺少砂砾石料（运距较远时）采用风积沙筑防治公路冻胀和盐胀，对于降低工程造价和筑路成本是可行的。

7.1.6 试验段结论

通过本试验段利用风积沙处治公路冻胀和盐胀综合病害以及地下水位高的路段冻胀破坏，取得了良好的工程应用价值和较大的经济效益，现总结如下：

（1）当风积沙细颗粒含量（粉、黏粒含量，即小于 0.074 mm 以下颗粒含量）小于 5%时（即规范代号 SP 类风积沙），因风积沙颗粒相对黏土、粉土较粗，粉、黏粒含量较少，很难像粉、黏土那样形成毛细水上升力，其毛细水上升高度很小，相对于粉、黏土可以忽略不计。所以，风积沙用于公路路基起着隔断地下水的作用对于防治公路冻胀和盐胀破坏是适用的。

（2）在地下水位高、路基承载力差的冻胀路段，在采取措施中，首先必须满足强度要求，在此基础上考虑冻胀需要，但是一般情况下风积沙填筑厚度达到 80～100 cm 时路基强度可以满足设计要求的 30 MPa 需要。

（3）在北疆地下水位较高（新西线地下水埋深 1.5～2.5 m）且寒冷的地带，风积沙其颗粒组成较为均匀，具有良好的透水性和不保水性，从路面面层、基层或路肩渗入的水分，在风积沙中可以直接通过而排入路基或者直接排出路基（由风积沙全段填筑的路基），起到直接解决引起冻胀的水源因素。

（4）风积沙有较高的强度和水稳性，湿压成型后在路基含水量失水状况下（含水量减少）其强度呈增长趋势；风积沙在饱水状况下其强度下降很小，能够保证路基或路面的强度。并且采用风积沙回填可以当作垫层，起到增加路面结构层的作用，直接增大路面厚度、降低冻深，从而达到防治公路盐胀和冻胀的目的。

（5）在采用风积沙处理公路冻胀和盐胀时，采用公路透水层或隔水层厚度为 60%～70%的最大冻深，可以彻底根除冻胀以及盐胀病害变形破坏。如本试验段在过境段采用的厚度（包括路面结构层厚度）为 43+80=123（cm），盐胀和冻胀段采用 43+50+20=113（cm），而本地最大冻深 1.8 m×0.7=1.26 m，1.8 m×0.6=1.08 m。

总之，风积沙应用于公路冻胀和盐胀病害防治是可行，而且是经济的。

7.2 农一师阿塔公路（S207线）试验工程研究

7.2.1 工程概况

7.2.1.1 地理概况

农一师阿塔公路（S207线）位于塔里木盆地西北边缘，属温暖带大陆性干旱荒漠气候，年均日照 2556.3～2991.8 h，昼夜温差在 15.7 ℃。该地区年平均气温在 6.1 ℃，极端最低气温-28.4 ℃，极端最高气温 39.8 ℃，最低月平均气温-9.8 ℃（1月），最高月平均气温 14.11 度（7月），冰冻期自当年 11 月下旬至次年 2 月底，历时 75 d 左右，最大冻土深度 1.3～1.5 m。由于受到塔克拉玛干沙漠的影响，沿线地区降水较少，气候干旱，年平均降雨量阿克苏为 84 mm、6团为 80 mm、阿拉尔垦区为 42.4 mm，降雨量最多的月份是 6～8 月，此间降水量占全年降雨量的 70%以上，冬季降雪量较少，占全年的 3%～5%。本地区蒸发量很大，年平均蒸发量 2044.6～2200mm，蒸发量远远大于降雨量。路线跨越的多条自然河流水系，均来自路线西侧阿克苏、多浪河、台兰河分支，大部分为人工灌溉渠或排碱渠，水流的流向基本为自西向东或自北向南。沿线地表径流，地下水均受阿克苏河系的影响。灌区内部的水利干线网与公路平行或相交，影响沿线地下水位。公路沿线地下水以自然河流、沿线渠系渗漏和沿线耕地浇灌补给形成。全线地下水一般埋深在 1～1.5 m，年变化幅度小于 1.0 m，水量适中，水质略显碱性，矿化度较高，对混凝土具有侵蚀性（图 7-22、图 7-23）。

图 7-22　K44 处的地表积水

图 7-23　K60 处的冬、春灌余水

7.2.1.2 阿塔公路发展史

20 世纪 50 年代初，随着屯垦戍边的号角，第一代军垦战士进驻阿拉尔塔河腹地，开荒种地，对外交通靠的是畜力和徒步，该路是人脚踏出的便道。60 年代，一大批上海等省市的有志青年加入屯垦戍边英雄队伍之中，由于当时已有部分机械运输车辆，因此人工堆土形成土路简易公路。由于是土路，土质又未加选择，所以路面高低不平极其严重，"雨天水泥路，晴天扬灰路"。为此，在 70 年代初从阿克苏河运沙石硬化路面并加高了土路堤。80 年代初，路面黑色化，但加高土路基时，几乎是未加选料，就近有什么料，则填什么料，就形成了自 K17+000 后路基逐渐出现硫酸盐渍土、亚硫酸盐渍土、亚氯酸盐渍土、氯酸盐渍土，当然取土料场的不同导致路基土的盐性也较复杂，但总的趋势正是上述顺序。而对于亚氯酸盐渍土区（大致），由于路基周围土料含水较大，只得从近处较高的地方（恰是风积沙或含 0.074 mm 的下粉黏土稍多的细粒土质沙以及含砂粉质土）取土，造成此路中上段公路的运行品质较差，下段较好的状况。80 年代末 90 年代初，虽经多次大修，加高路基，其盐渍病害（主要是不均匀盐胀）仍无法根治。整体状况是：公路土路床自路面以下 0.8~1.0 m 及以下盐渍较重，是公路形成初期路边堆土及后期盐分随毛细水上升所致。自阿克苏向下渐显盐性顺序（总体）为：硫酸盐渍土、亚硫酸盐土、亚氯酸盐渍土、氯酸盐渍土。这方面课题组曾取了 5 个试坑，25 组试样化验证明了这一点（表 7-7）；阿塔公路 S207 上半段位于塔河的支流阿克苏流域冲积细土平原的中下游及塔克拉玛干沙漠北缘，公路沿线地下水相对较丰富，自 K17+000 至 K85+000 有相当普通的硫酸盐渍病害出现，而在 K85+000 至 K115+400 段原地面主要的氯盐和亚氯盐为主，由于路基填土较高，加之所填土多以风积沙及含粗粒的细粒土为主，因此氯盐渍土及亚氯盐渍土的公路盐渍病害发生较少，而上半段，尤其是 K35 至 K80 段硫酸盐和亚硫酸盐盐胀病害非常突出（图 7-24、图 7-25）。

表 7-7 阿塔公路盐渍土取样分析表

试坑号	取样深度 /cm	总盐含量 /%	按总盐含量分类	Cl^-/SO_4^{2-} mmol/100 g 土）	按含盐性质分类
K35+665	0~5	8.332	过盐渍土	3.14	氯盐渍土
	5~25	4.452	中盐渍土	2.56	氯盐渍土
	25~50	2.114	强盐渍土	0.15	硫酸盐渍土
	50~75	0.650	中盐渍土	0.31	亚硫酸盐渍土
	75~100	0.294	弱盐渍土	0.50	亚硫酸盐渍土

续表

试坑号	取样深度/cm	总盐含量/%	按总盐含量分类	Cl^-/SO_4^{2-} (mmol/100 g 土)	按含盐性质分类
K45+700	0~5	7.988	强盐渍土	2.191	氯盐渍土
	5~25	6.842	强盐渍土	2.225	氯盐渍土
	25~50	1.601	中盐渍土	0.127	亚硫酸盐渍土
	50~75	0.527	中盐渍土	0.115	亚硫酸盐渍土
	75~100	0.478	弱盐渍土	0.106	亚硫酸盐渍土
K56+870	0~5	3.192	中盐渍土	1.351	亚氯盐渍土
	5~25	0.547	中盐渍土	0.829	亚硫酸盐渍土
	25~50	0.745	中盐渍土	0.354	亚硫酸盐渍土
	50~75	0.521	中盐渍土	0.576	亚硫酸盐渍土
	75~100	1.083	中盐渍土	0.133	硫酸盐渍土
K68+775	0~5	1.597	中盐渍土	0.142	硫酸盐渍土
	5~25	2.141	强盐渍土	0.15	硫酸盐渍土
	25~50	2.272	强盐渍土	0.184	硫酸盐渍土
	50~75	1.634	中盐渍土	0.183	硫酸盐渍土
	75~100	1.645	中盐渍土	0.144	硫酸盐渍土
K77+550	0~5	2.176	中盐渍土	1.224	亚氯盐渍土
	5~25	3.123	强盐渍土	0.932	亚硫酸盐渍土
	25~50	2.276	强盐渍土	0.554	亚硫酸盐渍土
	50~75	1.390	中盐渍土	0.866	亚硫酸盐渍土
	75~100	0.964	中盐渍土	0.923	亚硫酸盐渍土

图 7-24　K42 处的盐碱
（2007 年 3 月）

图 7-25　K71 库区处的盐碱及水位
（2007 年 3 月）

7.2.1.3 试验路段概况

全线大部分地表为第四纪松散地层所覆盖，土层较厚，土质松软，以粉土、粉质轻黏土为主，砂土及粉砂土次之。由于沿线降雨量少，蒸发量大，K35 至 K55 段土壤已盐渍化为氯化物物类过盐渍土，非农耕区地段，表层有约 5 cm 厚的盐壳，盐壳含盐量超过 9.19%，盐壳以下 1.0 m 内的土层，含盐量为 3.16%，为中盐渍土。路线通过耕作地段，由于农田灌溉影响，含盐量有所减少，为弱盐渍土。该公路全长 115.4 km，沿线地质情况复杂，经对全线勘察，沿线在以下两段地质情况较为复杂：

（1）K30+000 至 K55+000 段（第二合同段）：沿线表层多为厚度不同的低液限粉土；下层多为级配不良砾石土，路两侧多为盐碱区，地下水位较高。平均自然纵坡小于 1%，地质条件一般，老路局部有翻浆地段，这段路以盐胀为主，冻胀次之。

（2）K55+000 至 K75+000 路段（第三合同段）：沿线表层多为厚度不同的低液限粉土；下层多为级配不良砾石土，路两侧多为农灌区，地下水位较高。平均自然纵坡小于 1%，地质条件一般，老路局部有翻浆地段。该类土干燥稍湿，具有低中等压缩性，中等湿陷性，地基承载力较低，为较差土体工程地质类型，冻胀和盐胀问题较为突出，故从 K55+000 至 K75+000 段需对路基进行处理。

因此，将以上两段作为试验路进行防治技术应用试验研究。

7.2.2 工程设计及试验路方案的确定

7.2.2.1 工程设计情况

因本工程作为垦区内规模最大的二级公路，是兵团内投资最大、等级最高的公路，设计等级为平原微丘区二级公路，路基宽度 12 m，路面宽度 9 m；按 BZZ-100 设计年限一个车道上的累计当量轴次为 200×10^4；其余标准按交通部 JTJ 001—97《公路工程技术标准》执行。

路面结构设计：5 cm 沥青混凝土面层+20 cm 5%水泥稳定砂砾基层+20 cm 级配砂砾垫层；路面横坡 1.5%，路肩横坡 2%。全线以路中心高为设计标高，路基边坡填方为 1∶1.5。

7.2.2.2 试验路方案的确定

因本段路地下水位较高，一般埋深在 1~1.5 m，年变化幅度小于 1.0 m，水量适中，水质略显碱性，矿化度较高；土基盐性多以硫酸盐、亚硫酸盐为主，公路冻胀和盐胀问题较为严重，也是过去一直困扰公路质量的重要原因。对此，兵团交通局和农一师交通局将此路改建作为重点来抓，并将其等级升级为二级公路。

为了彻底治理本公路沿线较为严重的盐胀和冻胀公路病害，考虑到地下水位高、盐渍化严重的现实情况，如果采取单一的防治措施是很难彻底根除，因此采取综合处理措施进行防治：

（1）采取土工隔栅的加筋作用，增强板体强度，抑制冻胀和盐胀变形。

（2）应用风积沙隔断层隔断地下水的上升，减少冻胀和防止路基土次生盐渍化的产生。

（3）加强路基强度，采用砂砾石料填筑上层路基，起到增加路基高度、提高路基强度以及进一步起到隔断层的作用，减少毛细水上升及蒸腾作用的携盐，进一步防止次生盐渍化。

（4）采用半刚性路面基层，增强路面板体强度，抑制冻胀和盐胀的不均匀变形影响。

本试验段针对地质条件和水文状况的具体情况，对于 K30+000 至 K69+300、K72+800 至 K75+000 段采用的路基处理方案为：55 cm 天然砂砾+50 cm 风积沙+土工格栅+土路基（或原基）。

对于 K69+300 至 K72+800 段从多浪水库中穿过，沿线地表径流、地下潜水均受阿克苏河系的影响较大，水库携盐较大，对路基的影响也大，主要以防治水分的上升而形成的冻胀为主。因此，此段路采取的主要处理措施和其他路段相同，但是为了有效地防止水分上升形成冻胀，就必须有效隔断地下水和地表水的上升，因此隔断层中的风积沙更换为透水性好的砂砾料，即路基设计方案为：105 cm 天然砂砾+土工格栅+原基；为了有效防治库区水面对路基边坡的冲刷及影响，并在上游面设置了采取了在两侧增设反压护道（护道宽 2 m，放缓边坡至 1∶4），且全部用天然砂砾填筑；考虑路基左段风浪较大，对路基淘刷较严重，在反压护道外侧路基坡脚处采用铅丝石笼防护。

7.2.3　试验路段施工

7.2.3.1　试验段材料

1. 风积沙材料

为了保证本工程所用风积沙能够排水通畅和治理冻胀及盐胀问题，经过对风积沙的筛选，最后应用的风积沙料场筛分结果如表 7-8 所示。

表 7-8　风积沙沙样筛分结果

沙样编号	各级留筛（mm）质量分数/%						沙样代号
	2	2~1	1~0.5	0.5~0.25	0.25~0.074	<0.074	
AT-2-1	0	0.011	0.095	0.959	95.659	3.276	SP
AT-2-2	0	0.017	0.173	1.093	96.488	2.229	SP
AT-2-3	0	0.017	0.221	1.379	95.123	3.260	SP
AT-2-4	0.200	0.078	0.107	2.249	93.407	4.159	SP
AT-2-5	0	0.046	0.347	1.964	96.365	1.278	SP
AT-3-1	0	0	0.336	0.19	96.228	3.246	SP
AT-3-2	0	0.067	0.287	1.315	94.457	3.874	SP
AT-3-3	0	0	0.245	2.584	92.189	4.982	SP
AT-2-4	0	0.066	0.089	1.453	96.168	2.224	SP

从表 7-8 可知，本试验段应用的风积沙均为细颗粒含量小于 5%，可以满足防治冻胀和盐胀隔断层的要求 5%。能够有效达到防治盐胀和冻胀的需要（风积沙料场见图 7-26）。

图 7-26　风积沙料场

2. 土工隔栅

土工隔栅的主要技术指标为：断裂强度不小于 40 kN/m、抗老化性能好、耐腐蚀、抗变形能力强的玻璃纤维隔栅材料。

3. 砂砾石料

砂砾石料取自于阿克苏河料场，平均运距二标 55 km，三标平均运距

75 km。砂石料经试验符合路面基层施工技术规范要求。

7.2.3.2 试验段施工

1. 原基及结合台施工

试验段按照设计高程和宽度对加宽段清除地表腐殖土后，按照路基施工技术规范挖结合台处理至路基设计高程；对于部分路段挖到设计标高后和加宽段一起碾压，填方路段挖除结合台后与加宽段一起碾压施工至路基底面设计标高；施工中按设计图纸和规范要求对原地面进行清理及压实，表层、盐壳、腐殖土、超过路基填料允许含盐量土全部清除掉，原基按照《公路质量检验评定标准》的压实度要求提高了 1%；在铺设土工隔栅前，挖方段在土工隔栅底部铺设了 10~20 cm 的风积沙层；在多浪水库段直接在底部砂砾石料上铺设土工隔栅。

2. 铺设土工隔栅

土工格栅应全路基面铺设、铺设平整、不得有褶皱。当沿路线纵向铺设时，应先由外侧向内铺筑，接头处重叠宽度不小于 20 cm。根据路基纵坡与横坡底的一幅接头在下，高的一头在上，土工格栅连接用绑扎方法，采用绑扎材料为尼龙线或铁丝，一般每隔 10~15 cm 有一个绑扎点，受力方搭接至少有两个绑扎点。玻纤土工格栅铺设完成后严防行人、牲畜、各种车辆上路，在土工格栅铺设完成后应随即铺上保护层填料，间隔时间不超过 48 h。在居民区、农工区地段施工，必须采取当天铺筑当天上料全面覆盖方法铺设（图 7-27、图 7-28）。但是在多浪水库区段（K69+300 至 K72+800），土工隔栅只铺设路基部分，而对反压护道部位未铺设。

图 7-27 风积沙层顶铺设土工隔栅　　图 7-28 砂砾石料顶部铺设土工隔栅

3. 风积沙及砂砾石料隔断层施工

为了保证土工隔栅不被施工过程中机械或人为损坏，保护土工隔栅的工程质量，因此采用进栈法施工。

在此值得一提的是：风积沙这种松散性的材料，为了能够为了保证风积沙隔水层的整体强度和稳定性，采取湿压风积沙。施压工艺如下：运送风积沙—推筑风积沙—初平—水—初压—复压—检测合格—铺筑下层风积沙。风积沙隔断层采用两层铺筑；砂砾石料隔断层也分两层填筑。

4. 底基层和水泥稳定砂砾基层

施工按照《路面基层施工技术规范》有关规定施工，沥青面层按照《公路沥青路面施工技术规范》施工。施工过程如图7-29至7-32所示。

图 7-29 土工隔栅上铺设风积沙

图 7-30 风积沙隔断层洒水

图 7-31 风积沙隔断层施工

图 7-32 砂砾石隔断层施工

5. 在多浪水库库区段

考虑到左侧风浪较大，对路基淘刷严重，在护压道外侧采用铁丝石笼防护（图7-33）。

该工程路基于2005年6~8月施工完毕，沥青面层在2006年6~7月铺筑完毕，工程于 2006 年 10 月验收完毕，各项指标满足设计以规范要求，验收合格。

图 7-33　库区段铁丝笼防护

7.2.4　运营情况及分析

在 2006 年完工后，课题组对两段路进行了检测，弯沉、平整度等指标均符合规范要求，工程验收合格（图 7-34 至图 7-36）。由于该工程是从阿克苏地区通向阿拉尔地区以及农一师塔中垦区的主要通道，因此在沥青路面铺筑完毕后，交通就直接开放（大型车辆较多）。通过半年多的运行以及经过一个冻融循环后，在 2006 年 12 月和 2007 年 3 月分别对这两段路进行了回访调查，路状况良好，证明应用土工隔栅增强整体强度抑制盐胀和铺设风积沙有效地防治了 K30+000 至 K55+000 段的冻胀和盐胀问题。对于 K55+300 至 K75+000 同样采用了土工隔栅增强板体强度，采用反压护道和铁丝笼有效抑制了水浪冲刷，应用天然砂砾隔断层不但提高了路基强度，更加有效抑制了毛细水的上升，从而彻底、有效地根治了冻胀和盐胀的发生。

7.2.5　试验段结论

该公路对于盐胀和冻胀的特殊路段采取了铺设土工隔栅增强整体路基强度，利用风积沙和砂砾石料隔断层有效隔断了地下水和地表水的影响，抬高路基高度相对降低了冻土深度，增强了上部路面结构层对路基冻胀和盐胀的抑制作用，这种综合措施的应用有效地防治了冻胀和盐胀病害对路基的影响，是较为成功的。但是本地区的最大冻深 1.3~1.5 m，而规范显示风积沙的毛细水上升高度为 80 cm，根据课题组的分析认为，风积沙中 SP 类毛细水上升高度为 50~60 cm，通过风积沙层能够直接隔断地下水的供给及地表水的影响，路基设计方案采用 55 cm 砂砾+50 cm 风积沙，保证了路床处于干燥状态，是成功整治盐胀、冻胀的关键，为垦区修建高等级公路提供了借鉴。

课题组认为：防治冻胀和盐胀病害时，在考虑强度满足的情况下，选择防治冻胀的隔断层深度以及盐胀的防治深度，三者取最大值作为防治的最终措施是较为经济和适用的。

(a)

(b)

图 7-34 K42+000 至 K45+000 段路况调查

(a)

(b)

图 7-35 K69+300 至 K72+800 段路况

(a)

(b)

图 7-36 K69+300 至 K72+800 段路况

7.3 本章小结

本章通过对农八师新西线和农一师阿塔公路（S207）线防治冻胀以及盐胀技术的应用实践，取得了较为丰硕的成果：

（1）当风积沙细颗粒含量（粉、粒含量，即小于 0.074 mm 以下颗粒含量）小于 5%时（即规范代号 SP 类风积沙），用于路基隔断地下水对于防治公路冻胀和盐胀破坏是适用的。

（2）地下水位高、路基承载力差的冻胀路段，在采取措施中，首先必须满足强度要求，在此基础上考虑冻胀需要，但是一般情况下风积沙隔断层填筑厚度达到 80~100 cm 时路基强度可以满足设计要求的 30 MPa 需要。

（3）在采用风积沙处理三级公路冻胀和盐胀时，采用公路透水层或隔水层厚度为 60%~70%的最大冻深，可以治理冻胀以及盐胀病害变形破坏。总之，风积沙应用于公路冻胀和盐胀病害防治是可行，而且是经济的。

（4）对于等级较高（二级公路），在盐渍化较为严重、地下水位高的路段，应根据实际需要选择不同的综合治理措施。

① 采用土工隔栅增强路基整体强度对抑制路基盐胀和冻胀有利，并且是可行的。

② 采用风积沙隔断层和砂砾石料隔断层能够有效隔断地下水以及地表水的影响，对于防治冻胀和盐胀有益。

③ 抬高路基高度和增强路面板体强度，也可以有效防治冻胀和盐胀病害。

总之，以上措施的综合应用对于防治冻胀和盐胀病害措施在二级公路上应用是可靠的，对于二级以上等级公路可以借鉴采用。

参考文献

[1] 中华人民共和国交通部. 公路路基施工技术规范：JTG F10—2006[S]. 北京：人民交通出版社，2006.

[2] 中华人民共和国交通运输部. 公路路基设计规范：JTG D30—2015[S]. 北京：人民交通出版社，2015.

[3] 新疆公路学会. 盐渍土地区公路设计与施工指南[S]. 北京：人民交通出版社，2006.

[4] 吉林省交通厅. 公路工程抗冻设计与施工技术指南[S]. 北京：人民交通出版社，2006.

[5] 新疆建通监理公司，长安大学. 新疆兵团垦区公路灾害分析评估及防治技术研究报告[R]. 新疆：新疆建通监理公司，2004.

[6] 郑育新. 垦区公路盐胀及冻胀综合病害防治技术应用研究程[D]. 西安：长安大学，2009.

[7] 新疆维吾尔自治区交通厅. 新疆盐渍土地区公路路基路面设计与施工规范：XJTJ01-2001[S]. 2001.

[8] 房建宏，徐安花，黄世静. 柴达木盆地盐渍土对公路建设的影响[J]. 公路交通技术，2004（6）.

[9] 魏洪. 对《路基设计规范》中盐渍土地区路基的修改意见[J]. 公路交通科技，1998，15（4A）.

[10] 李琦，原诗. 对库尔勒新城区盐渍土的认识[J]. 盐土工程界，2004，7（12A）.

[11] 卢刚，林学玮，姚杰. 高等级公路盐渍土地基处治[J]. 辽宁交通科技，2003（4）.

[12] 王志伟. 高地下水位盐渍土地区路基维护[J]. 路基工程，2004（3）.

[13] 高江平，李芳. 含氯化钠硫酸盐渍土盐胀过程分析[J]. 西安公路交通大学学报，1997，17（4A）.

[14] 高江平，杨荣尚. 含氯化钠硫酸盐渍土在单向降温时水分和盐分迁移规律的研究[J]. 西安公路交通大学学报，1997，17（3A）.

[15] 吴青柏，孙涛，陶兆祥，等. 恒温下含硫酸钠盐粗颗粒土盐胀特征及过程研究[J]. 冰川冻土，2001，23（3A）.

[16] 黄立度，席元伟，李俊超. 硫酸盐渍土道路盐胀病害的基本特征及其防治[J]. 中国公路学报，1997，10（2A）.

[17] 李芳，高江平，陈建. 盐渍土盐胀对低层建筑物的危害及其防治[J]. 土木工程学报，1999，32（5A）.

[18] 高江平，吴家惠. 硫酸盐渍土盐胀特性的单因素影响规律研究[J]. 岩土工程学报，1997，19（1A）.

[19] 高江平，吴家惠，杨荣尚. 硫酸盐渍土盐胀特性各影响因素交互作用规律的分析[J]. 中国公路学报，1997，10（1A）.

[20] 李芳，高江平，王高勇. 盐渍土盐胀与低层建筑[J]. 西安公路交通大学学报，1998，18（2A）.

[21] 刘南山. 倾斜细土平原盐渍土分布规律及盐胀作用分析[J]. 水文地质工程地质，2002（4）.

[22] 包卫星，张洪萍. 新疆盐渍土的盐胀特性及其病害防治[J]. 山西建筑，2005，31（4A）.

[23] 隆威，刘永球，曹增国. 青海察尔汗盐湖区氯（亚氯）盐渍土的工程性质分析[J]. 探矿工程，2002（1）.

[24] 王小生，章洪庆，薛明，等. 盐渍土地区道路病害与防治[J]. 同济大学学报，2003，31（10A）.

[25] 于昆. 盐渍土地区高等级公路设计施工[J]. 山西交通科技，2002（6）.

[26] 张卫国. 盐渍土地区工程质量常见病分析[J]. 科技情报开发与经济，2004，14（1A）.

[27] 王祥，房建宏，孙继彪. 盐渍土作为路基填料时常见病害及其机理分析[J]. 山西交通科技，2005（1）.

[28] 李世芳，胡作龙. 新疆兵团垦区风积沙工程特性试验研究[J]. 中外公路，2005，25（6A）.

[29] 李世芳，王益桂. 新疆兵团垦区风积沙碾压技术研究[J]. 公路，2004（10）.

[30] 袁铭，李世芳. 风积沙合理填筑厚度及对减薄上部路面结构层的研究[J]. 公路交通科技，2004，21（4A）.

[31] 李世芳，李波. 风积沙在公路冻胀病害防治中的应用[J]. 中南公路工程，2007（3）.

[32] 苏群. 东北地区路基土冻胀机理与防治对策[J]. 黑龙江工程学院学报，2001，15（1A）.

[33] 陶耀华，李素珍，梁旭源．浅谈路基冻胀与翻浆的防治[J]．黑龙江交通科技，2004（9）．
[34] 霍凯成，黄继业，罗国荣．路基冻胀机制及冻害防范整治措施探讨[J]．岩石力学与工程学报，2002，21（7A）．
[35] 张晓军，何志平，张淑艳．道路的冻胀与防治措施[J]．黑龙江交通科技，2002（7）．
[36] 刘云友，李玉军．路基土冻胀机理与工程应对措施的探讨[J]．交通科技与经济，2004（2）．
[37] 张海燕，齐秀芝，齐宝民，等．土壤冻胀机理及其防治措施的论述[J]．黑龙江水利科技，2001（1）．
[38] 贾栋，于基宁，李中旭．冻胀翻浆机理与防治方法[J]．西部探矿工程，2004（8）．
[39] 张启进．高速公路路堑段路基冻胀翻浆的原因与防治[J]．辽宁省交通高等专科学校学报，2000，3（1A）．
[40] 杜兆成，张喜发，辛德刚，等．季节冻土区高速公路路基冻胀试验观测研究[J]．公路，2004（1）．
[41] 李际忠．浅析路基冻胀与翻浆[J]．黑龙江交通科技，2000（2）．
[42] 孔德胜．公路路基盐胀及其处治[J]．新疆农垦经济，2005（7）．
[43] 张文君，宋宝春．哈尔滨地区道路翻浆处治方法的探讨[J]．森林工程，2002，18（3A）．
[44] 肖红霞，唐威．浅谈冬季道路的常见病害及防治[J]．一重技术，2004（4）．
[45] 中华人民共和国交通部．公路养护技术规范：JTJ073—96[S]．北京：人民交通出版社，1995．
[46] 中华人民共和国交通部．公路沥青路面养护技术规范：JTJ073.2—2001[S]．北京：人民交通出版社，2001．
[47] 中华人民共和国交通部．公路养护质量检查评定标准：JTJ075—94[S]．北京：人民交通出版社，1994．